ВИЛЬГОЦКИЙ АНТОН

ВИЛЬГОЦКИЙ АНТОН

КТО ТАКАЯ АЙН РЭНД?

Москва
АСТ

УДК 821.111.09(73)
ББК 83.3(7Сое)
В46

Вильгоцкий Антон

В46   Кто такая Айн Рэнд? / Антон Вильгоцкий. – Москва: АСТ. – 2015. –
352 с. – (Гордость человечества).
ISBN 978-5-17-088264-9

Кого мы могли бы назвать самой влиятельной женщиной в мире за последние сто лет – как среди ныне живущих, так и среди тех, кого с нами уже нет? Маргарет Тэтчер? Ангелу Меркель? Британскую королеву? Аллу Пугачёву или Мадонну? Если бы такое состязание действительно состоялось, немалый шанс на первое место был бы у Айн Рэнд – американской писательницы российского происхождения, проза и философия которой оказали поистине огромное влияние на весь уклад общественной жизни в Северном полушарии.

Она мечтала покорить Голливуд, но «проснулась знаменитой» благодаря созданию философии объективизма – учения, основанного на принципах разума, индивидуализма и разумного эгоизма. Ее роман «Атлант расправил плечи» по праву считается одним из самых значимых литературных произведений двадцатого века. Даже сегодня он находит свое отражение во многих сферах – начиная от политики и заканчивая компьютерными играми.

...Спустя тридцать с лишним лет после ее смерти, фигура Рэнд продолжает оставаться предметом ожесточенных споров. Герои, вышедшие из-под ее пера – такие как Говард Рорк или Джон Голт – являются для американцев тем же самым, чем для нас – Безухов или Печорин.

УДК 821.111.09(73)
ББК 83.3(7Сое)

ISBN 978-5-17-088264-9

ПРЕДИСЛОВИЕ

кой писательницы По ее известные работы, запрещенные в дают и диктуют разрядки глубже в как общественного коже и популярности доступ нет даже после собственному истам, основанная на трудах Рэнд и оказывающиеся ней цены ценностей ней

Кого мы могли бы назвать самой влиятельной женщиной в мире за последние сто лет — как среди ныне живущих, так и среди тех, кого с нами уже нет? Маргарет Тэтчер? Ангелу Меркель? Британскую королеву? Аллу Пугачеву или Мадонну? Думаю, что если бы такое состязание действительно состоялось, немалый шанс на первое место был бы у Айн Рэнд — американской писательницы российского происхождения, проза и философия которой оказали поистине огромное влияние на весь уклад общественной жизни в Северном полушарии. Ее трехтомный роман «Атлант расправил плечи» по праву считается одним из самых значимых литературных произведений двадцатого века, и даже сегодня, почти шестьдесят лет спустя после публикации, продолжает оказывать огромное влияние на политику, экономику и систему социальных отношений на Западе — в первую очередь, конечно, в Соединенных Штатах. Многие черты характера американцев, которые могут показаться нам странными или непонятными, на самом деле уходят своими корнями именно в творчество этой женщины. Как многие из нас говорят на «языке Пушкина», сами, возможно, о том не подозревая, так и значительная часть американцев живут «по Рэнд», не особо задумываясь о том, почему они так живут. Впрочем, если судить по результатам проведенного в 1991 году опроса, согласно которому роман «Атлант расправил плечи» стал второй после Библии книгой, наиболее сильно повлиявшей на жизнь американцев — большинство из них все-таки знают, кому обязаны своим настоящим.

Собственно говоря, масштаб ее наследия действительно вполне сопоставим со свершениями титана русской поэзии. Как в нашей стране существуют целые институты, изучающие творчество Пушкина и хранящие память о поэте, так и в Штатах философия Рэнд является предметом пристального внимания множества ученых специалистов: социологов, философов, экономистов и психологов. По ее книгам и эссе пишутся курсовые и дипломные работы, кандидатские и докторские диссертации. Многие известные эксперты рекомендуют книгу «Атлант расправил плечи» в качестве лучшего в мире пособия по экономике и политологии. Существует даже целая образовательная система, основанная на трудах Рэнд и охватывающая весь цивилизованный мир.

Все романы и философские работы Айн посвящены одной теме: разумному эгоизму. Во всех сквозит одна и та же мысль: «Пока вы не поймете, что деньги — корень добра, вы будете разрушать себя. Когда деньги перестают быть инструментом отношений между людьми, таким инструментом становятся сами люди — в руках других людей... Уходите без оглядки от любого, кто скажет вам, что деньги — зло. Эти слова — колокольчик прокаженного, лязг оружия бандита. С тех пор как люди живут на земле, средством общения для них были деньги, и заменить их в качестве такого средства может только дуло автомата». Так вкратце формулирует квинтэссенцию философии Рэнд, пользуясь ее же словами, известный русский писатель и публицист Александр Никонов.

Кстати — если вы до сих пор не знали — Айн Рэнд (урожденная Алиса Розенбаум) родилась в России, прожила на родине достаточно долго и до конца жизни разговаривала с русским акцентом. Впрочем, ура-патриоты, привыкшие с гордостью бить себя пяткой в грудь по поводу того, что «телевизор придумал русский» (но забывающие о том, что Владимир Зворыкин совершил свои изобретения в американской эмиграции) едва ли слышали о существовании этой женщины, ее произведений и идей. Конечно, факт принадлежности будущей вершительницы судеб Северного полушария к русскоговорящей общине — не повод для гордости, поскольку в той России, из которой Алиса Розенбаум сбежала в Америку, она едва ли сумела бы сформулировать свою социально-философскую доктрину. Ведь для успешной критики идей социализма желательно, чтобы было, с чем сравнивать. Тем не менее, в основу ее работ лег именно опыт, полученный в годы, проведенные на родине — но это, скорее, произошло по принципу «не было бы счастья, да несчастье помогло».

Сегодня, спустя тридцать с лишним лет после ее смерти, фигура Рэнд продолжает оставаться предметом ожесточенных споров, и в то же время окутана ореолом тайны. Продажи ее книг поражают. В 2008 году суммарное количество проданных экземпляров романов Айн Рэнд «Атлант расправил плечи», «Источник», «Мы, живые» и «Гимн» превысило восемьсот тысяч экземпляров. Согласитесь, это солидное достижение для книг, которые были впервые изданы более чем пятьдесят лет назад. Продвижением ее работ занимается множество юридических агентств. В 2011 году на экраны вышел полнометражный художественный фильм, поставленный по роману «Атлант расправил плечи». Блогосфера переполнена оживленными дебатами о ее прозе и философии (статья об Айн Рэнд есть даже в российской энциклопедии интернет-мемов Lurkmore). Такие ее герои, как Говард Рорк и Джон Голт являются для американцев тем же самым, чем для нас — Безухов или Печорин. Во многом присутствие Рэнд в американской культуре сегодня более велико, чем при ее жизни.

Поскольку большинство читателей сталкивается с ее творчеством в годы, когда их сознание еще формируется, Рэнд оказала солидное влияние уже на три поколения американцев. Вызывающие общественный резонанс темы и колоритные романтические сцены сделали ее знаменитой в 1940-х и 1950-х. В 60-е она была одним из лидеров политического движения правого крыла, а в 1970-х и 80-х — вдохновительницей либертарианства и экономической политики Белого дома. Когда в 1998 году американский издательский дом Modern Library провел опрос читателей с целью составить рейтинг ста величайших книг двадцатого века, романы «Атлант расправил плечи» и «Источник» возглавили этот список, заняв первое и второе места соответственно. Повесть «Гимн» и роман «Мы — живые» занимали седьмое и восьмое места, обойдя «Великого Гэтсби» Фрэнсиса Скотта Фитцджеральда, «Гроздья гнева» Джона Стейнбека и «Улисса» Джеймса Джойса. Ее апология радикального индивидуализма, а также эгоизма как добродетели мира капитала, оказала влияние на таких известных людей современного мира, как бывший президент американской Комиссии по ценным бумагам и биржам (SEC) Кристофер Кокс, конгрессмен и участник президентской гонки 2008-го Рон Пол, основатель Либертарианской партии Джон Хосперс, экономический обозреватель Стивен Мур, известный по своей работе в Wall Street Journal, а также ведущий новостей на MSNBC Крис Мэтьюз, в прошлом бывший старшим помощником либерального сенатора Типа О'Нила. Журналы Forbes и Fortune регулярно упоминают Рэнд как кумира молодых работников Силиконовой долины, теоретиков игры и шахматных мастеров.

Такое развитие событий она и сама предсказала. Как и наиболее преданные ее фанаты, Рэнд считала себя гением, опередившим свое время. Как и персонаж ее романа «Источник», Говард Рорк, она верила: «Я ничего не наследую. За мной нет традиции. Возможно, я стою в ее начале». Она создала масштабную философскую систему объективизма, которую полагала безупречной. «Если кто-либо сумеет найти слабое место в моей философии и обосновать свои взгляды, я буду рада познакомиться с этим человеком и поучиться у него», — сказала однажды Рэнд в беседе с журналистом. Кроме того, она утверждала, что является «наиболее творческим из ныне живущих мыслителей». Единственным философом, влияние которого она признавала, был Аристотель. Кроме его работ, утверждала Рэнд, ничьи идеи не оказывали воздействия на ее философию. Согласно утверждению писательницы, безоговорочно поддержанному ее позднейшими последователями, концепция объективизма целиком и полностью родилась в голове своей создательницы. Как Афина из головы Зевса.

Литература, комментирующая труды Рэнд, делает очень мало, чтобы развеять это впечатление. Из-за ее радикальных политических взглядов и почти полного консенсуса между критиками, в большинстве своем полагавшими, что Рэнд — плохой литератор, очень немногие за пределами сообщества объективистов восприняли ее идеи всерьез. В отличие от прочих романистов ее ранга, персона Рэнд до недавнего времени не становилась объектом полномасштабного и структурированного биографического исследования. Вместо этого ее жизнь и творчество были описаны ее бывшими друзьями, оппонентами и учениками. Несмотря на присущую самой Рэнд склонность к масштабности и всеобъемлющей проработанности, большинство книг о ней представляют собой, скорее, сборники эссе, нежели глубокие исследования, дающие полное представление о значении ее личности и идей для мира.

В данной книге как раз и предпринята попытка всестороннего анализа. Исповедуемая Рэнд защита позиций индивидуализма, прославление ею идей капитализма и эгоистической морали, которую в нашем обществе привыкли ставить под сомнение, могут быть полностью поняты только в социально-культурном контексте того отрезка американской истории, в котором жила писательница. Ее философия произрастала из раннего жизненного опыта, полученного в коммунистической России. То, что Рэнд всегда и всячески подчеркивала в своих работах, является одной из базовых проблем человечества, и это — крах благих намерений. Ее критические выпады в сторону альтруизма, служб социального обеспечения и идеи служения людям произрастали из ее уверенности в том, что именно эти идеалы лежали в основе коммунизма и нацизма, а также войн, что сотрясали планету в двадцатом веке. Решение, которое предлагала Рэнд, было кардинальным: устранить из жизни все добродетели, которые теоретически могли бы быть поставлены на службу тоталитаризму. Конечно, это было огромным упрощением. Величайшей силой Рэнд, как мыслителя, было стремление постичь все взаимосвязанные основополагающие принципы бытия и соткать их в единое и безупречное логическое полотно (в современной России похожую цель преследует, например, Михаил Веллер), но в этом же заключалась и самая большая ее слабость. Стремясь отыскать универсальный ключ ко всем драматическим катаклизмам двадцатого века, Рэнд пыталась добиться невозможного. Но это были чрезвычайно серьезные искания, которые отчетливо прослеживаются во всех ее произведениях. Рэнд стала одной из первых, кто выделил проблему зачастую ужасающей в своих проявлениях власти современного государства и предпринял ее анализ, используя художественные средства популярного жанра. А также — одним из первых американских писателей, которые сказали решительное «да» творческим возможностям, которые предоставляет современный капитализм, и подчеркнули экономическую ценность независимого мышления. В то время как ведущие интеллектуалы страны предполагали, что крупные корпорации будут и дальше доминировать в экономической жизни Америки, превращая своих сотрудников в бездушные винтики корпоративной машины, Рэнд взяла за основу точку зрения независимого предпринимателя. Ее видение пошло вразрез с представлениями работников умственного труда новой экономики, которые представляли себя стратегическими операторами в постоянно меняющемся экономическом ландшафте. Рэнд заслужила безмерную преданность среди больших и малых капиталистов, поскольку она рассматривала бизнес в качестве почетного призвания, которое может помочь раскрыться самому глубокому потенциалу человеческого духа.

В то же самое время Рэнд всегда рисовала крайне негативный образ действий правительства. В ее работах государство неизменно выступает в роли разрушителя, пытается воспрепятствовать естественному ходу мысли и стремлениям людей. Именно это противостояние, в котором добродетельные личности борются со злокозненным государством — является тем фактором, который делает ее творчество привлекательным для одних читателей и одиозным для других. Хоть американцы на протяжении двадцатого века и обращались к своему правительству за помощью и сочувствием все чаще — они делали это с опаской и сомнением. Эти чувства Айн Рэнд ярко отобразила в своих художественных произведениях. Ее творчество заново озвучило традиционную американскую подозрительность по отношению к централизованной власти и послужило вдохновением для масштабного интеллектуального движения, которое оспаривало доктрину либерального государства всеобщего благосостояния и провозглашало необходимость свободных рынков.

Но мы не только изучим вклад Айн Рэнд как политического философа, а постараемся также осветить менее известные уголки ее биографии, изучив формирование философских взглядов писательницы сквозь призму ее личных отношений. Несмотря на то, что она исповедовала предельный индивидуализм, любые концепции, все же, рождаются в отношениях — как с отдельно взятыми личностями, которые оказали влияние на ее жизнь и взгляды, так и с большим миром. Такой подход поможет понять те многочисленные противоречия, которыми окутана фигура этой женщины. Самое очевидное из этих противоречий лежит на поверхности: Рэнд была философом-рационалистом, но при этом писала романтическую прозу. При всей своей приверженности рациональному подходу, Рэнд все-таки оставалась женщиной, испытывавшей сильные, порой даже непреодолимые эмоции. Романы помогали ей удовлетворить страсть к приключениям, роскоши и сильным впечатлениям, в то время как объективизм помог сформировать, отшлифовать и объяснить свои взгляды на жизнь. Параллельная карьера литератора и философа помогла Рэнд выразить как ее глубокую потребность во внешнем контроле, так и искреннюю веру в индивидуализм и независимость.

О том, как все это происходило, и о том, каким образом творчество и философия Айн Рэнд повлияли на современное общество — вы узнаете из книги «Кто такая Айн Рэнд?».

Глава 1
«Рожденная революцией»

Когда ей было пятьдесят два года, Айн Рэнд следующим образом подвела итог своей многолетней философской и творческой жизни: «Моя философия, по сути своей, являет собой концепцию человека как героического существа, которое видит целью своей жизни собственное счастье, стремящееся к созидательным достижениям и ведомое только разумом». Это был мир, в котором не было места диктаторам и ложным божествам, мир, в котором навязанное свыше чувство долга могло отобрать у одаренных личностей моральное право жить так, как они считают нужным.

Но мир, в котором она появилась на свет и получила первые жизненные уроки, был совсем не таким. Позднее Айн Рэнд скажет, что с отвращением относится ко всему русскому. И пускай такое утверждение не было полностью правдивым — до конца своих дней она сохраняла любовь к русской классической музыке и русским сладостям — она ненавидела пассивность, жестокость и примитивную религиозность России времен ее юности.

Зимним днем 1918 года группа красногвардейцев постучала в дверь аптеки, принадлежащей Зиновию Захаровичу Розенбауму. Они принесли печать Российского государства, которую прибили на дверь, извещая о том, что учреждение конфисковано во имя народа. И провизору еще повезло, что кровавый вихрь революции забрал только его собственность, а не жизнь. Но его старшая дочь, Алиса, которой было тогда двенадцать, воспылала негодованием. Аптека принадлежала ее отцу. Чтобы добиться своего положения, отец потратил годы на получение образования, он заслужил уважение, давая своим клиентам ценные советы и помогая им с подбором лекарств. И вдруг в один момент у него отобрали дело всей жизни, в пользу безымянных и безликих крестьян, незнакомцев, которые никогда ничего не дадут взамен. Солдаты пришли с оружием, ясно давая понять, что любое сопротивление будет означать смерть. Однако они ссылались на такие ценности, как справедливость и равенство, а их целью, как они говорили, было построение идеального общества и всеобщее благо. Наблюдая, слушая и запоминая, Алиса сделала для себя вполне конкретный вывод: тем, кто провозглашает столь возвышенные идеалы, верить нельзя. Разговоры о всеобщем благе являлись всего лишь прикрытием для силы оружия. Это был урок, который она никогда не забудет.

«Мое чувство по отношению к России — это безграничная ненависть. Ненависть ко всей стране, включая царский период. Это самая омерзительная и самая мракобесная страна на земле», — говорила она впоследствии.

Отец Айн Рэнд, Зиновий Захарович Розенбаум, был человеком такого типа, о которых принято говорить, что они «сделали сами себя». Получив ученую степень по химии в Варшавском университете, который он закончил в 1899 году (стоит отметить, что для еврея само поступление туда считалось тогда большим достижением — из-за процветавшего в обществе антисемитизма), он некоторое время работал в качестве наемного служащего у родственников жены в Санкт-Петербурге, после чего открыл собственное дело. К моменту, когда началась революция, его семья проживала в большой квартире на Невском проспекте.

Супруга Зиновия Захаровича, Анна Борисовна (Ханна Берковна), была очень культурной и образованной, происходила из состоятельной семьи с хорошими связями. Ее отец был известным портным, пользовавшимся благосклонностью российской армии — это помогало защитить их обширную семью от еврейских погромов.

Однако Зиновий и Анна Розенбаумы не были похожи на большинство российских евреев той эпохи. Они отмечали основные еврейские праздники, но в остальном вели светскую жизнь. Дома они разговаривали по-русски, а их дочери брали частные уроки французского и немецкого языков, занимались гимнастикой и практиковались в игре на фортепиано. Родители учили Алису, что «все самое интересное, что есть в цивилизации и культуре, находится за границей». Они даже запрещали ей читать русскую литературу.

Но по любым стандартам — русским ли, еврейским ли — семья Розенбаум была очень обеспеченной. Родители Анны Борисовны были так богаты, с восторгом отмечали девочки, что когда бабушке был нужен носовой платок, она вызывала слугу, нажимая кнопку на стене. Алиса и ее сестры, Наташа и Элеонора (которую в семье все называли просто Норой) росли в окружении кухарки, гувернантки, сиделки и наемных учителей. Их мать любила развлекать гостей, и их со вкусом обставленная квартира всегда была полна родственников и друзей, являвшихся на ее званые вечера. Каждое лето семья ездила отдыхать в Крым. Когда Алисе было девять, Розенбаумы отправились в путешествие в Австрию и Швейцарию, где провели шесть недель.

Алиса Розенбаум родилась второго февраля 1905 года, около трех недель спустя после непродолжительного, но кровавого народного восстания, начавшегося после того, как ясным январским воскресным утром двенадцать тысяч кавалеристов царской гвардии открыли огонь по тридцати тысячам рабочих, их жен и детей, профсоюзных деятелей и студентов, пришедших к Зимнему дворцу требовать улучшения условий труда. Протест возглавлял православный священник Георгий Гапон, и многие участники манифестации умирали с молитвой на устах. Убийство протестующих привело к массовым беспорядкам, продолжавшимся в течение нескольких дней, и заложило фундамент для октябрьской революции 1917 года, которая полностью разрушит прежний жизненный уклад. Родители будущей вершительницы судеб Америки могли слышать ружейную стрельбу сквозь окна своей квартиры, расположенной над аптекой на Забайкальском проспекте — улицы, на которой Максим Горький провел чуть позднее тем вечером собрание городских либеральных интеллигентов и провозгласил начало русской революции.

Но к тому моменту, как на свет появилась Алиса, на Забайкальском и в окрестностях снова было тихо. Правда, тишина та была обманчива: повсюду кипела подрывная деятельность радикальных организаций, готовивших новую волну насилия. То там, то тут вспыхивали забастовки рабочих и крестьянские бунты. Марксистское учение, лидеры которого то и дело отправлялись в ссылку в Сибирь, но очень скоро, сбежав, приезжали обратно в большие города, постепенно набирало все больше и больше последователей.

В те годы было опасно быть евреем. По мере того, как проседала экономика, а царский режим становился все более репрессивным, тяжесть народного гнева часто обрушивалась на пять миллионов проживавших в России евреев. Эти люди являлись удобными «козлами отпущения», на которых рабочие и крестьяне легко могли выместить свою обиду за собственные нищету и бесправие. За одну лишь осень 1905 года на территории страны произошли 690 еврейских погромов, унесших жизни трех тысяч человек. Во время одного лишь одесского погрома были убиты четыреста евреев. Поговаривали, что царская полиция поддерживает антисемитские настроения и даже снабжает погромщиков оружием и спиртным.

Санкт-Петербург был относительно безопасным местом, что стало одной из причин, по которым Розенбаумы осели именно там. Но и там имелись свои собственные способы проявления официального антисемитизма. К 1914 году документ, содержащий постановления о правах и обязанностях евреев, насчитывал около тысячи страниц — и все, что им не разрешалось, считалось преступлением. На протяжении десятилетий в столице не разрешалось жить евреям, которые не имели высшего образования по одной из привилегированных профессий (в первую очередь — медицинских специальностей). В большинстве случаев неквалифицированные евреи не могли даже ночлега себе найти. Кроме того, по закону количество лиц еврейской национальности в городе не должно было превышать двух процентов от общей численности населения, а документы, подтверждающие вид на жительство, им было предписано обновлять каждый год. Зиновий Захарович выбрал профессию фармацевта именно потому, что она входила в список специальностей, позволяющих селиться в больших городах.

С самого раннего возраста Алиса проявляла себя как сообразительный ребенок, склонный к самостоятельным решениям и поступкам. Стандарты воспитания, принятые в начале двадцатого века, к ней не подходили. Вокруг царила викторианская атмосфера: в моде были оборки, семейная верность и женские искусства — и все это Алисе совершенно не нравилось. Часть ее

ранних воспоминаний связана с необоснованными нападками со
стороны матери, которая была в их семействе лидером и даже
иногда «тираном». Так, во время переезда семьи в новую квартиру на Невский проспект, Алиса и ее младшие сестры были от-
правлены побыть у родственников. После того, как дети оказались дома, она попросила мать купить ей мини-блузку — такую,
какую видела у своих двоюродных сестер. Анна Розенбаум отказалась это сделать. Она не считала, что девочкам позволительно
носить такие блузки или любую другую модную одежду. Рэнд не
забыла об этом и через пятьдесят лет. Анна сервировала стол
к чаю в тот момент, и Алиса — возможно, в порядке эксперимента — попросила чашку чаю. Ответ снова был отрицательным: детям нельзя пить чай. Рэнд воздержалась от возражений, даже несмотря на то, что даже ее детской логики, скорее всего, хватило
бы, чтобы одержать победу в таком споре. Вместо этого она спросила себя: почему они не позволяют мне иметь то, что я хочу?
И сделала вывод: когда-нибудь у меня это будет. Ей было тогда
около пяти лет. Многогранная и разветвленная философская
концепция, которую она впоследствии разработала, была, по сути своей, ответом на этот вопрос.

С отцом у Алисы отношения складывались лучше, чем с матерью. Даже ее первое детское воспоминание было связано именно с Зиновием Захаровичем. Девочка сидела у отца в кабинете,
глядя в окно на проезжающие мимо первые трамваи. Папа рассказывал, как они устроены и работают, а она радовалась, что
может понять его объяснения. Хоть она и не знала этого тогда,
но стоит упомянуть, что трамвайная линия в Петербурге была
построена, по заказу царского правительства, американской компанией Westinghouse. Подобные совпадения — в данном случае
мы видим, что уже маленькой девочкой она проявила интерес
к ярким огням американского капитализма — встречались на протяжении жизни Рэнд в изобилии, и стали впоследствии теми ни-
тями, из которых последователи сплели ее легенду.

Мать же Алиса не любила. В раннем детстве девочка оказалась в центре семейного соперничества между Анной и сестрой
ее мужа. Обе семьи жили в одном доме, и в каждой росли три
дочери. Мать приходила в восторг всякий раз, как Алиса одер-
живала верх над своими двоюродными сестрами, демонстрируя
лучшие, чем у них, результаты в чтении, письме или арифмети-

ке. Успехами девочки Анна хвасталась на своих званых вечерах. Однако наедине она ругала старшую дочь за неспособность заводить друзей. Алиса была одиноким, нерешительным ребенком. Оказываясь в незнакомых ситуациях, она просто замолкала, отстраненно наблюдая за происходящим своими большими черными глазами. Анну Борисовну такое поведение дочери разочаровывало и раздражало. «Почему ты не играешь с остальными? Почему у тебя нет подруг? Эти вопросы превратились в навязчивые заклинания», — вспоминала Алиса. Иногда критические замечания матери перерастали в настоящие приступы ярости. Она могла даже пытаться специально досадить старшей дочери — например, сломать ногу ее любимой кукле или отдать лучшие игрушки Алисы в детский приют. Анна открыто заявляла, что никогда не хотела иметь детей, и завела их лишь потому, что это было ее обязанностью. Зиновий, все силы которого уходили на работу для обеспечения материального благополучия семьи (а в свободное время он предпочитал играть с друзьями в вист, нежели проводить его с детьми), делал очень мало, чтобы помочь жене и детям наладить отношения между собой. Но, несмотря на свои стычки с матерью, Алиса все же оставалась любимой дочерью и «надеждой семьи».

После разностороннего обучения, полученного на дому, Алиса поступила в гимназию, где царили академически строгие нравы. Здесь снова проявился вялый темперамент, так беспокоивший ее мать. Алиса общалась с другими девочками, но ни с кем из них не могла завести крепкую дружбу. Ее взгляды на жизнь существенно отличались от общепринятых среди сверстниц. Алиса была серьезной и строгой, ее не интересовали сплетни, игры и подростковое самоутверждение. «Я была застенчивой, потому что просто не представляла, о чем говорить с людьми», — вспоминала она позднее. «Детство — это самый худший период в жизни человека», — написала Алиса в одном из своих сочинений, когда была подростком.

Эти одинокие годы она пережила, убегая в свои фантазии — представляя себя Екатериной Великой, интригами прокладывающей свой путь к трону. Как и Екатерина, Алиса считала себя избранной. «Они не знают этого, — думала она, — но я им покажу». Также справиться с одиночеством помогали французские журналы, которые мать давала ей, чтобы помочь с изучением

языка. На их страницах Алиса открывала для себя истории о прекрасных принцессах, отчаянных искателях приключений, от-
важных воинах. Именно тогда она начала сочинять собственные
истории — часто сидя на задней парте в классной комнате и за-
писывая в тетрадь свои фантазии вместо того, чтобы конспекти-
ровать урок. Самыми благодарными слушательницами ее историй были младшие сестры.

С самых первых дней в петербургской школе Алиса влюбилась
в арифметику. Острота ее ума впервые проявилась именно в тот
момент, когда она начала осваивать логику и точность математи-
ческих наук. Тем не менее, она ненавидела зубрежку и презирала
то, как ее первые учителя вдалбливали материал ученикам в головы. Она читала свои учебники с опережением, не дожидаясь,
пока их конкретные части начнут преподавать на уроках, и ей
никогда не приходилось прилагать больших усилий для изучения какой-либо дисциплины. Позднее Рэнд вспоминала, что если тема урока казалась ей скучной, она могла прямо в классе писать рассказы. Разочарованная печальными сюжетами русских
детских книг, Алиса начала писать сценарии в возрасте восьми
лет, а приключенческую прозу — с десяти.

Когда загремели выстрелы Первой мировой, вселенная Алисы драматическим образом изменилась. В 1916, под нарастающим давлением войны, Петроград трещал по швам. Голод, ин-
фляция, забастовки, преступность, неуклюжие и жесткие меры, предпринимаемые правительством — все это приближало
революцию. В феврале и марте 1917 петроградские рабочие
несколько раз устраивали массовые беспорядки из-за недостат-
ка пропитания. Царские войска взбунтовались, не желая стре-
лять в своих товарищей. В ответ на это Николай II распустил
Государственную Думу. Но было поздно. За власть в Петрограде боролись две структуры: думская Конституционно-
демократическая партия и Совет рабочих и солдатских депу-
татов. Под давлением Совета думская фракция учредила временное правительство во главе с князем Львовым. Место
министра юстиции в этом правительстве получил молодой
Александр Керенский. В течение трех следующих дней царь
Николай II отрекся от престола.

Алиса была впечатлена этим народным восстанием против ца-
ря — особенно ей импонировали республиканские взгляды Ке-

ренского. Однако она редко обсуждала свои политические воззрения со своей семьей. Зиновий Захарович пытался оградить дочерей от нарастающего беспорядка, и никогда не говорил на политические темы дома. Лишь когда происходящее вокруг уже совершенно невозможно было игнорировать, он поделился своими взглядами с семьей. Только тогда Алиса поняла, что ее вера в достоинство человека отражает его собственную веру в необходимость борьбы за личную свободу. В своем отце она обрела духовного союзника.

Именно в то время Алиса приступила к более продвинутым учебным занятиям. Письменных данных о том, где конкретно она училась, нет — но некоторые косвенные свидетельства позволяют предположить, что годы с 1915 по 1918 старшая дочь Розенбаумов провела в гимназии Марии Николаевны Стоюниной.

Согласно воспоминаниям известного педагога и философа той эпохи Николая Лосского, эта знаменитая женская гимназия была основана Марией Стоюниной и ее мужем Владимиром Стоюниным с целью продвижения их достаточно авангардных идей в области образования для женщин. Стоюнинская гимназия готовила своих учениц к поступлению в университет. Туда принимали девочек, начиная с десятилетнего возраста и пестовали их до семнадцати, преподавая им подготовительную программу колледжа. Алиса, которой было тогда десять, могла поступить в Стоюнинскую гимназию осенью 1915. Доказательства присутствия Рэнд в этом учебном заведении возникали в ее воспоминаниях зрелого периода. Барбара Бранден, опираясь на интервью с Айн Рэнд, пишет следующее:

«Вскоре после февральской революции 1917 года Алиса подружилась с одной из одноклассниц. Та девочка была сестрой Владимира Набокова, ее отец занимал пост министра в правительстве Керенского. "Она, как и я, очень интересовалась политикой, и это нас сблизило, — вспоминала Рэнд. — Это была дружба, основанная на общих интересах". Девочки обсуждали друг с другом их видение революции — Набокова была сторонницей конституционной монархии, а Алиса верила в республику и силу закона. Они обменивались политическими брошюрами, которые свободно продавались на улицах Петрограда, но были строго-настрого запрещены девочкам их родителями. Алиса и ее подруга тайно читали эти брошюры, а потом обсуждали их друг с другом. Но эта дружба продлилась недолго — глава семейства Набоковых, поняв, что ситуация в России ухудшается и оставаться в стране опасно, эмигрировал вместе со своей семьей. Алиса больше никогда не видела свою подругу».

В девяностые годы двадцатого века Елена Владимировна Сикорская, сестра Владимира Набокова, подтвердила, что и она, и ее сестра Ольга действительно обучались в Стоюнинской гимназии в тот период. Елена не помнила Алису Розенбаум, но подтвердила, что Ольга тогда сильно интересовалась политикой и была сторонницей конституционной монархии, поскольку находилась в сильной зависимости от взглядов своего отца. Алиса, родившаяся в 1905, была современницей обеих сестер Набоковых. В феврале 1917 Ольге Набоковой было четырнадцать, а Алисе Розенбаум — двенадцать, но, несмотря на двухлетнюю разницу в возрасте, они вполне могли быть одноклассницами.

В дальнейшем Рэнд никогда не упоминала названия гимназии, в которой училась — но это не значит, что в ее жизни вовсе не было места школьным воспоминаниям. Напротив, некоторые из наиболее ярких моментов, являющихся свидетельствами ее интеллектуального роста, относятся как раз к той поре. Например, она вспоминала о том, как участие одного из учителей помогло ей в развитии литературного стиля. Когда ей было двенадцать-тринадцать лет, Алиса прочитала поэму Александра Пушкина «Евгений Онегин» и написала работу, посвященную ее персонажам. Ознакомившись с этой работой, преподаватель рассказал ей о причинно-следственных взаимосвязях в литературных произведениях, научил оценивать литературных героев в связи с конкретными событиями или действиями.

Кроме того, в те годы Алиса начала формулировать философию сознания путем «мышления в принципах». Она тщательно обдумывала каждую идею, которая у нее возникала. Пыталась «обозначить свой путь, понять его, выразить и, что самое главное — взять под свой осознанный контроль». Алиса начала вести личный и философский дневники, войдя в период самокритичного, «чудесного интеллектуального возбуждения».

Учась в школе, Алиса изучала произведения Тургенева, Чехова, Толстого и многих классических русских поэтов. Однако русская литература мало ее занимала. Анна Розенбаум, работавшая преподавательницей иностранных языков в нескольких петроградских школах, познакомила свою старшую дочь с произведениями великого французского романтика, Виктора Гюго. Его героическое видение человеческой природы и панорамные архитектурные отступления оказали на девочку неизгладимое впечатление. Если Аристотеля она называла своим единственным настоящим учителем философии, то в литературном плане такая честь выпала Гюго — он был единственным, чье влияние на свое творчество она признавала.

Тот факт, что Алиса (скорее всего) обучалась именно в Стоюнинской гимназии, имеет особенное значение. Основатели этого заведения, Мария и Владимир Стоюнины, были родителями жены Николая Лосского. Пользуясь этой родственной связью, они пригласили Лосского преподавать у себя в гимназии. С 1898-го по 1922 годы он обучал воспитанниц логике и психологии. Весьма вероятно, что Алиса Розенбаум уже тогда познакомилась с этим выдающимся человеком. Но, как бы там ни было, а впоследствии их дороги пересеклись в стенах Петроградского государственного университета.

Глава 2
Из России с ненавистью

После того, как дракон русской революции согнал Розенбаумов с насиженного места, семья была вынуждена забыть о той роскоши, в которой проходило детство Алисы. Путешествия за границу и летние отпуски остались в далеком прошлом. Наблюдая за царящим в Санкт-Петербурге (теперь переименованном в Петроград) упадком, Анна убедила мужа в том, что они должны перебраться в Крым. Там, на территории, контролируемой сторонниками прежней власти, он мог открыть новую аптеку, и положение семьи постепенно стабилизировалось бы. Алиса стала ходить в местную школу, где ее превосходное городское образование моментально выделило девочку среди общей массы.

Крымские школы были пока свободны от идеологического контроля со стороны большевиков. Большую часть преподавателей в новой гимназии Алисы составляли старомодные дамы, придерживающиеся монархистских взглядов. К этому времени Алиса расширила спектр своих собственных методов обучения. Эти принципы, которые казались ей самоочевидными, были направлены на выработку более точного процесса понимания и анализа. Один из биографов Рэнд, Барбара Бранден, писала, что «Алиса имела феноменальную память, но никогда не использовала свою память как инструмент обучения». Она научилась использовать как индуктивный, так и дедуктивный методы анализа.

Подражая педагогическим порывам своей матери, Алиса учила своих одноклассниц геометрии. Ее учительница математики надеялась, что девочка сделает профессиональную карьеру в этой области. Хоть Алиса и расширила рамки своего обучения логике и математике, она понимала, что изучения одного лишь чистого метода будет недостаточно. Чтобы сделать более широким свое видение мира, она штудировала труды классиков зарубежной литературы — Ростана, Гюго, Сенкевича. Она даже записалась на курсы американской истории, что было совершенно нетипичным шагом для русской девочки. Именно тогда Алиса пришла к атеизму. Концепция Бога представлялась ей недоказуемой при помощи рациональных методов и унижающей человеческое достоинство. В этом Рэнд была солидарна с большевиками. Но, в отличие от русских марксистов, Алиса отрицала как христианского Бога, так и коллективистское обожествленное государство, которое пытались строить коммунисты.

Но крымская глава продолжалась очень недолго. За контроль над регионом шла война, и скоро в Евпатории, где жили Розенбаумы, воцарился хаос. Коммунисты строем прошли сквозь город... и еще раз ограбили Зиновия, отобрав у него аптеку. Чтобы выжить, семье пришлось начать продавать драгоценности Анны. Старшая дочь отправилась на заработки — она учила читать неграмотных солдат.

Во время этих мрачных лет Алисе неожиданно удалось достучаться до своего отстраненного отца. Ключом к его сердцу стала политика. Зиновий был антикоммунистом и, как говорила Рэнд, «стоял на позициях индивидуализма». Она тоже. В ее приключенческих историях рыцарей и принцесс заменили теперь героические повстанцы, боровшиеся с советским режимом. Свой дневник она наполняла выпадами в адрес коммунистов, и ненависть к ним только укрепилась после того, как Алиса начала общаться на политические темы с отцом. «Только после того, как мы стали политическими союзниками, я почувствовала настоящую любовь к нему», — вспоминала она. Кроме того, девочка обнаружила, что отец очень высоко оценивает ее интеллект — это еще более укрепило ее растущее чувство собственного достоинства.

Расположением одноклассников она по-прежнему не пользовалась. Они стояли в очереди за ее помощью с уроками, но не приглашали ее в свои компании и не звали на праздники. Это было обидно и заставляло задуматься. «А что, если они не любят меня потому, что я умнее? Что, если своим безразличием они наказывают меня за мои добродетели?». То был первый слабый проблеск идеи, которая позднее всплыла в ее прозе. Алиса начала верить, что именно ее превосходство над окружающими являлось причиной проблем в отношениях с ними. Тем не менее, время от времени она подвергала эту мысль сомнению, находя такое объяснение слишком простым.

Три года спустя после отъезда из Петрограда Розенбаумы вернулись обратно. Им больше некуда было податься, поскольку коммунисты установили свою власть на всей территории страны. Анна умоляла Зиновия уехать из России, сбежать с семьей через Черное море — но на этот раз он твердо настаивал на своем. Решение вернуться в северную столицу, однако, не было мудрым. Их квартира и помещение аптеки были переданы другим людям. Тем не менее, Розенбаумы сумели получить несколько комнат в помещении, которым Зиновий Захарович когда-то владел.

Алиса любила Петроград. Как она позднее написала в романе «Мы — живые»: «Когда-то это был Санкт-Петербург; война сделала его Петроградом, а революция — Ленинградом». В своем первом романе она описывала город как великое достижение человеческого разума:

«Города растут как леса, расползаются как сорняки. Но Петроград не рос. Он явился в окончательном совершенстве. Петроград не ведает природы. Это творение человеческих рук. Природе свойственно ошибаться и рисковать, она смешивает цвета и не имеет представления о прямых линиях. Петроград был создан человеком, который знал, чего хотел. Величие Петрограда осталось незапятнанным, а убожество — ничем не смягченным. Его линии, ровные и четкие, — свидетельство упорного стремления человека к совершенству.

Города растут вместе со своими жителями, борются за первенство среди других городов, медленно поднимаясь по лестнице времени. Петроград не поднимался. Он явился, чтобы стоять на высоте, чтобы повелевать. Еще не был заложен первый камень, а город уже стал столицей. Это монумент силе человеческого духа.

Люди мало знают о человеческом духе. Они — всего лишь родовое понятие, часть природы. Человек же — это слово, у которого нет множественного числа. Петроград был создан не людьми, но человеком. О нем не сложено ни легенд, ни сказок; он не воспевается в фольклоре; он не прославляется в безымянных песнях на бесчисленных дорогах России. Этот город стоит особняком, надменный, пугающий, неприступный. Через его гранитные ворота не проходил ни один паломник. Эти ворота никогда не распахивались навстречу кротким, убогим и уродливым, как ворота гостеприимной Москвы. Петрограду не нужна душа, у него есть разум.

И может быть, это не просто совпадение, что в русском языке о Москве говорят "она", а о Петрограде — "он".

И может быть, это не просто совпадение, что те, кто от имени народа захватил власть, перенесли свою столицу из холодного и надменного города-аристократа в добрую и смиренную Москву».

Но революция изменила этот великий город. Годы спустя Алиса опишет в своей прозе также и горькое разочарование, сопутствовавшее возвращению ее семьи в Петроград: «В их новом доме не было парадного входа. Не было электрических коммуникаций. Водопровод был сломан, и им приходилось таскать воду в ведрах с нижнего этажа». Пленительная роскошь и высокая культура прежней жизни растворились в пелене дней. Вместо серебряных ложек с монограммами приходилось пользоваться оловянными. Когда приходили гости, хозяйки могли предложить им только такие сомнительные угощения, как печенье из картофельной кожуры и чай с сахариновыми таблетками вместо сахара.

Во время НЭПа Зиновий смог вновь ненадолго открыть свой магазин, став участником аптечного кооператива, но потом собственность в очередной раз была конфискована. После этого удара Розенбаум отказался работать. Алиса восхищалась принципами своего отца. С ее точки зрения его поступок был продиктован не саморазрушением, а, напротив, инстинктом самосохранения. Отказ работать на эксплуататорскую государственную машину стал одним из основополагающих мотивов ее последнего романа, «Атлант расправил плечи». Однако в тяжелую годину подобные принципы только усложняют жизнь. Анна Борисовна нашла работу учительницы иностранных языков и стала, таким образом, главной добытчицей в семье. Но ее учительской зарплаты не хватало для того, чтобы прокормить сразу пятерых — и Розенбаумы начали голодать. Даже имея деньги, было трудно прокормиться — поскольку с 1921 по 1922 год в России стоял голод, приведший к гибели пяти миллионов человек. Еда выдавалась по карточкам — и список доступных продуктов был весьма скуден. Основу семейной диеты составляли просо, желуди и жидкая каша.

Алиса надолго запомнила эти темные годы. Уже живя в Америке, она рассказывала своим друзьям, как оборачивала ступни газетами вместо обуви, и как выпрашивала у матери последнюю сухую горошину, чтобы утолить голод.

Но даже в этих жестких условиях Розенбаумы продолжали ценить образование и культуру. Алису, бывшую теперь студенткой университета, работать не заставляли. Она полюбила мюзиклы и оперетты, и все свободные деньги тратила на походы в театр.

Трудности, которые пережила ее семья, привели к тому, что Алиса сохраняла стойкое недоверие по отношению к пламенным речам революционных политиков. Но именно революция значительно облегчила ей поступление в университет. Большевики сделали политику приема в высшие учебные заведения более либеральной, что привело к наплыву новых студентов — в том числе, женщин и евреев, которым ранее поступление было запрещено. Алиса была в числе одной из первых российских женщин, поступивших в университет. Впрочем, у этих свобод имелась и обратная сторона: большевики увольняли контрреволюционно настроенных преподавателей, держали в страхе тех, кто остался, и ввели марксистские курсы политической экономии и исторического материализма. Вскоре антикоммунисты — как студенты, так и профессора — начали бесследно пропадать. Понимая, какого рода опасности могут ей угрожать, Алиса Розенбаум тщательно контролировала каждое произнесенное ею слово.

Училась она в Петроградском Государственном университете на факультете социальной педагогики, с углубленным изучением истории. Именно там Алиса познакомилась с философскими трудами Аристотеля и Платона, которые оказали серьезное влияние на формирование ее взглядов на политику и государство. Также она много времени проводила за изучением произведений Фридриха Ницше. Будущая Айн Рэнд свободно читала на французском и немецком, а ее любимыми авторами стали Виктор Гюго, Эдмон Ростан, Фридрих Шиллер и Федор Достоевский.

Огромное влияние на нее в студенческие годы оказал профессор Николай Онуфриевич Лосский — преподаватель философии в Петроградском университете. Их отношения имеют первостепенное историческое значение, поскольку, вероятно, именно Лосский был тем человеком, который впервые познакомил Рэнд с диалектическими методами анализа.

В зрелые годы Рэнд мало читала философской литературы. Но во время учебы в университете ей приходилось досконально изучать множество философских текстов. Весьма вероятно, что ни в один из других периодов своей жизни Рэнд не читала столько литературы и философии, сколько во время получения образования в России. Таким образом, нельзя сбрасывать со счетов влияния Лосского — будучи ее первым учителем философии, именно он заронил первые зерна в почву, на которой впоследствии выросла всеобъемлющая и многогранная концепция объективизма. На своих лекциях Лосский предоставлял студентам широчайший методологический инструментарий, при помощи которого можно было анализировать вклад, сделанный важнейшими мыслителями в историю интеллектуальных достижений человечества. Рэнд вспоминала, что именно Лосский познакомил ее с трудами Платона и Аристотеля. Поскольку второго из этих философов она называла своим философским прародителем, это первое столкновение с его работами имело первостепенное значение для ее интеллектуального развития. Вполне возможно также, что ее интерпретация философии Аристотеля брала свое начало в видении Николая Лосского.

Незадолго до окончания университета Алиса была отчислена вместе с группой других студентов, которые, как и она, имели буржуазное происхождение. Однако после того, как группа посетивших университетский городок зарубежных ученых, возмутилась этому факту, ее и всех остальных исключенных студентов восстановили, чтобы они могли закончить образование.

Однако Алиса скептически относилось к полученному в университете образованию, сверху донизу пронизанному марксистскими влияниями. Коммунисты установили очень жесткий контроль за преподавателями и студентами, отслеживая контрреволюционные настроения. Самое невинное высказывание могло быть подвергнуто тщательному анализу и подвести сделавшего его человека под обвинение в антисоветской пропаганде. Даже история была переписана и отредактирована таким образом, чтобы служить во славу большевизма. Годы спустя Айн Рэнд называла себя крупным экспертом в области пропаганды, ссылаясь на то, что она «училась у профессионалов».

Молодая выпускница Лениградского уже университета, Алиса Розенбаум всей душой полюбила кино. Российская киноиндустрия, долгое время пребывавшая в упадке из-за хаоса, вызванного войной и революцией, в начале 20-х начала постепенно восстанавливаться. Благодаря НЭПу, в стране был разрешен прокат зарубежных фильмов, а Министерство образования оказывало финансовую поддержку создателям отечественных лент. Алиса захотела стать сценаристом и с этой целью поступила в Государственный Институт Кинематографии.

Фильмы стали ее наркотиком. В течение 1924 года Алиса посмотрела сорок семь картин. В течение следующего года — сто семнадцать. Она завела специальный кинодневник, в котором оценивала по пятибалльной шкале каждый фильм, который посмотрела, а также составляла список своих любимых киноартистов. Именно благодаря кинематографу она открыла для себя Америку — этот идеальный мир, столь непохожий на ненавистную ей Россию. Америка сверкала отблесками гламура, романтики, волнующих приключений, манила россыпью материальных ценностей. Интерес к далекой стране подстегнуло письмо, неожиданно пришедшее Розебаумам из Чикаго. Почти тридцать лет назад один из родственников Анны Борисовны, Гарри Портной эмигрировал в Америку, а ее семья помогла ему оплатить переезд. Теперь его дочь, Сара Липски, интересовалась, как дела у Розенбаумов. В этом письме Алиса увидела свой шанс. Воспользовавшись знакомством с Портными, она могла бы получить гостевую визу в США — ну а там уже придумала бы способ остаться в стране навсегда. Родители поддержали эту идею, поскольку боялись, что их прямолинейная и бескомпромиссная дочь едва ли сумеет выжить в изменчивом политическом климате Советской России.

А еще — потому, что они прекрасно видели, насколько она несчастна. Казалось бы, среди невзгод послереволюционного Петрограда ей досталась не худшая доля. У нее даже был обходительный и симпатичный ухажер, которого звали Сергей. Но повседневная жизнь продолжала разочаровывать. Карьера в отечественном кинематографе казалась ей дорогой в никуда, поскольку Алиса понимала, что став сценаристом в России, ей придется писать пропагандистские сценарии, прославляя ненавистную советскую систему. Сергей же был слабым утешением. Они познакомились, когда их семьи арендовали смежные каюты во время небольшого отпуска. Вернувшись в Петроград, она продолжила принимать его ухаживания, но в ее сердце тем временем жили воспоминания о другом мужчине. Ее первой неразделенной любовью, пережитой еще в подростковом возрасте, был некий Лев Беккерман, с которым Алису познакомила кузина. Годы спустя эта память вновь ожила в персонаже Лео из романа «Мы — живые»: «Он был высок; воротник его пальто был поднят, шляпа надвинута на глаза. Его рот, спокойный, жесткий, презрительный, был словно рот древнего вождя, который мог приказать людям пойти на смерть, а глаза были такими, что могли бы спокойно взирать на это». Восхищенный живым разумом юной Алисы, Лев стал частным гостем в доме Розенбаумов. Но он не был по-настоящему заинтересован в том, чтобы строить отношения с ней, и вскоре забыл о девушке. Алиса была раздавлена. Это было одно из самых горьких разочарований, через которые ей пришлось пройти во время жизни в России. Разочарований, которые склоняли чашу весов в пользу эмиграции.

Переезду предшествовали несколько месяцев подготовки. Сначала были уроки английского языка. Потом Анна, Наташа и Нора начали пылкую прокоммунистическую деятельность, целью которой было убедить власти в том, что их семья верна идеалам революции. Розенбаумы стали готовить почву для отъезда Алисы, утверждая, что она собирается изучать американский кинематограф, чтобы, вернувшись, помочь развитию отечественной киноиндустрии. Эта ложь была достаточно правдоподобной, поскольку Алиса уже училась в Институте Кинематографии. Материальную поддержку оказали чикагские родственники: семьи Портных, Липски, Сатриных и Голдбергов.

В ожидании решения вопроса о своем отъезде Алиса написала для Государственного технологического института большой очерк о своей любимой актрисе, звезде немого кинематографа Поле Негри[1]. В этой работе, которая была обнаружена в Санкт-Петербургской библиотеке после смерти Рэнд, она описывала Негри в выражениях, которые также подошли бы и к ней самой. «Там, где Франческа Бертини являет всепобеждающую красоту, — писала она, — Пола Негри непривлекательна. Глория Свенсон ослепляет глаз изысканностью своих нарядов — а Пола Негри одевается безвкусно. Мэри Пикфорд покоряет сердца своей

---

[1] Американская актриса польского происхождения (урожденная Барбара Аполлония Халупец), звезда и секс-символ эпохи немого кино.

детской непосредственностью, а Пола Негри — мрачная, напряженная, жестокая женщина». В чем же был секрет успеха Полы Негри? Она была гордой женщиной-победительницей. После «трудного, безрадостного детства», продолжала Рэнд, актриса стала «дерзкой» на экране и в жизни. Однажды, когда польский пограничник отказался пропустить ее через границу, пока она не передаст ему свои драгоценности, женщина «была готова растоптать человека, осмелившегося встать у нее на пути». Негри эмигрировала в Америку и стала одной из первых голливудских звезд иностранного происхождения. Черноглазая актриса «сумела преодолеть свойственное американцам холодное недоверие по отношению к европейцам, их гипертрофированный патриотизм», — писала русская девушка, которая еще даже не побывала в Америке. В 1925 очерк Алисы Розенбаум «Пола Негри» был напечатан в Москве, в серии монографий, рассказывающих о жизни популярных актеров. Это была ее первая опубликованная работа.

Предстоящий отъезд Алисы сделал атмосферу в семье очень напряженной. Натыкаясь на каждую бюрократическую препону, Алиса впадала в панику от одного лишь предположения, что ей не удастся уехать. Родители, невзирая на то, что они всецело поддерживали ее отъезд, были очень расстроены перспективой расставания с дочерью. Поездка в Америку была как «полет на Марс» — но сама Алиса была очень уверена в своих перспективах и разделяла веру своего отца в то, что власть коммунистов не продлится долго. «Я буду знаменитой к тому времени, как вернусь!», — прокричала она из окна вагона своей семье, когда январским днем 1926 года поезд отправился с Ленинградского вокзала в Москву. До столицы Алису сопровождал Сергей. С собой она везла семнадцать киносценариев. Нора, Наташа и двоюродные сестры бежали за поездом, пока он не исчез вдали. Зиновий Захарович, вернувшись домой, расплакался.

Но отъезд из России был только первым шагом. Алисе еще нужно было получить иммиграционные бумаги из американского консульства, расположенного в Латвии. Годом ранее Конгресс США ввел строгие ограничения на иммиграцию из России и других восточно-европейских стран. В ожидании своей очереди Алиса успокаивала нервы в кинотеатре и успела посмотреть четыре фильма. Спонтанная выдумка о ждущем ее на родине женихе помогла поскорее получить заветные бумаги, после чего поезд понес девушку, через Берлин и Париж, в Гаагу, где она взошла на борт океанского лайнера, отправлявшегося в Нью-Йорк. Там ее встретят друзья семьи, чтобы сопроводить в Чикаго.

Живя в Америке, Рэнд переписывалась с родителями и не оставляла попыток помочь им выбраться из России следом за ней. Однако в ее воспоминаниях всегда четко прослеживается неизменное презрение по отношению к ярко выраженным «русским» аспектам культуры. Рэнд подчеркивала тот факт, что все ее главные достижения были сделаны на Западе, и отрекалась от славянского мистицизма и коллективизма, которые, как она считала, являлись неотъемлемыми составляющими русской психологии. Этот факт важен для понимания ее раннего интеллектуального развития. Он помогает понять, почему Рэнд так никогда и не смогла признать, что является порождением своего русского прошлого. Русская культура для нее означала ненависть к личности и рациональному сознанию. Русский образ мыслей она считала основанным на эмоциях и интуиции, а не на логике и рассудительности. Он отбрасывал индивидуализм и с радостью принимал коммунальную форму организации быта. Он был антиматериалистическим и, прежде всего, антикапиталистическим. Каждый аспект этой русской целостности был естественным продолжением другого. С точки зрения Рэнд, отказ от логического рассуждения означал также и отказ от личной свободы, материального достатка и капитализма. В своих философских, социологических и политических рассуждениях она подчеркивала неразрывную связь между рассудительностью, свободой, индивидуализмом и капитализмом — всеми теми элементами, за отсутствие которых она и презирала русскую культуру.

Глава 3
Привет, Америка!

Свою карьеру в Америке Айн Рэнд начала с написания сценариев для немого кино — работы, которую она могла делать, даже невзирая на свое поверхностное знание английского. Чуть более года спустя после приезда в Штаты, в возрасте двадцати двух лет, она работала в качестве младшего сценариста на студии знаменитого режиссера Сесила Блаунта ДеМилля.

Но этому предшествовали еще несколько месяцев, в течение которых она осваивалась с американским укладом жизни. Первые четыре дня девушка провела в Нью-Йорке, остановившись у дальних родственников семейства Портных. Эти родственники, носившие фамилию Розен, проживали в новом, имевшем величественную архитектуру районе Саттон-Плейс близ Ист-Ривер, так что начало пребывания Алисы в США было весьма стильным. Позднее она рассказывала друзьям, что на тот момент у нее оставалось при себе всего пятьдесят долларов. Ей приходилось передвигаться по шумному городу на трамвае или пешком. Спрашивать дорогу у прохожих было не так уж легко, поскольку ее разговорный английский не выходил за рамки дюжины слов, да и те она, по собственному признанию, произносила не слишком внятно.

По дороге из Нью-Йорка в Чикаго она решила, что новую жизнь в новой стране следует начинать и с новым именем. И если псевдоним «Рэнд» Алиса придумала себе уже давно (то была слегка видоизмененная аббревиатура ее настоящей фамилии — Розенбаум), то теперь у нее появилось еще и новое имя — Айн. Как звезда Голливуда, она хотела иметь легко произносимое и запоминающееся имя. И то, что она в итоге выбрала — Айн Рэнд — освобождало ее от бремени пола, национальности, религии, прошлого. Это было идеальное имя для «избранной». Псевдоним также мог, в случае необходимости, послужить камуфляжем от американской иммиграционной службы, которая, по истечении срока действия визы, могла попытаться выследить ее.

Имя, которое она выбрала для себя, уже более полувека является предметом любопытства читателей и горячего обсуждения среди поклонников. Не будучи ни американским, ни еврейским, ни русским, оно не несло в себе четкого информационного кода, сообщающего этническую или даже половую принадлежность его носителя. Многие из первых читателей ее книг искренне полагали, что их написал мужчина. Когда ее спрашивали о псевдониме в 1930-х и 1940-х годах, она предлагала разные версии его расшифровки. Иногда говорила, что «Айн» — финское женское имя, которое она позаимствовала у финской писательницы, но, по крайней мере, однажды заявила, что придумала его сама. Что же касается фамилии «Рэнд», то ее троюродная сестра Ферн Браун, которой было восемь лет, когда старшая родственница поселилась у ее семьи в Чикаго, вспоминала, что Алиса привезла с собой из России пишущую машинку модели Remington Rand. Сама Рэнд также не раз излагала такую версию, но это не может быть правдой, поскольку в 1926 году машинки такой модели еще не выпускались. Десять лет спустя она сказала в интервью New York Evening Post, что слово «Рэнд» является аббревиатурой ее русской фамилии («Рзнб».), а в 1961 повторила эту версию в беседе с корреспондентом The Saturday Evening Post.

Но, как бы там ни было, она, за очень редким исключением, не раскрывала своим американским знакомым имени, которое получила при рождении. Некоторые друзья и родственники связывают это с ее осторожностью в связи с некоторыми барьерами, стоявшими на пути евреев в Соединенных Штатах. Им было запрещено проживать в ряде районов, заниматься некоторыми видами деятельности, состоять в определенных общественных организациях и клубах. Мириам Саттон, родственница Рэнд со стороны мужа, которая до самой смерти оставалась ее подругой, вспоминала: «Поначалу она не хотела, чтобы кто-либо знал, что она еврейка. Был целый период, вплоть до Второй мировой, когда она не хотела, чтобы это стало известно». Мириам (девичья фамилия которой была Папурт), вспоминала, что Рэнд рекомендовала ее никому не рассказывать, что клан ее отца, еврея Аллена Папурта происходит из украинского города Бердичева. «Это ужасное место, Мими! Это еврейское гетто!», — сказала ей эмигрантка. Когда Рэнд знакомила Мими с кем-нибудь, то всегда представляла ее как «племянницу своего мужа», не называя фамилии Папурт. Другая американская родственница рассказывала, что вся их большая семья «была очень скрытной. Они все изменили свои имена». Знавшие Рэнд люди говорят, что самой главной причиной, по которой она сменила имя, было то, что «поскольку она хотела стать философом и автором бестселлеров, ей нельзя было быть еврейкой. Еврейку просто никто не стал бы слушать». Несмотря на то, что впоследствии романистка утверждала, что ее основной целью было защитить Розенбаумов от любых ассоциаций с ее публичной деятельностью, на фоне вышеперечисленных причин такое объяснение звучит неправдоподобным. Какой бы ни была подоплека, но ее нежелание раскрывать основные факты о своем происхождении было столь сильным, что ни один из ее ближайших друзей и последователей не знал ее настоящего имени, когда она умерла.

Сперва планировалось, что в Чикаго Рэнд остановится у Анны и Менделя Стоунов, которые занимались торговлей готовым платьем. Но из-за некоторых трудностей, связанных с рабочим графиком этой семьи, в итоге она отправилась к родителям Ферн Браун, Минне и Сэму Голдбергам, которые владели небольшой бакалейной лавкой в чикагском Норт-Сайд, близ Линкольн-парка, и жили по соседству в пятикомнатной квартире на первом этаже. Родители Ферн спали в передней спальне вместе со своим пятилетним сыном Харви. Патриарх семьи, Гарри Портной, овдовевший супруг сестры Анны Стоун Евы, занимал дальний альков. Ферн перебралась на кушетку в гостиную, а Рэнд заняла ее раскладушку в столовой. Практически сразу же она сконцентрировалась на своей основной цели, которую она полушутливо именовала «покорением Голливуда». Она все время писала или печатала сценарии для кинофильмов. Рэнд сочиняла их на русском языке, а ее родственницы переводили на английский. Годы спустя молодой Харви Портной вспоминал, что среди ночи она делала перерыв в работе и подолгу принимала ванну. Первое время Рэнд не закрывала кран с горячей водой как можно дольше, чтобы убить всех микробов. Горячие ванны в той России, которую она покинула, стали забытой роскошью — и в грязи повсеместно процветали холера и брюшной тиф. Голдберги спали урывками и просыпались с красными глазами. В дневное время их гостья разгуливала по квартире, напевая популярную песню "I'm Sitting on the Top of the World", с харатерным русским акцентом, заменяя англо-американское "the" на «зе». Когда Минна Голдберг не смогла больше выносить создаваемый ею шум, она попросила свою сестру Анну Стоун все-таки разделить с нею тяготы приема гостьи, после чего Рэнд попеременно жила то у Голдбергов, то у Стоунов.

Ферн Браун вспоминала, что Рэнд не проявляла особого интереса к семейным трапезам или к еде как таковой — хотя сама Рэнд позднее говорила, что была постоянно голодна, когда приехала в Америку, где у нее впервые за много лет появилась возможность есть столько, сколько хочется. Она очень мало разговаривала со взрослыми членами семьи и, что особенно удивляло, очень редко упоминала свою собственную семью или политическую обстановку в Ленинграде. Она практически не говорила на эти темы, если ее не спрашивали. Но даже если спрашивали — Айн отвечала односложными предложениями, так, словно эта тема ее совсем не интересовала.

Конечно, это не означало, что ее нисколько не заботит благополучие родителей и сестер. В течение следующих десяти лет она часто писала им, посылая своей сестре Наташе ноты американской музыки, Норе — одежду и кинематографические сувениры, а матери — американские пролетарские романы для перевода их на русский язык, включая «Американскую трагедию» Теодора Драйзера. Она предприняла по меньшей мере одну попытку вывезти свою семью в Америку. Но «все, о чем она говорила — это то, что она собиралась сделать и кем собиралась стать», — отмечала Минна Голдберг. Другими словами — только о своем будущем. С самого начала ее психологический настрой по отношению к собственному прошлому был таков: не смотри назад. Позднее она сказала, что ни ее национальное происхождение, ни страна, в которой она родилась, не имеют для нее никакого определяющего значения, поскольку все это было случайным, а не сознательно выбранным ее свободной волей. Она была «существом с самостоятельно созданной душой» и гордилась этим.

Что касается Чикаго, то этот город не был похож на Нью-Йорк или Голливуд, и она рассматривала его как временное пристанище («Я не чувствовала, что нахожусь в американском городе», — сухо заметила она впоследствии). Она не знала, что к северу и западу от города располагались скопления знаменитых «домов прерий», спроектированных архитектором Фрэнком Ллойдом Райтом[1], который впоследствии послужил прототипом для Говарда Рорка в ее романе «Источник». Не знала Рэнд и того, что чикагский даунтаун усеян зданиями авторства Луиса Салливана, отца небоскребов, который также вдохновил ее на создание одного из героев — учителя Рорка Генри Кэмерона.

Трескотня пишущей машинки Айн сводила с ума ее чикагских родственников. Она писала каждую ночь, иногда — до самого утра. В Америке ничто не стояло у нее на пути. При всякой возможности она отправлялась в принадлежащий семейству Липски кинотеатр, где по нескольку раз смотрела одни и те же фильмы, запоминая мельчайшие детали актерской и режиссерской работы, сценария и сюжета. За шесть месяцев, проведенных в Чикаго, она посмотрела сто тридцать пять фильмов. Ее английский все еще хромал, и чтение субтитров к кинолентам здорово помогало ей в обучении.

В архивах миграционной службы было записано, что после того, как истечет срок действия ее американской визы, русская гражданка Розенбаум обязана вернуться на родину. Но такого намерения у нее не было. Чтобы поскорее получить визу в Риге, она сказала сотруднику американского консульства, что помолвлена с русским мужчиной, которого очень любит, и к которому обязательно вернется. Правда же состояла в том, что как только родственники матери согласились помочь ей с переездом, она решила, что останется в Америке. Она понимала, что новое драконовское законодательство США, принятое в 1924 году и направленное на противодействие хаотичным волнам иммигрантов из Восточной Европы. В случае, если ей не удастся продлить визу, Рэнд намеревалась пересечь границу с Канадой или Мексикой и дождаться, покуда у нее вновь появится воз-

---

[1] Американский архитектор-новатор. Оказал огромное влияние на развитие западной архитектуры в первой половине XX века. Создал «органическую архитектуру» и пропагандировал открытый план в архитектуре.

можность вновь въехать в США по квоте. Это могло занять много лет. Стоуны и Голдберги помогли ей с продлением визы, но — всего на шесть месяцев.

Стоит отметить, впрочем, что в 1960-х она стала знаменитой, благодаря прославлению честности и ответственности как неотъемлемых добродетелей ее героев-капиталистов. «Никто, никогда и никоим образом не должен пытаться подделать реальность», — писала она в своем знаменитом описании нравственного человека. То, что она иногда придумывала, преувеличивала или скрывала какие-то факты своей жизни, чтобы приблизиться к своим целям или представить в более выгодном свете публичный имидж, могло, вероятно, частично быть обусловлено опытом, полученным ею во время жизни в России. Особенно, учитывая еврейский фактор, ведь разнообразные мелкие уловки были средством выживания для целых поколений русских евреев. Она прояснила этот момент, находясь в среднем возрасте, когда сказала своим друзьям, что обязательство быть правдивым заканчивается в ситуации, где аморальное поведение окружающих делает правду опасной для собственных интересов личности. Вне всяких сомнений, она рассматривала закрытые границы России как нечто несправедливое и аморальное, но в последующей жизни она позволяла себе подобные уловки и по некоторым другим причинам.

Полностью сконцентрировавшись на своих собственных задачах и целях, Рэнд уделяла очень мало времени общению с родственниками. Когда ее спрашивали о том, как живет семья в России, она либо давала очень краткие ответы, либо выдавала продолжительные рассказы о зверствах большевиков. Члены чикагского клана были очень озадачены поведением своей странной новой родственницы. Они начали спихивать ее друг другу на руки, поскольку ни одна из семей не могла долго выносить ее причуды. К концу лета их терпение лопнуло.

Но Рэнд в любом случае собиралась уехать из Чикаго. Она чувствовала себя крайне неуютно в замкнутом еврейском мирке, где обитали ее родственники. С того момента, как Айн прибыла в Нью-Йорк, почти все, с кем она общалась, были евреями. Настоящую Америку она представляла себе не так. Ей очень хотелось вырваться из тесного национального анклава своей обширной семьи и как следует изучить ту самую страну, о которой так возвышенно мечтала, живя в России. Портные купили ей билет на поезд до Голливуда и дали сто долларов на первое время. Уезжая, Рэнд пообещала им автомобиль «Роллс-Ройс» в порядке благодарности за помощь.

Незадолго до того, как уехать из Чикаго, она описала свои впечатления об Америке в письме, адресованном ее неразделенной любви, Льву Беккерману. «Я настолько американизировалась, что уже могу ходить по улицам, не задирая голову, чтобы смотреть на небоскребы, — писала она ему. — Я сижу в ресторане на очень высоких стульях, как в футуристическом кино, и потягиваю фруктовые коктейли через трубочку». «Американцы много шутят и почти ничего не воспринимают всерьез», — радостно писала она. В письме также нашла отражение и ее целеустремленность. «Единственное, что мне остается — это расти, — писала она, — что я и делаю со свойственной мне прямолинейной решительностью». Она надеялась, что Лев изыщет способ уехать из России и однажды приедет к ней. Она обещала встретить его на вокзале, даже если он приедет в 1947 году, а она к тому времени станет величайшей звездой Голливуда». Ответил ли Беккерман на то послание, остается неизвестным.

Глава 4
Голливудские грезы

В России она представляла себе Голливуд как своеобразный слепок земного шара, где можно встретить людей абсолютно любой национальности и любой социальной страты. Элегантных европейцев, энергичных деловых американцев, дружелюбных африканцев, тихих китайцев и даже разнообразных дикарей из дальних колоний. Профессоров из лучших школ, фермеров и аристократов, людей всех профессий и возрастов. На деле же Голливуд довольно сильно отличался от того образа, который можно было составить себе, опираясь на созданные здесь произведения. Писатель Натаниэль Уэст называл это место «помойкой грез». Но Рэнд очень мало знала о темной стороне киноиндустрии. Для нее прибытие в Голливуд в 1926 году стало путешествием в ту самую волшебную страну, о которой она мечтала, живя в России. Время приезда было очень удачным — в середине двадцатых годов кинематограф все еще был немым, и Рэнд могла писать сценарии даже несмотря на свое поверхностное знание английского. Диалоги, которые появлялись внизу экрана в виде субтитров, не требовали глубокой проработки — они должны были быть краткими и простыми.

Первым делом она отправилась на студию, принадлежавшую ее любимому режиссеру Сесилу Блаунту ДеМиллю. Его знаменитые эпические религиозные фильмы в России не выпускались — там этот режиссер был известен как автор лент о гламуре, сексе и приключениях. Рэнд привезла на студию несколько своих сценариев, но ей довольно быстро указали на дверь. К счастью, выходя, она встретила самого ДеМилля, который как раз подъехал к воротам студии на своем авто. Стоя неподалеку, она пожирала своего кумира глазами, и, в конце концов, он это заметил. Пригласив девушку в свой автомобиль, режиссер прокатил ее по голливудским улицам и пригласил на съемочную площадку фильма «Король королей», назначив встречу на следующий день.

ДеМилль был одним из самых успешных американских режиссеров за всю историю кино. На протяжении сорока золотых лет
Голливуда слова «режиссер» и «Сесил Б. ДеМилль» означали одно и то же. Известный своей эксцентричной манерой одеваться,
он командовал тысячными армиями статистов на протяжении
своего долгого, впечатляющего правления в качестве некоронованного короля Голливуда. Величайшим зрелищем, поставленным этим человеком была его собственная невероятная жизнь.

Пожалуй, нет ни одного современного создателя зрелищных
спецэффектов, который не знал бы, что крестным отцом этого
искусства являлся именно Сесил Б. ДеМилль. Он был не только
генератором потрясающих визуальных идей, которые, будучи
воплощенными на экране, гарантировали крупные кассовые сборы, но еще и гением промоушена, заложившим основы голливудского бизнеса на десятилетия вперед. Он был одним из первых
людей, догадавшихся, что трейлер, демонстрирующий наиболее
привлекательные фрагменты кинокартины, способствует повышению продаж билетов. Он также стал первым в истории кино
человеком, который сделал имя режиссера инструментом продаж, размещая свою фамилию в самой верхней части афиши, выше названия студии и самого фильма.

Еще одним коммерческим инструментом ДеМилля был грех.
Режиссер считал, что порок следует показывать на экране раньше, чем добродетель — дабы сильнее был моральный эффект.
Поэтому многие его фильмы были наполнены достаточно откровенными для своего времени сексуальными и эротическими
сценами.

Творческое кредо ДеМилля было следующим: «Неважно,
сколько это стоит, главное — стоит ли оно этого». Он был убежден, что актриса, играющая в фильме роль принцессы, будет
играть лучше, если ей заплатят пять тысяч долларов, нежели та,
которой заплатят двести — и что зритель обязательно заметит
разницу. ДеМилль был одним из символов старого Голливуда,
одним из его столпов. И вот, именно этот прославленный творец стал одним из первых, кого Рэнд встретила, когда приехала
в царство грез.

Существует еще одна версия ее закомства с ДеМиллем, согласно которой русская девушка приняла приглашение покататься с известным режиссером, даже не подозревая, кто он такой на самом деле — и узнала его имя лишь во время поездки, когда набралась храбрости спросить. Впрочем, люди, близко знавшие ее, предполагают, что эта сцена могла разворачиваться и совершенно иным образом. «Она преследовала его, — утверждает родственница Айн Рэнд Ферн Браун, автор популярных книг о лошадях для детей и юношества. — Она никогда не пускала дела на самотек».

В любом случае, в течение первых нескольких недель в Голливуде удача ей определенно благоволила. Рэнд поселилась в женском общежитии Hollywood Studio Club. Это недорогое заведение находилось под патронажем Ассоциации христианской молодежи и предназначалось для того, чтобы дать приют на первое время начинающим актрисам и прочим молодым женщинам, оказавшимся вдали от дома. К услугам обитательниц общежития, расположенного в самом сердце Голливуда, были хорошо укомплектованная библиотека, небольшой театр для репетиций, гимнастический зал и уютный дворик, на котором по вторникам проходили вечерние чаепития и танцы, бывшие традицией клуба. На фоне тесных комнатушек, в которых ее семье пришлось ютиться в Петрограде после экспроприации, новое жилище казалось раем на Земле. В Studio Club Айн прожила два с половиной года, платя за комнату, завтрак и обед десять долларов в неделю. В кинематографической тусовке она получила прозвище «Черная икра».

Так началась ее карьера в Голливуде — сперва в качестве актрисы массовки, но вскоре, воспользовавшись личным знакомством с влиятельным режиссером, Айн стала младшим сценаристом на его студии. Пускай ее собственные сценарные наработки были сырыми и неотшлифованными — но Рэнд умела отличить плохой фильм от хорошего. Перед тем, как приехать в Голливуд, она посмотрела более трехсот картин. Получив должность младшего сценариста, Рэнд перебирала многочисленные еще не реализованные сценарии, правами на которые владел ДеМилль, и вносила предложения по их улучшению. Происходившее с ней казалось слишком хорошим, чтобы быть правдой. Меньше чем за год после своего отъезда из России, Рэнд сумела осуществить часть своих заветных мечтаний.

Устроившись на новом месте, она написала родителям и сообщила им о своем новом псевдониме. Семья была очень рада узнать о ее достижениях. Мать написала в ответ, что письмо, в котором рассказывалось о встрече с ДеМиллем, она прочитала вслух собравшимся в гостях родственникам, и те аплодировали стоя. Анна Борисовна и ее младшие дочери начали заниматься дома английским, готовясь когда-нибудь присоединиться к Айн. Нора прислала отдельно письмо, в котором радостно предвещала, что новое имя ее сестры станет однажды «воплощением славы и величия всего мира».

Решив улучшить свой уровень владения английским, она изучала британскую и американскую литературу из библиотеки. В своей сценарной работе Рэнд экспериментировала с различными жанрами. Вещи, которые она считала лучшими, Айн приносила на студию ДеМилля — но ни один из ее сценариев не был взят в работу. Глава сценарного отдела студии сказала ей, что ее сюжеты слишком надуманны, а персонажи — недостаточно человечны. Такое отношение привело Рэнд в ярость. Она, стремившаяся утвердиться как литературная наследница Виктора Гюго, Федора Достоевского и Фридриха Ницше, с едким пренебрежением относилась к историям, которые читались «как прошлогодние газеты» и совершенно не интересовалась литературными героями, которые были похожи на людей, которых можно ежедневно наблюдать вокруг себя. Айн сразу решила, что руководитель сценарного отдела не только является противницей романтики, но и имеет личную неприязнь по отношению к ней самой. Более тридцати лет спустя она сказала в дружеской беседе: «Я до сих пор ненавижу эту женщину». Но тут же поправилась: «Нет, не ненавижу. Но она мне очень не нравится».

Карьера на киностудии развивалась следующим образом: сперва, чтобы проверить ее способности в письменном английском, ДеМилль поручил Рэнд переработать в киносценарий небольшой рассказ, правами на экранизацию которого владела его киностудия. Ей досталась сентиментальная история под названием «Его собака», и это была, вероятно, ее первая профессиональная работа на английском языке. Она являла собой историю о бывшем заключенном, который, ухаживая за раненой собакой, сумел покончить с криминальным прошлым и добиться руки своей подруги детства. Сценарий Рэнд был написан быстро, но уверенно. Он вполне удовлетворял минимальным требованиям Сесила Б. ДеМилля — и Рэнд получила работу младшего сценариста со ставкой двадцать пять долларов в неделю. Теперь она должна была читать произведения других авторов и оценивать из потенциал с точки зрения кино. ДеМилль сказал, что если созданные ею синопсисы покажутся ему убедительными, то они будут переданы более опытному сочинителю для переработки в настоящие сценарии.

Теперь, вырабатывая мастерство создания типичного голливудского продукта, ей пришлось отложить в сторону свою нелюбовь к сентиментальным историям и чересчур человечным героям. В «Ангеле Бродвея», сценарии, созданном в середине лета 1927-го, она дорабатывала характер циничной певицы из кабаре, которая обнаруживает свои лучшие качества, заботясь и молясь о бывшем преступнике, ставшем рабочим Армии Спасения. В сценарии под названием «Жена Крейга» — основанном на получившей Пулитцеровскую премию пьесе Джорджа Келли, Рэнд адаптировала для экрана серию подлых предательств, совершаемых одной женщиной, которые в итоге приводят к аресту ее мужа за убийство.

Айн была подавлена тем, что ее работа являлась, по сути, вторичной переработкой, «секонд-хендом» — и, конечно же, банальностью историй. Но все же, в каждой из тех ранних работ можно найти характерные признаки свойственного ей отношения к жизни, включая восхищение стоящими вне общества аутсайдерами и склонность к сюжетным поворотам, основанным на зависти обычных людей к выдающимся личностям. Апофеозом этого ницшеанского типа зависти впоследствии стал, конечно же, колоритный злодей из романа «Источник», Элсворт М. Тухи.

Пускай сценарии, написанные ею в России, в Чикаго и в ранний голливудский период, так никогда и не добрались до экрана, все же, они сыграли немаловажную роль в формировании Айн Рэнд как автора. Несмотря на то, что эти сценарии не содержали в себе серьезного философского зерна, читатель может распознать в них характерные черты Айн Рэнд, которые позднее проявились и в ее романах. Они являли собой романтические приключенческие истории, в которых человек изображался как герой, способный, ради достижения своей цели, преодолевать колоссальные препятствия. Легко узнать стиль автора «Источника», когда, в возрасте двадцати двух лет, она пишет: «Жизнь — это достижение... Задайте себе цель — что-либо, что вам хочется сделать — затем идите к ней, прорываясь сквозь все преграды, думая только о своей цели. Вложите в это всю свою волю, всю концентрацию — и вы ее добьетесь».

В этих ранних историях можно найти семена, из которых впоследствии проросли работы, сделавшие ее знаменитой. Например, в основанном на рассказе Дадли Мерфи сценарии под названием «Небоскреб» ("The Skyscraper"), главным героем является архитектор по имени Говард Кейн — который, несмотря на то, что его обвиняют в серьезном преступлении и на длительный срок заключают в тюрьму, в конечном итоге с триумфом восходит на вершину своего величайшего творения — нью-йоркского небоскреба. Впоследствии этот образ будет использован в романе «Источник», героя которого также зовут Говард, и он также является талантливым архитектором.

Рэнд завела дневник, в котором давала самой себе маленькие советы относительно того, как можно преуспеть в голливудском обществе. «Постарайся быть спокойной, уравновешенной, безразличной, естественной — но не взволнованной, экзальтированной и напряженной», — поучала она себя. «Перестань восхищаться собой — ты пока что еще никто», — гласит другая дневниковая запись Айн Рэнд той эпохи. Ее постоянным интеллектуальным собеседником в ту пору был Фридрих Ницше — первой книгой на английском языке, которую она купила, стало издание его знаменитого труда «Так говорил Заратустра». Ницше был индивидуалистом, воспевавшим самосовершенствование — а именно этим Рэнд и занималась в Америке. «Ничто не имеет значения, кроме воли, — писала она в дневнике. — Знай, чего ты хочешь, и делай это. Непрерывно отдавай себе отчет в том, что и зачем ты делаешь. Пусть останутся только воля и контроль — а все остальное можешь послать к чертям!». Позднее Рэнд говорила о своих первых днях в Голливуде как о «мрачном времени». К тому времени ей уже не нравилась киностолица Америки с ее «варварами». Она вспоминала, как чувствовала себя «чужой, над которой окружающий мир смеется и отвергает ее на каждом шагу». Однако на протяжении большей части ее пребывания там — особенно, учитывая тот факт, что она действительно была человеком из другого мира и не имела разветвленной сети прочных связей, на которых эта культура зиждилась уже тогда — она встречала вежливый и даже теплый прием.

Довольно скоро после своего переезда в Америку Рэнд отправила письмо в Петербург своему ухажеру Сергею, чтобы сообщить о разрыве их отношений. Мать горячо приветствовала это решение, еще не зная, что Алиса начала постепенно отдаляться от своего российского прошлого в целом — включая и семью. «Кажется, ты решила порвать с нами», — с упреком написала Анна после того, как Рэнд не отвечала на письма в течение нескольких месяцев. А та все более напряженно относилась к любого рода зависимости. Романтические или семейные отношения предполагают, что их участники нуждаются друг в друге. А она не хотела ни в ком нуждаться.

Вместо этого она создала для себя фантастический мир, в котором блистательные и богатые героини доминировали над своими воздыхателями. Эту же тему эксплуатировали и те несколько рассказов, которые она написала в Голливуде. Героиней новеллы «Муж, которого я купила», является наследница крупного состояния, спасающая своего бойфренда от банкротства, выйдя за него замуж. Точно такой же сюжет имеет рассказ «Достойный экземпляр». В нескольких историях авторства Рэнд женщины не только имели финансовую власть над мужчиной, но также унижали его психологически, публично крутя романы на стороне. Идеальная женщина в ее представлении оставалась страстной, но умела держать себя в руках.

Реальная жизнь, однако, была не столь проста. Уже в первые дни своей голливудской жизни Айн повстречала высокого эффектного незнакомца, который ей очень понравился. К ее радости, скоро выяснилось, что он направляется туда же, куда и она — на съемочную площадку фильма «Король королей». Переодевшись в свой костюм, она вновь заметила его — одетого римским солдатом. В течение нескольких дней Рэнд неотступно следила за каждым его движением. На четвертый день она намеренно поставила ему подножку, чтобы броситься к мужчине с извинениями, когда он упал (данный факт наглядно доказывает, что эта женщина действительно умела добиваться целей, которые она ставила перед собой). Но их разговор был недолгим. Волнение усилило ее акцент, и собеседник с трудом понимал, что она говорила. Потом его кто-то отвлек, и мужчина ушел. Был то не кто иной, как Фрэнк О'Коннор — будущий муж Айн Рэнд. Он принадлежал к тому типу мужчин, которых она находила наиболее привлекательными.

Рэнд нисколько не сомневалась в том, что к ней пришла большая любовь. Однако симпатичный незнакомец исчез так же быстро, как и появился, и где искать его, она не знала. Тоска по родине, одиночество, страх перед будущим — все ее, тщательно подавляемые эмоции прорвались теперь наружу. В течение нескольких месяцев она громко рыдала у себя в спальне, заставляя тревожиться соседок по апартаментам. Потом она снова встретила его — на этот раз в библиотеке на Голливудском бульваре. Они беседовали несколько часов, потом Фрэнк пригласил ее на обед. Начиная с этого момента их отношения развивались медленно, но стабильно. Он забирал ее из Studio Club и вместе они отправлялись в кинотеатр, на прогулку, или же просто куда-нибудь перекусить в компании его братьев — Джо, который также был начинающим актером, и Гарри, который называл себя Ником Картером и работал газетным репортером. Возможно в первый раз за всю свою жизнь Рэнд была столь искренне и всеобъемлюще счастлива. Соседки по общежитию заметили произошедшую с ней перемену — ранее почти всегда мрачная и нелюдимая, теперь Айн посвежела и стала намного общительнее. Фрэнк О'Коннор стал тем мужчиной, который подарил бывшей Алисе Розенбаум ее первый поцелуй. Он стал ее первым — и на долгие годы единственным любовником.

Уроженец маленького городка в Огайо, Фрэнк был третьим из семерых детей, родившихся в семействе набожных католиков. Его отец был сталеваром, а мать — домохозяйкой. Она была властной и амбициозной, помыкала своим слабохарактерным мужем-алкоголиком, да и детей держала в ежовых рукавицах. После преждевременной смерти матери пятнадцатилетний Фрэнк и трое его братьев покинули родной дом. Они отправились прямиком в Нью-Йорк, где Фрэнк начал сниматься в фильмах. Спустя несколько лет он перебрался на западное побережье, где продолжил свою актерскую карьеру. В этом есть что-то судьбоносное: Фрэнк прибыл в Голливуд в то же самое время, что и Айн Рэнд.

Как и она, он был в восторге от киноиндустрии. «Король королей» был его первой работой в Голливуде, как и у нее. Но на этом общие моменты заканчивались. Айн была прямолинейной и смелой, Фрэнк же не любил много разговаривать, а от конфликтов предпочитал уходить. Его тянуло к сильным женщинам — должно быть, сказывалось влияние матери. Он был заинтригован уверенными суждениями Айн, очарован ее склонностью к интеллектуальным занятиям, и был готов уступить ей лидерство в их отношениях. Ее же пленили его галантные манеры и блистательный внешний вид. Она поклонялась красотам Голливуда, но понимала, что сама она, со своей квадратной челюстью и грубыми чертами лица, никогда не будет причислена к ним. Фрэнк же выглядел как типичный киношный красавчик, и отношения с ним все-таки делали ее в какой-то степени сопричастной.

Личная жизнь налаживалась — но снова начались проблемы финансового характера. Изобретение звукового кинематографа потрясло индустрию до основания. В 1927 году Сесил Блаунт ДеМилль закрыл свою киностудию — и с учетом того, что звуковые ленты теперь преобладали, Рэнд не смогла найти себе новой работы в сфере кино. ДеМилль ушел работать в компанию Paramount — но «Черную икру» он с собой не взял. Ей пришлось перебиваться случайными заработками — далеко не столь престижными, как прежде. Она задолжала за квартиру, ей пришлось начать экономить на еде. Это была совсем не та судьба, на которую она настраивалась, когда прибыла в Нью-Йорк несколькими годами ранее.

С середины 1928 по лето 1929 года — последнее американское лето длинной эпохи процветания перед Великой депрессией — амбициозной юной леди пришлось поработать официанткой, продавщицей в магазине и даже уличной торговкой. Это было тяжелое, неприятное и, возможно, страшное время для нее. В возрасте двадцати двух лет она осталась без стабильной работы в стране, которая все еще была для нее чужой. Раньше она полушутливо хвасталась родне и друзьям, что станет знаменитой через год после того, как приедет в Голливуд — но теперь, когда двери, ведущие к успеху, были перед ней наглухо закрыты, ей стало совсем не до смеха. Ей пришлось одалживать небольшие суммы у своих чикагских родственников, и в течение какого-то времени они даже полностью оплачивали ее проживание в Studio

Club. Что хуже всего, теперь законность ее пребывания в Соединенных Штатах оказалась в настоящей опасности. Пока она работала на ДеМилля, режиссер помогал ей продлевать визу, как предусматривал бытовавший в киноиндустрии обычай. Но сейчас, не имея постоянной работы или влиятельного покровителя, она имела все основания начать бояться, что ее дни в Америке сочтены. Положение казалась настолько тяжелым, что однажды мать предложила ей вернуться обратно в Россию — или, по крайней мере, вновь переехать к родственникам в Чикаго. Рэнд, конечно же, отказалась.

Но, даже оказавшись в этой трудной ситуации, Айн не просила Фрэнка о помощи, не желая навешивать на него свои проблемы. Во время свиданий она даже не подавала вида, что ей нелегко живется, держалась столь же уверенно — держалась уверенно, и ничто не выдавало того отчаяния, которое обуревало ее изнутри. Но нереализованные амбиции продолжали снедать ее. Когда страницы газет запестрели сообщениями о шокирующем деле Уильяма Хикмена — юного убийцы, который истязал свою жертву и упоенно хвастался содеянным, когда его поймали — она, скорее, симпатизировала преступнику, нежели ужасалась тому, что он совершил. Хикмен был для нее воплощением сильной личности, сумевшей вырваться за рамки обыденности. Она представляла его похожим на саму себя — чувствительной натурой, страдающей от непонимания и пренебрежения окружающих.

Когда Айн, после долгого перерыва, возобновила переписку с семьей, Анна Борисовна была шокирована тем темным тоном, в который окрасились письма дочери. Она понимала, что частью проблемы было крушение надежд Алисы и напоминала дочери о том, что успех не приходит без борьбы: «Твой талант очевиден. Твой дар проявился очень рано, очень давно. Твой талант настолько бесспорный, что в конечном итоге он прорвется и забьет струей, как фонтан». Как и предполагала мать, молчание Рэнд было отчасти связано с тем, что она боялась разочаровать свою семью. Родные возлагали на нее большие надежды — но похвастаться ей было особо нечем.

Кроме, возможно, одного: нового мужа. После года регулярных свиданий Рэнд перебралась из общежития в меблированную комнату, что позволило ей и Фрэнку более комфортно проводить время вместе. Вскоре Айн принялась настаивать на браке, напоминая Фрэнку о том, что у нее скоро истекает виза. Они поженились в 1929, в год грандиозного обвала биржевого рынка, вошедшего в историю как Великий крах. Спустя несколько месяцев Рэнд подала запрос на получение американского гражданства как мисс Фрэнк О'Коннор.

Как оказалось, ее истории о лихих наследницах и безответственных женихах в какой-то степени предсказали то, как будет складываться их с Фрэнком совместная жизнь. Он был начинающим актером, снимался нерегулярно, а во время Великой Депрессии найти работу стало еще сложнее. С самого начала семейных отношений главной добытчицей стала именно Рэнд. Вскоре после свадьбы она получила работу распорядителя костюмерного отдела студии RKO Radio Pictures. Сосредоточенная, организованная и отчаянно нуждавшаяся в работе, Рэнд проявила себя идеальным сотрудником. В течение года она поднялась по служебной лестнице до должности руководителя отдела, а ее заработки позволили молодоженам наладить стабильную совместную жизнь. Они завели собаку породы колли, купили автомобиль и жили в апартаментах, достаточно просторных для того, чтобы в течение длительного времени принимать гостей. Когда близкие друзья семьи О'Коннор затеяли утомительный бракоразводный процесс, Айн и Фрэнк приютили на лето десятилетнюю крестную дочь Фрэнка.

Глава 5
От сценариев к романам

Еще в 1928 году, когда ей было двадцать три, Айн Рэнд начала набрасывать план романа с рабочим названием «Маленькая улица». Его темой она избрала то, как человеческое общество, пораженное ядом дурной философии, уничтожает лучших из своих членов во имя торжества посредственности. «Улица» была наиболее тяжелым и мрачным произведением Рэнд на тот момент и резко контрастировала с ее предыдущими работами, в которых герои выходили победителями из сложных жизненных ситуаций, одерживая верх над обстоятельствами. Здесь она с горечью описывала и осуждала мир, в котором не было места для героизма.

Позднее Рэнд решительно отказалась от творческой концепции «недружелюбной вселенной», в которой зло непобедимо, а добро беспомощно. Но в «Маленькой улице» доминировала именно эта предпосылка. Какие же факторы могли заставить писательницу на время смириться с таким положением дел?

Она своими глазами видела искусственно созданную «вселенную зла» в захваченной большевиками России. Потом, в Америке, была шокирована, увидев, что те же самые противоестественные идеи, которые разрушили ее родину, были на подъеме и здесь. Результатом стали периоды подавленности и недовольства, когда Рэнд казалось, что весь мир находится во власти зла, а сама она является метафизическим изгоем. Именно с такой точки зрения была преподана история, составляющая сюжет «Маленькой улицы».

В более зрелых своих произведениях Рэнд подчеркивала, что она стоит на позициях рационального эгоизма, а не защищает право человека на исполнение любой прихоти под девизом «Что хочу — то и ворочу». К импульсивным личностям, живущим во власти своих сиюминутных прихотей, она относилась с особенным презрением, утверждая, что таким людям здравый эгоизм не свойственен. Но во второй половине двадцатых она задавалась единственным вопросом: движет ли человеком желание помочь окружающим, или он изначально эгоистичен? Действует ли он по велению разума или потакает своим сиюминутным страстям? Поэтому ею поощрялись любые проявления индивидуализма — даже те, которые она впоследствии — и довольно скоро — стала осуждать.

На тот момент Айн Рэнд еще не вполне четко проводила для себя грань между независимым человеком и человеком, который жаждет власти над окружающими (то есть, говоря языком ее романов — между Говардом Рорком и Гайлом Уинандом). Она восторженно описывала человека с сильным характером, который хочет «руководить», а не «подчиняться». Позднее она поняла, что такой выбор на самом деле является ложным. «Мы делаем выбор не между самопожертвованием и доминированием. На самом деле выбор делается между зависимостью и независимостью». Черновик «Маленькой улицы» появился за восемь лет до того, как она начала работать над «Источником».

Иногда Рэнд описывает определенные основополагающие качества персонажа как «врожденные» (то есть, например, врожденный эгоизм ее героя). Эти фрагменты противоречат ее апологетике свободной воли и, возможно, это объясняется тем, что Рэнд верила в нечто вроде биологического детерминизма. На самом деле даже в этих ранних набросках ее основной предпосылкой являлось то, что люди несут ответственность за идеи, которым они решают следовать и поступки, которые решают совершить. Например, она упоминает идеи, ведущие к моральному разложению, и допускает, что люди свободны в своем выборе относительно того, принимать или нет эти идеи за руководство к действию. В этой истории она зачастую оперирует понятиями, которые несовместимы между собой — все потому, что тогда она еще не видела разницы между свободной волей и врожденными качествами.

Вся эта путаница является следствием сильного влияния на молодую Айн Рэнд идей Фридриха Ницше, которого она особенно ценила за его доходчивое разъяснение героической сути человеческой жизни. В черновиках «Маленькой улицы» было несколько отсылок к его философии. Со временем, однако, она отказалась от использования ницшеанских элементов, поместив «героизм» в рациональные рамки и опираясь только на разработанную ею самой философскую концепцию объективизма.

Но и в ранних черновиках, несмотря на отдельные спорные моменты, с легкостью узнается стиль Айн Рэнд. Характерная особенность ее авторского видения — почтение, с которым она говорит о жизни человека, трепетное внимание к ценности этой жизни — прослеживается на всем протяжении «Маленькой улицы».

К слову сказать, именно в этих набросках были впервые четко обозначены несколько ключевых тем: ее собственное понимание смысла жизни; единство мысли и чувства, которое Рэнд определяла как «чистое сознание»; влияние морального выбора в пользу самопожертвования на самооценку индивида, а также указание на то, что смысл жизни человека может быть найден за пределами самой жизни отдельно взятого члена общества.

На тот момент Айн Рэнд уже понимала, что она пока не готова изобразить своего «идеального человека». Но цель, которую она ставила перед собой, работая над «Маленькой улицей», была менее амбициозной: она хотела просто показать, как этот идеальный человек мог бы понимать жизнь. Главный герой романа, Дэнни Ринахан — независимый и бескомпромиссный девятнадцатилетний юноша. Некоторые его черты были позаимствованы у реально существовавшего человека — Уильяма Эдварда Хикмена, который был фигурантом проходившего в Лос-Анджелесе нашумевшего судебного процесса по делу об убийстве. Хикмена обвиняли в похищении и убийстве молодой девушки. Он был признан виновным и приговорен к смерти в феврале 1928 и повешен 20 октября того же года.

Судя по газетным сообщениям того времени, Хикмен был хладнокровным и высокомерным — и ему, вероятно, доставляло большое удовольствие шокировать людей, отвергая традиционные взгляды. Публичный фурор вокруг его персоны был беспрецедентен. Айн Рэнд посчитала, что главной причиной столь широкого резонанса вокруг этого дела «стало не само преступление, а человек, который его совершил». По ее мнению, общество ненавидело Хикмена за его независимость — и по той же самой причине она избрала его как модель для своего героя. То, что в статьях описывалось как психопатия, Рэнд полагала железной волей: «Это потрясающий образец человека, который не считается ни с какими святынями и авторитетами, человека, который считает окружающий мир своей собственностью. Человека, который по-настоящему стоит вне общества, как в мыслях, так и в поступках».

Однако моделью для Дэнни Хикмен послужил лишь в ряде аспектов, которые Рэнд упоминает в своих рабочих заметках. По ходу повествования Дэнни также совершает преступление, но его поступок не имеет ничего общего с тем, что сделал Хикмен. Вот как сама Айн Рэнд пишет о взаимосвязи между ее персонажем и реальным убийцей:

«Мой герой, конечно, очень далек от него. Внешне он похож на Хикмена, но его нутро устроено по-другому. Его психология гораздо глубже и шире. Это — Хикмен, у которого есть цель в жизни. И без печати вырождения на лице. Точнее будет сказать, что моделью для Ринахана послужил не Хикмен, а то, чем Хикмен предстался мне».

В образе Ринахана проявились также и явные ницшеанские элементы. «Он имел подлинную, врожденную психологию сверхчеловека», — писала Рэнд в рабочих заметках. Для нее сверхчеловеком являлся тот, кого нисколько не волновали мысли, чувства и мнения других людей. Ее описание Ринахана было похоже на то, как она однажды описала саму себя в детстве: «Он родился с прекрасным, свободным, светлым сознанием — и следствием этого стало полное отсутствие у него общественного инстинкта или стадного чувства. Он не может понять значения и важности других людей, необходимости общения с ними — потому что у него нет нужного органа для этого понимания».

Впрочем, свойственное Рэнд понимание сверхчеловека как сильной личности, которая ставит себя выше общества, было и остается популярной, но достаточно поверхностной трактовкой ницшеанской концепции. Что заслуживает отдельного упоминания — так это сделанный ею акцент на эмоциональной холодности и отчужденности Ринахана. Искренне восхищаясь крайним эгоцентризмом своего персонажа, сама Рэнд, тем не менее, выбрала для себя профессию, мерилом успеха в которой является не что иное как популярность в обществе. Противоречие между исповедуемыми ею взглядами и целями, которые она перед собой ставила, привело к болезненной фрустрации. «Нужно показать, что человечество является мелким и незначительным, — писала она. — Что оно глупое, и глупость его сродни той тяжелой, душной и непреодолимой глупости, с которой рождается умственно отсталый человек». Ярость и фрустрация, порожденные столкновением ее взглядов и интересов, были одной из основных сложностей в писательской карьере Айн Рэнд.

И эта горечь, несомненно, была выпестована ее интересом к Ницше. Если судить по ее дневникам, в период безработицы Рэнд находила утешение, перечитывая его работы. Ее заметки пестрят такими фразами, как «Ницше и я думаем» или «как говорит Ницше». Ее авторский стиль также стал похож на манеру повествования немецкого философа. Что еще более характерно, свойственный Ницше элитизм усилил ее собственный. Как и многие другие его почитатели, Рэнд никогда не сомневалась в том, что она входит в число творцов, художников, преобразователей — потенциальных сверхлюдей, о которых говорил Ницше.

В какой-то момент Рэнд поняла что, несмотря на всю вдохновляющую силу идей Ницше, ее страстное увлечение ими сказывается на ее творческих способностях негативным образом. Идея сверхчеловека засела в ее сознании так сильно, что это начало превращаться в проблему. Она пыталась сопротивляться: «Постарайся отрешиться от своих мыслей — забыть все высокие идеи, амбиции, сверхчеловека и тому подобное. Попытайся проникнуть в психологию обычных людей, когда ты думаешь о сюжетах своих историй».

Айн Рэнд не слишком далеко продвинулась в планировании «Маленькой улицы». В конце концов этот проект оказался чужд ее воззрениям. Рабочие наброски романа не были датированы, но вероятнее всего, они были сделаны в тот короткий период, когда она чувствовала себя особенно беззащитной перед лицом жестокого мира. Этот роман не был написан — ведь целью литературного творчества для Рэнд было не столько осуждать ненавидимое, сколько прославлять любимое.

Позднее, когда период бедствий и неустроенности в ее жизни закончился, Рэнд написала в свободное от работы время киносценарий под названием «Красная пешка», мелодраматическую любовную историю, действие которой разворачивалось в Советской России. Имевший хорошие связи в кинобизнесе сосед по мог передать сценарий агенту, а Рэнд воспользовалась своим служебным положением в RKO, чтобы задействовать неофициальные каналы. Она отправила свою работу сценаристу со студии Universal, Гувернеру Моррису[1], писавшему также бульварные романы и рассказы для журналов. Она не была с ним знакома, но его лихо закрученные сюжеты всегда ее восхищали. Получив корреспонденцию от никому не известной костюмерши, Моррис страдальчески вздохнул — но, к его удивлению, сценарий ему понравился. После, встретившись с Рэнд, он провозгласил ее гением. Когда в 1932 году Universal купили «Красную пешку», Моррис сделал все, что мог, и уговорил руководство студии нанять Рэнд в качестве сценариста. Студия заплатила ей семьсот долларов за сценарий и еще восемьсот — в порядке восьминедельного контракта на написание еще одного.

Сценарий «Красная пешка» вобрал в себя многие из тем и забот, волновавших Рэнд в тот период времени, а его центральной темой стало зло, которое несут в себе диктатура и тоталитаризм. Действие этой истории разворачивается на отдаленном тюремном острове в Сибири, в начале 1920-х. Туда прибывает на лодке стройная, прекрасная и надменная американка по имени Джоан, которая является тайной женой самого дерзкого из местных заключенных — русского инженера Михаила Волконцева, который был арестован за то, что проявил себя слишком способным, управляя советской фабрикой. Надеясь помочь своему мужу освободиться, Джоан отправилась на остров после того, как прочитала объявление, которое разместил в газете комендант тюрьмы Кареев, желающий найти себе жену, чтобы скрасить одиночество и скуку. Джоан старается изо всех сил, чтобы соблазнить коменданта — и он страстно влюбляется в нее, захваченный подсказанной ею идеей о том, что каждый человек — включая его самого, Кареева — имеет право наслаждаться радостями жизни. Когда он узнает, что на самом деле эта женщина является женой заключенного, Рэнд вводит в повествование психологическую интригу. Ни гордый коммунист, ни бунтарь-супруг не могут быть уверены, кого из двоих в действительности любит Джоан — до тех пор, пока в последней сцене она не предает одного из них.

---

[1] Американский романист, потомок одного из отцов-основателей США.

В конце концов удача повернулась к Рэнд лицом. До экрана «Красная пешка» так и не добралась, но к сценарию проявили интерес несколько знаменитостей, что вызвало шквал публикаций в прессе. «Русская девушка поймала удачу за хвост в Голливуде», — гласил заголовок в Chicago Daily News. И это действительно было так. Работа сценариста была гораздо более прибыльной, чем прозябание в костюмерном отделе — и к концу года Рэнд была достаточно обеспеченной, чтобы оставить работу и посвятить писательству все свое время. Следующие два года стали для нее очень продуктивными. В 1933 она написала пьесу «Ночью 16-го января», а в следующем году завершила работу над своим первым романом «Мы — живые». В 1933 она также узнала от кузины, что ее бывший возлюбленный, Лев Беккерман, женился, потом развелся и женился снова — оба раза на непривлекательных, неряшливых, приземленных женщинах. Рэнд была шокирована этим, как она вспоминала в 1960: «Вся эта история со Львом до сих пор остается незаконченной в моем сознании. Моим единственным объяснением его выбора партнерш может быть то, что я написала о Лео в книге «Мы — живые». С его стороны это было намеренное саморазрушение, он осознанно обрек сам себя на эту посредственность, поскольку понимал, что высокие идеалы, к которым он стремился, были невозможны там, в жестоком мире коммунистических репрессий».

В мае 1937, в разгар сталинского террора, Беккерман был приговорен к смерти и казнен по обвинению в планировании теракта на ленинградском заводе, где он работал. Рэнд так никогда не узнала о его смерти, но нетрудно представить, что ее персонаж Лео Коваленский мог закончить свою жизнь точно так же — если бы только Кира осталась в живых, чтобы узнать об этом.

Глава 6
В Нью-Йорк, в Нью-Йорк...

Начав писать всерьез, Рэнд не стеснялась, тем не менее, заимствовать некоторые элементы у других авторов. Копирование сюжетов друг друга было и остается одной из голливудских традиций: вскоре после того, как какая-нибудь киностудия выпускала популярную картину, другая могла запустить в производство похожую историю. Подобным образом Рэнд загорелась идеей написать пьесу, действие которой разворачивается в зале суда, после того, как посмотрела фильм «Процесс Мэри Дуган». Когда ее пьеса «Ночью 16-го января» была впервые поставлена в 1934 году, Los Angeles Times отмечала, что два этих произведения имеют практически один и тот же сюжет.

Конечно, авторы «Мэри Дуган» не ставили перед собой задачу продвигать в зрительские массы концепцию индивидуализма — зато такая цель имелась у Айн Рэнд. Пьеса «Ночью 16-го января» стала ее первым удачным синтезом развлечения и пропаганды. Она стремилась не только развлечь свою аудиторию, но также распространить идеи индивидуализма. Как и «Маленькая улица», пьеса окрашена в ницшеанские тона. Кроме того, Рэнд все еще считала преступление идеальной метафорой для выражений идей индивидуализма — и результат может показаться сомнительным. Переведенная ею на язык художественной литературы ницшеанская переоценка ценностей превратила преступников в героев, а изнасилование — в любовь. Рэнд хотела, чтобы ее герой, Бьорн Фолкнер, стал воплощением героического индивидуализма, но в пьесе мы видим в первую очередь недобросовестного бизнесмена, любящего грубые сексуальные игры. Он насилует свою секретаршу, Карен Андре, в первый же ее день на работе. Это приводит к тому, что Андре влюбляется в босса и охотно становится его любовницей — а в конечном итоге и бизнес-партнершей. Когда Фолкнер умирает при загадочных обстоятельствах, на Карен падает основное подозрение. Она предстает перед судом по обвинению в убийстве Фолкнера, а действие пьесы полностью происходит в зале судебных заседаний. Несмотря на то, что центральной темой произведения являются жизнь и смерть Бьорна Фолкнера, самого этого героя зритель так и не увидит. Все начинается уже после убийства Фолкнера, и о том, каким он был, мы узнаем со слов других персонажей.

Рэнд написала пьесу в течение нескольких месяцев, надеясь заработать денег, как это удалось автору «Процесса Мэри Дуган» Байярду Вейлеру — но для первого драматургического опыта успех был просто феноменален. Премьера спектакля состоялась в октябре 1934 под названием «Женщина под судом», в театре Hollywood Playhouse. Главную роль исполняла звезда немого кино Барбара Бедфорд. Среди зрителей премьерного показа присутствовали уважаемые критики и титулованные кинозвезды, в том числе — кумир Айн Рэнд Пола Негри, режиссер и продюсер Фрэнк Капра, один из основателей киностудии Paramount Джесси Ласки, актрисы Мэри Пикфорд, Глория Свенсон и Марлен Дитрих. Также там присутствовали трое членов русской аристократической диаспоры и друг Рэнд Иван Лебедев — переквалифицировавшийся в актеры бывший белый офицер.

Что по-настоящему сделало «Ночью 16-го января» известным произведением, так это специальный трюк, введенный к вящему удовольствию зрителей: на каждом показе из них набиралось жюри присяжных, которые должны были вынести вердикт. Рэнд построила пьесу таким образом, чтобы в ней присутствовало приблизительно равное количество доказательств, указывающих на двух разных персонажей — и написала две концовки, каждая из которых должна была быть исполнена в зависимости от того, каким будет вердикт зрительского жюри.

Эта неординарная находка привлекла внимание опытного продюсера Эла Вудса, который захотел осуществить постановку «Ночи» на Бродвее. Это был бы большой прорыв, к которому и стремилась Рэнд — но все же она опасалась связываться с Вудсом, боясь, что он перекроит пьесу по своему, и в ней не останется места для заложенных автором философских идей. Поэтому она отклонила предложение продюсера, несмотря на всю его заманчивость.

Это был очень нахальный жест, который только подстегнул интерес Вудса к ее произведению. После того, как постановка с успехом прошла в голливудском театре, нью-йоркский делец предпринял еще одну попытку. Он согласился на условия автора, выговорив для себя право лишь на небольшие изменения. Вудс также попросил, чтобы она переехала в Нью-Йорк — помочь в производстве постановки. Рэнд охотно согласилась. Она была более чем счастлива перебраться в Нью-Йорк, поскольку Голливуд разочаровал ее и не смог стать ей настоящим домом. Даже былое восхищение фигурой Сесила Б. ДеМилля сошло на нет — теперь она пренебрежительно говорила о нем, как о конъюнктурщике, одержимом жаждой наживы. В Калифорнии О'Конноров ничто особо не держало, поскольку актерская карьера Фрэнка шла ни шатко ни валко, и в конечном итоге он решил ее прекратить. В ноябре 1934 года они собрали самое необходимое и отправились в Нью-Йорк.

Из Нью-Йорка она отправила экземпляр «Ночью 16-го января» своей семье в Ленинград. Анна Борисовна перевела пьесу на русский, чтобы Зиновий и прочие члены семьи, которые не говорили по-английски, тоже смогли познакомиться с творчеством Айн. Отец написал ей в ответ, что он пребывает в полном восторге от ее достижений. Он сравнил красоту и лаконичность ее языка с манерой Шекспира. Нора прислала сестре рисунок, изображавший театральную афишу с подсвеченным софитами именем «Айн Рэнд» на ней. Мать же предупредила ее о том, что уже в ближайшее время она может оказаться в окружении ревнивых конкурентов, которые будут возмущены ее умом, оригинальностью и талантом. Не имеет значения, будет ли пьеса иметь большой успех в Нью-Йорке — писала Анна. Что действительно важно — так это продолжать верить в свой талант. Слабые люди легко сдаются и, сломленные отчаянием, опускают голову — увещевала она, но «сильные, окрепшие в бою, становятся сильнее в десять раз». Мы не можем сказать наверняка, есть ли в том доля влияния ее матери — но нельзя поспорить с тем фактом, что Рэнд обладала железной волей, была преисполнена оптимизма и никогда не теряла веры в то, что сможет добиться успеха.

В Нью-Йорке, как и ранее в Голливуде, Айн и Фрэнк нечасто выходили в свет. Рэнд терпеть не могла богемные тусовки и на тех немногих вечеринках, которые, все-таки посещала, она, как правило, сидела в стороне, ни с кем не разговаривая. Она оживлялась только в те моменты, когда разговор смещался в плоскость, где ей было что сказать. При любом упоминании религии, морали или этики она превращалась из безмолвного предмета интерьера в разъяренную тигрицу, готовую принять любой вызов. Немногие могли понять и принять ее манеру общения. Но Нику Картеру, который любил интеллектуальные дискуссии, нравилось проводить время в компании Рэнд. В число немногочисленных друзей, которые захаживали к О'Коннорам, входили также Альберт Маннхаймер — молодой социалист, с которым Рэнд любила поспорить — и несколько русских, с которыми Айн познакомилась, благодаря связям своей семьи. Частой гостьей в их доме была и племянница Фрэнка, Мими Саттон. Но Рэнд, по большому счету, вполне хватало общения с этими немногими друзьями. После переезда в Нью-Йорк они с Фрэнком сблизились еще сильнее. Несмотря на то, что он никогда не претендовал на то, чтобы считаться интеллектуалом, О'Коннор развил в себе талант лаконичного остроумия, которое Айн находила очень забавным. Наедине с Фрэнком она, обычно серьезная и сконцентрированная на своей профессиональной деятельности, могла позволить себе расслабиться и даже подурачиться. В Нью-Йорке О'Конноры завели длинношерстную персидскую кошку, которую назвали Тарталья.

Пара прибыла в город в первые дни декабря. Практически незамедлительно началась подготовка к бродвейской премьере «Ночью 16-го января». Вудс хотел открыть показы уже в начале января следующего года, и, покуда она шлифовала и купировала сцены, он рассказывал ей о своих производственных планах, сложность и масштаб которых никогда, по его словам, не могли бы быть реализованы в Голливуде. Это очень воодушевило Рэнд. «С этим продюсером потрясающе легко работать, — писала она своему бывшему голливудскому агенту Мэри Инлус. — Он просит лишь о совершенно незначительных изменениях». Она также быстро нашла общий язык со своим новым театральным агентом Сидни Сатенштайном, который произвел на нее очень благоприятное впечатление как талантливый бизнесмен.

Однако почти сразу же после того, как она вручила продюсеру наскоро переделанный сценарий, Вудс сообщил, что январской премьеры ждать не следует. Переговоры о финансировании постановки, которые он вел, провалились. Нужно было искать новых спонсоров — в связи с этим пришлось отложить кастинг и репетиции.

Рэнд приняла эти дурные вести на удивление спокойно. Но ей, все же, нужны были деньги. Средств, которые имелись у нее в наличии, хватило на переезд в Нью-Йорк и первые несколько недель жизни на новом месте — но их было недостаточно, чтобы пережить неожиданную задержку в делах. Гонорары за недавние сценарии были, по-видимому, истрачены — отчасти, возможно, на поддержку оставшихся в России родителей. Однако растущая известность Рэнд существенно увеличивала ее шансы получить работу. Сидни Сатенштайн помог ей получить место внештатного рецензента RKO, компании, в которой она когда-то работала в Голливуде — но это не решило всех проблем. В письмах к Мэри Инлус Рэнд жаловалась, что ее зарплата — около десяти долларов в неделю — не стоит тех усилий, которые приходится вкладывать в работу. Чтобы удержаться на плаву до премьеры спектакля, Рэнд одолжила денег у своей голливудской приятельницы Милисенты Паттон, которая также перебралась жить в Нью-Йорк. «Она была очень прямолинейна, — вспоминала Паттон. — Она сказала: мне нужно доделать эту постановку, чтобы заработать денег, а потом я буду писать то, что мне нравится». Паттон и ее муж дали Рэнд денег в долг, который она потом вернула. Но она никогда не признала, что эта помощь действительно облегчила ее положение. «Я не думаю, что это ее беспокоило, — сказала Паттон годы годы спустя. — Ей просто нужно было выжить и добиться своих целей».

В процессе работы над постановкой, Рэнд также начала предпринимать попытки продать свой роман «Мы — живые», который закончила годом ранее. Это произведение является наиболее автобиографичным среди всех ее работ. Действие книги Айн поместила в декорации, в которых чувствовала себя как рыба в воде — в мир российской интеллигенции, в мир людей, которые во время революции потеряли почти все, что имели. В романе показаны судьбы двух буржуазных семей — Аргуновых и Ивановичей, которые, как и ее собственная семья, были низвергнуты с высокого положения в обществе и оказались в нищете. Главные герои — Кира, Лео и Андрей, трое молодых людей, борющихся с несправедливостью советского режима. Одним из персонажей романа можно назвать сам город Петроград. В изящном элегичном тоне Рэнд описывает его улицы и памятники, насыщая повествование множеством убедительных деталей. Ее новый литературный агент, женщина по имени Джин Уик, с которой Рэнд познакомил Гувернер Моррис, предлагала рукопись самым престижным издательствам Нью-Йорка. Впоследствии, когда выяснилось, что Уик не понимает ни сути романа, ни как его продать, Рэнд наняла другого агента — Энн Уоткинс.

Книга «Мы — живые» была наименее популярным из четырех написанных ею романов — но вместе с тем, она являлась и наиболее прямолинейным и, в некотором смысле, наиболее убедительным из ее художественных произведений. Легенда гласит, что написание этого романа было исполнением обещания, которое она дала незадолго до того, как покинуть Санкт-Петербург. На прощальной вечеринке, устроенной ее родителями, некий мужчина, которого Рэнд едва знала, умолял ее, чтобы, если ей действительно удастся вырваться, она рассказала миру о том, что «Россия — это огромное кладбище» и «мы умираем здесь». Она поклялась, что сделает это. И сделала — в романе «Мы — живые».

Это произведение стало первой попыткой Рэнд донести свою «идею фикс» — философию индивидуализма — до как можно более широкой аудитории. Как и в более раннем ее творчестве, одним из ключевых моментов является здесь презрение к массам, но центральный стержень романа убедителен и актуален — чего предыдущим работам недоставало. В рабочих примечаниях к этому роману она впервые использовала слово «коллективизм» — книга должна была продемонстрировать «дух, влияние и последствия» этого явления. А оно как раз набирало силу в современной ей Америке. По мере того, как страна погружалась все глубже в пучину финансового кризиса в середине 30-х годов, в обществе много обсуждалась необходимость коллективных решений и коллективных действий. Для Айн Рэнд, как и для многих других, символом коллективизма являлась Советская Россия. Ее критическое отношение к коллективистским идеям было обусловлено именно этим отождествлением.

По мнению Рэнд, коллективизм был проблематичен по своей сути, поскольку он ставил абстрактное всеобщее благо превыше жизней отдельно взятых людей. Россия, с ее зачистками, тайной полицией и конфискованной собственностью, являла собой очень наглядное подтверждение того, что это действительно так. Но в своем романе она хотела показать, что проблема вышла за пределы России, поскольку существенные недостатки имелись уже в самих базовых принципах коммунизма, а не в том, как его реализовали на практике большевики. Рэнд не желала предоставлять коллективизму какую бы то ни было возможность морального обоснования. Это был первый росток ее критики в адрес альтруистических идей. Стоит отметить также, что в этом романе ее взгляды становятся более зрелыми и широкими. Если в ее первых работах основное внимание уделялось конфликтам между выдающимися личностями и их ближайшим окружением, то теперь она поместила своих героев на более широкое поле.

Одной из целей, которые преследовала Айн Рэнд, создавая роман «Мы — живые» (который изначально был озаглавлен «Спертый воздух: роман о красной России»), было «вывести Россию за рамки своей системы ценностей». Намного более простой по своей структуре, чем ее последующие прозаические работы, этот роман, с точки зрения Рэнд, отличался наиболее классическим развитием сюжета среди всех ее книг. Более того, среди написанных ею вещей он был, по словам Рэнд, наиболее близок к автобиографии. Несмотря на то, что между ней и главной героиней романа Кирой Аргуновой имелись определенные различия, достаточно очевидно, что моделью для Киры послужила сама писательница. На самом деле Рэнд никогда особенно не дистанцировалась от взглядов, высказываемых ее персонажами — и в каком-то смысле они все были ей.

Присущий Рэнд антикоммунистический настрой вплетен как в общую структуру романа, так и в каждую отдельно взятую его сцену. Кира — независимая и решительная девушка, которая смело бросает вызов общественному строю, живя с Лео — сыном знаменитого генерала, казненного за контрреволюционную деятельность. Лео и Киру исключают из университета из-за их классовой принадлежности. Они не могут устроиться на работу, поскольку не состоят в коммунистической партии. По той же причине Лео отказывают в медицинской помощи, когда он заболевает туберкулезом. Снедаемая отчаянием, Кира начинает крутить тайный роман с молодым коммунистом Андреем, имеющим связи в тайной полиции. Андрей отдает ей свою зарплату, которую Кира тратит на размещение Лео в санатории.

При всей ненависти Рэнд к коммунизму и коммунистам, созданный ею в книге «Мы — живые» образ Андрея очень симпатичен. Это — один из самых убедительных и проработанных ее персонажей. Он достаточно мудр, чтобы увидеть червоточины, имеющиеся в коммунистической системе. В одной из самых захватывающих сцен романа Андрей обыскивает квартиру Лео и обнаруживает его связь с Кирой. Когда девушка признается, что целью ее отношений с ним были деньги, Андрей чувствует себя опустошенным. Она безжалостна: «Вы (коммунисты) учили, что наша жизнь ничего не значит по сравнению с интересами государства — тогда почему же ты сейчас так страдаешь? Я довела тебя до отчаяния. Почему же ты не говоришь, что твоя жизнь ничего не значит?» Уязвленный ее словами, Андрей начинает понимать, каковы могут быть последствия применения его идеалов на практике. Он еще больше разочаровывается, когда его начальство, преследуя Лео за спекуляцию, закрывает глаза на участие в преступной схеме нескольких членов коммунистической партии. На очередном партсобрании Андрей обрушивается с критикой на партию и защищает ценности индивидуализма. Вскоре после этого он совершает самоубийство. Именно такой финал Рэнд полагает единственно благородным решением для человека, осознающего все зло системы, которой он служил — если он не хочет, чтобы это зло окончательно отравило его душу.

Заканчивается роман на еще более мрачной ноте. Кире удается спасти жизнь Лео, но не его душу. Отказавшись от высокооплачиваемой работы, он выбирает преступный образ жизни, а после — бросает Киру ради богатой женщины постарше. «Я противопоставила себя ста пятидесяти миллионам людей и потерпела поражение», — заключает Кира. В финальной сцене романа Кира умирает, смертельно раненая советским пограничником при попытке перейти границу с Китаем. Рэнд описывает ее смерть очень драматично: «Кира лежала на краю холма и смотрела в небо. Бледная рука ее неподвижно свисала над склоном, и маленькие красные капли скатывались по снегу вниз». Сквозь все мелодраматические интриги красной нитью пролегает заложенное в книгу автором дидактическое послание:

коммунизм — деструктивная система, которая наказывает за добродетель и потворствует моральному разложению.

В одном из фрагментов романа (который был удален из оригинального издания 1936 года) Рэнд приводит сказку о могучем викинге, которого ненавидели король и священник. Король презирал викинга за то, что тот не преклонялся перед его королевской властью. А священник — потому, что викинг «смотрел на небо только когда склонялся к горному ручью, чтобы напиться воды — и там, в отражении небес, видел свою собственную картину». Разгневанный король пообещал своим подданным награду за голову этого викинга — а священник пообещал прихожанам искупление грехов, если они убьют непокорного. Однако же, когда викинг отправился на поиски священного города, его ожидаемый триумф сделал врагов более лояльными. Король предложил викингу королевское знамя, чтобы установить его в священном городе. Священник предложил храмовое знамя. Но викинг отказался взять какое бы то ни было из них. Потому что на мачте его корабля «развевалось его собственное знамя, и оно никогда не опускалось». Он покорил священный город и провозгласил: «За жизнь... которая стоит того, чтобы жить». Рэнд пишет: «Жил некогда викинг, который смеялся над королями, над священниками и всеми прочими. Который установил над всеми замками и храмами, над всем, перед чем люди привыкли становиться на колени, священное и неприкосновенное знамя святости жизни».

Рэнд ожидала, что издатель найдется быстро. Она знала, что «Мы — живые» — не самое лучшее, на что она способна, но, тем не менее, эта книга была лучше всего того, что она написала прежде. Также она возлагала надежды на своих влиятельных знакомых. Ее голливудский благодетель, Гувернер Моррис, назвал новую работу Рэнд советской версией «Хижины дяди Тома» и послал рукопись своему другу, знаменитому литературному критику Генри Луису Менкену. Как и Рэнд, Менкен был горячим поклонником философии Ницше. Беззастенчивый элитист, он снисходительно насмехался над глупостью и претенциозностью американских обывателей. Он написал Моррису, что «Мы — живые» являет собой отличное литературное произведение, и оба они приложили к рукописи свои рекомендации. Но даже несмотря на это издатели воротили от книги нос.

Как бы там ни было, а похвала столь значимой фигуры, как Менкен, приободрила ее. В ответном письме она чествовала его как величайшего в мире представителя философии индивидуализма, которой она собиралась посвятить свою жизнь. Она поклялась бороться с посланцами коллективизма, где бы они ей ни попались. Рэнд стала еще больше читать, чтобы получить углубленные знания об американской истории и политике. Так что, в некотором смысле она была готова к тому, что сюжет ее дебютного романа и заложенное в нем послание могут встретить некоторое сопротивление. Рэнд начала понимать, что люди, симпатизировавшие коммунистическим идеям, есть и в Америке. Она и раньше это замечала, но думала, что их немного, и они ничего не решают: «Это самая капиталистическая страна в мире, и, судя по всему, что я здесь вижу, левые идеи и социализм здесь не являются проблемой». Но теперь она наблюдала следующую картину: несмотря на то, что издателям нравится книга, они вступают в резкую полемику с ее политическим подтекстом. Рецензенты издательств и члены редколлегий говорили агенту Рэнд, что она «просто ошибалась насчет Советской России и не поняла сути благородного эксперимента, который там проводился». Некоторые добавляли, что положение в стране действительно могло быть настолько тяжелым, как описала Рэнд — но это было лишь в краткий период, последовавший непосредственно за революцией, в то время как сейчас-то уж все совсем по-другому.

Но все же, в начале 1935-го, покуда судьба ее романа решалась в кулуарах издательств, настроение Рэнд продолжало оставаться оптимистичным. По крайней мере, теперь она нашла людей, которые, как ей казалось, понимали ее: Вудса, Уик, Менкена и других. Ее любимчик среди родственников мужа, журналист Ник Картер, жил в гостинице неподалеку, так что они могли без особых проблем ходить друг к другу в гости. В городе часто бывал ее приятель Иван Лебедев. Кроме того, она познакомилась с несколькими известными политическими консерваторами. В их числе был Мелвилл Кейн — выдающийся поэт, водивший дружбу с самим Синклером Льюисом. Раньше Кейн работал журналистом, а на момент знакомства с Рэнд он был юристом в области авторского права и впоследствии оказал ей неоценимую помощь в этой области. Мелвилл также свел ее со своим коллегой Пинкусом Бернером и его женой, которые стали важными друзьями и коллегами Рэнд в последующие годы. Она познакомилась и начала переписываться с Этель Буало — женой британского баронета, писавшей романы о жизни английской буржуазии и видевшей свою литературную миссию в том, чтобы отстаивать идеи индивидуализма. «Возможно ли остановить коллективизм, — спрашивала леди Буало в письме к Рэнд, — или уже поздно?». В ответном письме Рэнд сформулировала одну из центральных установок, разработкой которых занималась в тот период: «Все достижения и прогресс были достигнуты не просто творческими людьми — и, конечно же, не группами людей — а благодаря борьбе между личностью и толпой». В конечном итоге, полагала она, победу в этой борьбе одержат личности.

В Нью-Йорке она также познакомилась с Альбертом Маннхаймером — двадцатидвухлетним начинающим драматургом, который учился в Йельской школе драмы и подрабатывал театральным критиком в New York Enquirer. Маннхаймер, высокий, импозантный и кудрявый, был искренним марксистом, который однажды даже сделал перерыв в своей учебе, чтобы совершить паломничество в Москву. В Нью-Йорке Альберт жил в том же здании, что и Рэнд, а общий приятель из театральных кругов свел их друг с другом. Когда, во время их первого разговора Маннхаймер заявил, что намерен обратить ее в коммунизм, Рэнд ответила, что все будет ровным счетом наоборот, и это она сделает его антикоммунистом. На это ей понадобилось около года. Альберт стал ее первым последователем. Очарованный ее интеллектуальной харизмой и логической точностью ее мышления, он стал часто встречаться с ней, чтобы выпить кофе и поговорить. Впоследствии Альберт стал ярым сторонником капитализма.

Глава 7
«Старые грабли» коммунизма

Вполне очевидно, что злоключения романа «Мы — живые» были во многом связаны с тем, что наиболее образованные слои американских граждан имели ошибочное представление о России. Когда грянула Великая депрессия и вырос уровень безработицы, интеллектуалы начали сравнивать нестабильную американскую капиталистическую экономику с русским коммунизмом — и находили, что сравнение выходит не в ее пользу. Карл Маркс предсказывал, что капитализм рухнет под тяжестью своих собственных противоречий — и теперь, когда Запад был охвачен экономическим кризисом, это предсказание, похоже, начало сбываться. Россия на этом фоне казалась образцом современной нации, с легкостью совершившей потрясающий скачок от феодального прошлого к индустриальному будущему.

Это впечатление лишь усиливалось у тех высокопоставленных американцев, которые посещали эту страну. Важным гостям из США в Советском Союзе оказывали самый теплый прием и рассказывали красивые сказки, подпитывая их фантазии относительно сути происходящего на другом континенте. «Чуть более десяти лет после революции коммунизм, наконец-то, расцвел по-настоящему», — полагал репортер New York Times Уолтер Дюранти, являвшийся большим фанатом Сталина и с энтузиазмом развенчивавший сообщения о погубившем миллионы жизней голоде на Украине. Известный психиатр и публицист Фрэнквуд Уильямс даже полагал, что России удалось полностью покончить с такими явлениями, как детская преступность, проституция и психические заболевания. В воздухе витало ощущение некоей неизбежности, обреченности. В образованных, реформаторских кругах обычным делом стало мнение, что Соединенные Штаты тоже должны принять коммунизм или, по меньшей мере, социализм. И сильнее всего этим настроением были проникнуты богемные круги Нью-Йорка, его художники, философы и писатели...

По всему выходило, что Рэнд сбежала из Советской России только для того, чтобы вновь оказаться в окружении коммунистов! Это ей совсем не нравилось. Борьба за существование в Голливуде лишь укрепила ее веру в ценности индивидуализма, и она оставалась приверженкой конкурентной рыночной системы, в рамках которой некогда процветало дело ее отца. Даже сейчас, когда страна была погружена в депрессию, Рэнд язвительно насмехалась над предположениями о том, что коллективные усилия смогут остановить экономическую агонию Соединенных Штатов.

Особенно ее возмущали восторженные газетные публикации о жизни в России. Из писем родных она знала, что за годы, прошедшие с ее отъезда, условия там только ухудшились. Даже ее высокообразованная и чрезвычайно изобретательная семья всего лишь сводила концы с концами. Сестры работали экскурсоводами и покорно посещали политические собрания, чтобы удержаться на работе. Как-то раз у отца Айн ушло несколько дней на то, чтобы найти в городе лампочку. Домашние очень радовались, когда Анна Розенбаум смогла однажды купить целый мешок яблок. У Рэнд была рукопись, которая наглядно демонстрировала ужасы жизни под гнетом коммунизма — но богатые ньюйоркцы, никогда не бывавшие в России, только хмыкали над ее свидетельствами.

К этому добавилась конфронтация с продюсером Элом Вудсом, у которого было собственное видение того, как должна выглядеть постановка «Ночью 16-го января». На протяжении зимы и весны 1935-го Вудс постоянно обещал, что подбор актеров и репетиции могут начаться в любой момент. Источник финансирования, наконец, появился в середине лета, когда поддержать проект вызвался театральный магнат Ли Шуберт. Казалось бы, настало время праздновать — но не тут-то было. Начались сражения за текст пьесы — и Вудс, которого Рэнд еще недавно считала очень хорошим продюсером, оказался далеко не столь любезен, как он казался сперва. Он и Рэнд до хрипоты спорили над каждым кусочком текста. Вудс требовал, чтобы она сократила «напыщенные» речи в суде. Он ввел в пьесу новый реквизит (пистолет) и персонажа (смеющуюся проститутку в мехах, которую, по слухам, играла любовница Шуберта). Также Вудс много рассуждал о том, что громоздким философским построениям не должно быть места в популярном развлекательном произведении. Чем больше правок он вносил — тем менее мотивированными становились персонажи, что, с точки зрения Рэнд, выглядело как банальное разрушение истории, которую она тщательно выстраивала, чтобы протестировать систему ценностей людей, посещавших театр. Когда она начинала протестовать против навязываемых им изменений, Вудс восклицал: «Но ведь это же ваша первая пьеса! А у меня за плечами годы работы в театре!» Но его огромный опыт мало что значил для нее — она предпочитала логику. В отчаянии она сказала ему однажды, что даже если рабочий сцены предложит какие-то изменения и сумеет при этом логически их обосновать, то она с радостью их примет. Но если литературный гений предложит сократить произведение, не приведя внятного объяснения — то такую рекомендацию она отвергнет. Рэнд была ревнивым автором и неохотно принимала какие бы то ни было поправки к сюжету или диалогам, а особенно — к монологам, в которых раскрывалась важность индивидуализма. Вудс же был коммерсантом, и его интересовали, в первую очередь, коммерческие перспективы. Рэнд не нравилось то, что он делал с ее произведением, и к моменту первого показа она фактически отстранилась от происходящего. Впоследствии ей пришлось судиться с Вудсом из-за авторских отчислений.

Учитывая тот факт, что один из ее величайших талантов заключался именно в том, чтобы транслировать в мир новые идеи, подавая их под видом популярной мелодрамы, усилия Вудса по видоизменению пьесы были для нее особенно болезненны. Однако их наиболее яростные споры были связаны с тем, что он нанял двоих сотрудников — Хейза и Вайценкорна — специально для того, чтобы осуществить те изменения, которые Рэнд отказалась сделать сама. Дополнительной неприятностью стало то, что участие этих двоих оттянуло на себя десятую часть ее авторских гонораров. С помощью своего друга, адвоката Мелвилла Кейна (и при поддержке жены актера Винсента Астора Хелен, которая выступала арбитром в этом споре) ей удалось успешно оспорить снижение выплат. Также Рэнд удалось назначить несравненного актера Уолтера Пиджона на роль одного из персонажей пьесы, крутого гангстера Гатса Ригана (помощника Карен Андре и Бьорна Фолкнера в криминальных делах). Но все же она не могла предотвратить вмешательства Эла Вудса в полной мере, поскольку контракт, который они подписали, предоставлял ему право нанимать новых авторов, вносить изменения в сценарий, вводить новых героев и декорации, и многое другое. Наблюдать за тем, как он кромсает ее пьесу вдоль и поперек, было невыносимо. В конце концов она возненавидела Вудса, своего театрального агента Саттенштайна и свое изуродованное произведение. И как раз когда противоборство с продюсером достигло своего пика, она узнала, что ее литературному агенту Энн Уоткинс удалось продать роман «Мы — живые» издательству Macmillan. Как и в других издательских домах, там были недовольны идеологическим содержанием романа, но в конце концов согласились рискнуть.

Многократно откладываемая премьера спектакля «Ночью 16-го января», наконец, состоялась 16-го сентября 1935-го, в принадлежавшем Шуберту театре Ambassador в Нью-Йорке, при грандиозном аншлаге. Роль председателя жюри исполнял знаменитый боксер Джек Демпси. Обозреватель из The Wall Street Journal отнесся к постановке благожелательно и порекомендовал ее театралам в качестве искусного и забавного развлечения. Такое мнение возобладало и среди прочих критиков. Спектакль стал коммерческим хитом сезона. Однако критики снова упустили из виду заложенную драматургом в произведение подоплеку, а именно — жестокое противоборство между наделенной ницшеанскими чертами героиней и привычным, обывательским видением жизни, которое олицетворяли собой свидетели обвинения. Это было вовсе не удивительно, учитывая то, сколько раз Вудс перекроил и перелатал исходный текст. Глубоко уязвленная Рэнд наблюдала премьерный показ с заднего ряда, где она сидела вместе с Фрэнком, понимая, что происходящее на сцене больше не является ее работой.

Тремя днями позже она подписала контракт с Macmillan. Печатная версия романа «Мы — живые» приближалась к шестистам страницам, однако издатель не стал просить Рэнд о сокращениях или каких бы то ни было прочих изменениях в тексте. Однако впоследствии она узнала о том, что в недрах издательства кипела нешуточная борьба, предметом которой была перспектива издания этой книги как таковая. Как Рэнд вспоминала в 1960-х, редактор Macmillan, поэт по имени Стэнли Янг, высоко оценил книгу из-за ее литературных достоинств — однако знаменитый критик Грэнвилл Хикс, который занимался вычиткой рукописей для этого издательства, выступил против романа Рэнд. Главной проблемой произведения, на его взгляд, было изображение жизни Советской России в исключительно мрачных тонах. Незадолго до этого Хикс вступил в ряды Коммунистической партии США, и той же осенью 1935-го он заканчивал для Macmillan собственную книгу, проникнутую нотками обожания биографию американского коммуниста Джона Рида. Двадцать два года спустя, к ужасу Рэнд, именно Хикс написал рецензию на роман «Атлант расправил плечи» для New York Times Book Review — и к этой книге он отнесся еще более прохладно, чем к ее дебютному произведению.

К счастью, руководство Macmillan не доверилось в тот раз мнению Хикса и 7 апреля 1936-го роман «Мы — живые» увидел свет. Рэнд отправила экземпляры чикагским родственникам, голливудским коллегам по киноиндустрии (включая Сесила Б. Де-Милля), а также нескольким друзьям. Отдельный экземпляр она послала отцу Фрэнка, Деннису О'Коннору, которого никогда не видела, но, тем не менее, обращалась к нему как к своему «американскому отцу».

Роман «Мы — живые» привлек очень впечатляющее для дебютного произведения, особенно, если учесть тот факт, что в одну неделю с ним на рынок поступили новые и переизданные романы Ребекки Вест, Дафны дю Морье, Синклера Льюиса, а также очередное издание популярного сборника стихов французского поэта Шарля Бодлера «Цветы зла». Также немало шума успел наделать, еще до своего выхода, дебютный роман Маргарет Митчелл «Унесенные ветром», которого читающая публика ждала с большим нетерпением. В конце апреля Рэнд сказала в интервью корреспонденту New York Times, что она очень гордится («что и неудивительно», отметил журналист) тем, что ее первый киносценарий, ее первая театральная пьеса и ее первый роман в прозе почти немедленно нашли покупателей. На данный факт стоит обратить внимание и исследователям жизни и творчества Рэнд — поскольку впоследствии она зачастую преувеличивала масштаб трудностей, с которыми сталкивалась в процессе поиска издателей для своих книг или продюсеров для пьес и сценариев. Рэнд обвиняла в своих неудачах предвзятых или злокозненных редакторов, плетущих против нее заговор — а ее последователи безоговорочно верили ей и будто мантру повторяли эти истории о враждебности и пренебрежении — так, словно именно они закалили характер Рэнд и стали ее секретом успеха.

Хотя, конечно, нельзя сказать, что литературный мир встретил Айн с распростертыми объятиями. Рецензии, которые получил ее первый роман после своего выхода в 1936 году, только усилили подозрения Рэнд относительно того, что с Америкой что-то очень сильно не так. Газеты были полны пророссийской пропаганды, а ее роман, основанный на жизненных реалиях, записали в разряд мистификаций! «Эта история легко читается, но в нее с трудом верится. Она не является заслуживающим доверия свидетельством, касающимся российского эксперимента», — гласила рецензия, опубликованная в газете Cincinnati Times-Star, в то время как The Nation выразила сомнение в том, что «мелкие чиновники в Советской России ездят в оперу на импортных лимузинах, а рабочие не могут позволить себе купить хлеба и мяса». Некий критик из Торонто, желая продемонстрировать более мягкую позицию, написал, что «20-е годы были переходным периодом в жизни российской нации — и несмотря на то, что свидетельства Рэнд противоречат заявлениям таких компетентных обозревателей как Анна Луис Стронг и Уолтер Дюранти, это не является поводом полностью сбрасывать ее книгу со счетов». Даже те рецензенты, что похвалили работу Рэнд, казалось, предполагали, что ее описание жизни в России является таким же плодом воображения, как и составляющая основу сюжета история о любовном треугольнике.

Были, конечно, и несколько исключений — в основном среди журналистов, с подозрением относившихся к новой моде на все советское. Например, Элзи Робинсон из Hearst нахваливала роман «Мы — живые» просто взахлеб: «Если бы я могла, то заставила бы всю американскую молодежь прочитать эту книгу... В момент, когда подобные вещи угрожают любой стране — как они, несомненно, угрожают сейчас Америке — никто не имеет права оставаться равнодушным». Мы не погрешим против истины, если предположим, что позднее, когда идеи Рэнд, выраженные ею, в том числе, и в этой книге, как следует распространились и закрепились в американском обществе, именно они и стали одной из главных причин настороженного и подозрительного отношения большинства американцев ко всему, что связано с Россией — отношения, которое можно наблюдать по сей день.

Впоследствии Рэнд сказала, что общий тон большинства рецензий положил конец ее надеждам на то, чтобы органично вписаться в американский литературный мир. Стартовые продажи романа составили две тысячи экземпляров, что по тем временам считалось достойным достижением, а в нескольких регионах он попал в списки бестселлеров. Но Macmillan не оказали книге рекламной поддержки и не стали проводить кампании по продвижению. Это, впрочем, было обычным делом для того времени, но очень удивило писательницу-дебютантку и вызвало ее гнев. Но все же, даже на фоне ажиотажа, поднявшегося после выхода долгожданного романа Митчелл (который оттянул на себя огромную часть покупателей в книжных магазинах), американцы продолжали покупать и читать «Мы — живые». На книгу было написано множество рецензий, и почти все их авторы отметили то, как хорошо для иностранки Рэнд владеет языком, а также упомянули о ее необычной биографии. Ее портрет стал часто появляться в газетах. После лекцию о вреде коллективизма, в колонке «Нью-Йорк день за днем» ее объявили «интеллектуальной сенсацией». В глазах издателей продажи книги, однако, выглядели, скорее, разочаровывающими. Macmillan выпустили всего три тысячи экземпляров, после чего уничтожили гранки. Шанс Рэнд на быстрый успех в литературе был пресечен в зародыше.

Разочарованная провалом дебютного романа, Рэнд начала размышлять о состоянии нации. К политической сознательности она пришла во время одного из наиболее значительных и редких явлений в истории американской демократии, а именно — партийной реорганизации. Старый республиканский союз моралистов среднего запада и городских жителей востока лежал в руинах, разрушенный Великой Депрессией. Банкротства банков, неурожаи и растущая безработица гигантской трещиной пролегли по привычному американцам политическому ландшафту, уничтожив прежние цели, методы и союзы. Из праха прежнего мира президент Франклин Делано Рузвельт собрал новую коалицию, состоявшую из реформаторов, городских рабочих и чернокожих. В таком виде демократическая партия просуществовала большую часть двадцатого столетия.

В основе этого союза лежал так называемый «Новый курс», который Рузвельт предложил американским избирателям во время кампании 1932-го. Экономическая депрессия не являлась рядовым событием, сказал он своей аудитории. Скорее, этот кризис давал понять, что эпоха индивидуализма в американской экономике подошла к концу. Ранее под либерализмом подразумевалось республиканское правительство и политика невмешательства в экономику. Теперь Рузвельт ввел новое определение либерализма: правительство отныне будет нести ответственность за экономическую жизнь страны и играть в ней активную роль. По сути, он не обещал ничего, кроме самоотверженного политического эксперимента. Но масса людей в Америке готова была ему поверить.

К тому моменту в Соединенных Штатах проживало больше пожилых людей, чем когда-либо прежде: количество граждан, чей возраст перевалил за шестидесятилетнюю отметку, с 1900 года увеличилось более чем вдвое. Многие из них были больны или недееспособны. Там, где существовали какие-либо вакансии, у стариков было намного меньше шансов получить работу, чем у более молодых людей. Почти в половине штатов отсутствовала система пенсионных выплат пожилым людям — а в остальных размер пенсии варьировался от двенадцати до пятнадцати долларов, что было безнадежно мало. Нельзя сказать, чтобы эти нуждающиеся старики были сборищем нищего сброда. Это были мужчины и женщины, которые верой и правдой трудились всю свою жизнь, делая сбережения, согласно предписаниям капиталистической системы. Теперь, на склоне лет, они остались без средств к существованию — у них не было ни сбережений, ни работы — ничего, кроме кратковременной помощи или благотворительности. Их отчаяние усугублялось тем, что они прекрасно помнили Америку времен своей молодости — твердо стоящую на ногах, уверенную в себе оптимистичную страну, в которой люди всегда смело смотрели в будущее, двигаясь навстречу новым горизонтам. Само собой, они скорее были готовы поверить Рузвельту и пойти за ним, нежели мириться с существующим положением дел.

В 1932 Рэнд голосовала за Рузвельта, привлеченная, в первую очередь, его обещанием отменить губительный для экономики сухой закон. Но после ее отношение к его политике изменилось. «Недалеко до точки кипения, после которой мое отношение к Новому курсу перерастет в ненависть», — писала она жене Гувернера Морриса, Рут, в июле 1936 года. Ее нелюбовь к Рузвельту подпитывалась подозрением, что он в какой-то степени симпатизирует коммунистам. Таких людей в Америке той эпохи называли «розовыми». «Ты даже не представляешь себе, насколько радикальным и просоветским сделался Нью-Йорк, — сообщала она Рут. — Особенно — и это признает каждый — за последние три года. Возможно, мистер Рузвельт и не имеет к этому отношения, но все-таки получается забавное совпадение, ты не находишь?».

Выборы 1936 года не изменили ее позиции. В своей политике Рузвельт действительно допустил резкий крен влево. В период его президентства тон в американской политике был задан на десятилетия вперед: именно тогда были учреждены такие государственные институты, как служба социального обеспечения, Федеральная корпорация страхования банковских депозитов, Комиссия по ценным бумагам и биржам, Национальное управление по трудовым отношениям, Федеральное управление гражданской авиации и Федеральное агентство по связи. Рузвельт создавал основные контуры административного государства, заботясь как о судьбах малообеспеченных американцев, так и о собственных политических выгодах.

Рэнд наблюдала за этим с растущим подозрением. Идея о том, что правительство обязано управлять экономикой, живо напомнила ей о тех самых солдатах, что некогда отобрали аптеку у ее отца. Еще больше ее тревожили всевозможные радикалы, которые роились вокруг Рузвельта и постепенно прокладывали себе дорогу в высшие круги интеллектуальной и политической элиты Америки. Рэнд не видела большой разницы между вооруженным восстанием коммунистов и тем, как быстро Рузвельт расширяет полномочия федерального правительства. Она выступала против обоих этих явлений. Это противостояние заставило ее сердце биться быстрее, а руку — писать все больше и больше. Рэнд стала по-настоящему одержима американской политикой, и эта страсть пребывала с ней до самого конца жизни.

Глава 8
Рождение философии

Приметив одного «розового», Рэнд начала видеть их повсюду. Скоро она обнаружила, что они наводнили даже киностудии. Несмотря на свой успех в качестве прозаика и драматурга, Рэнд не могла найти работы в той области киноиндустрии, где крутились по-настоящему большие деньги. Причиной этого невезения она считала обструкцию, которой ее подвергали из-за непримиримой критической позиции в отношении Советской России. И, вместо того, чтобы продолжать обивать пороги киностудий, Рэнд сосредоточилась на романе, который впоследствии стал известен как «Источник». Политика скоро стала ее основным увлечением. Она пристально следила за правительственной реформой Рузвельта и регулярно читала нью-йоркские газеты, уделяя особое внимание работам авторов, критикующих президента. К 1940 ее интерес к политике стал всепоглощающим. Настолько сильным, что она даже прекратила работу над романом и стала волонтером в предвыборном штабе кандидата в президенты Уэнделла Уилки.

Этот человек стоял во главе одной из крупных копораций, выполнявших государственные заказы. Он выступал против реформ Нового курса, но вместе с тем подвергал критике и предыдущую республиканскую администрацию Герберта Гувера. Некоторое время он выступал в печати и по радио с критикой Нового курса. В 1940 году Уилки был избран кандидатом от республиканской партии на пост президента. В борьбе за номинацию он победил таких политиков, как сенатор Роберт Тафт и прокурор Томас Дьюи.

Участие в кампании Уилки помогло Рэнд придать роману «Источник» более острый политический характер и сгладить шероховатости, касающиеся природы американской демократии и капитализма. Поначалу Рэнд колебалась, не желая вкладывать в книгу политический подтекст. Она хотела, чтобы ее новое произведение было абстрактно-философским и не было привязано к какой-либо конкретной исторической эпохе, как это было с книгой «Мы — живые». Кроме того, она еще не определилась в своих политических взглядах за пределами отрицания идей коммунизма. К демократии и капитализму Рэнд относилась с подозрением, не будучи уверенной в том, что этим системам можно доверять, и что они могут как следует защитить права личности.

Несколько месяцев плотного общения с американскими политиками помогли ей избавиться от этого скептицизма. Участие в предвыборной кампании Уэнделла Уилки стало для Айн неожиданным окном в душу приютившей ее страны, подарившим ей новое понимание американской истории и культуры. После этого Рэнд стала рассуждать об Америке с точки зрения, которая показалась бы ей самой совершенно чуждой еще несколькими месяцами ранее. Она стала превозносить прелести американского капитализма и индивидуализма, действуя так, как если бы являлась коренной американкой. Ее политические взгляды полностью сформировались, и в начале сороковых годов XX века она чувствовала себя в этой сфере деятельности как рыба в воде.

Центральная идея нового романа Рэнд пришла к ней вскоре после их с Фрэнком свадьбы. Работая на RKO, Айн познакомилась с живущей по соседству женщиной, которая также была эмигрировавшей из России еврейкой. Дочь соседки, Марселла Бэннерт, работала секретаршей у влиятельного голливудского продюсера Дэвида Селзника[1]. Именно эта девушка свела ее с агентом, который помог продать сценарий «Красной пешки», что принесло Рэнд ее первый серьезный успех. Как и сама Айн, Марселла была амбициозна и всю себя посвящала карьере. Однажды Рэнд спросила Бэннерт, в чем та видит цель своей жизни. Приятельница ответила: «Если ни у кого не будет автомобиля, то и мне не нужен. Если автомобили существуют, а у других людей их нет, то я хочу иметь автомобиль. Если кто-то владеет двумя авто, то и я хочу себе два».

---

[1] Один из самых успешных голливудских продюсеров первой половины XX века.

Рэнд была в ужасе. Этот эпизод мелкого голливудского бахвальства отрыл ей глаза на устройство всей общественной вселенной. «Вот, — подумала она гневно, — я думала, что эта девушка эгоистична, а она, как оказалось, совершенно бескорыстна». За карьерными маневрами ее соседки скрывалось мелочное и пустое желание казаться значительнее в глазах окружающих! Это была мотивация, которую Рэнд не могла понять. Однако, наткнувшись на эту приземленную жизненную философию поблизости от себя, она поняла, что это может стать ключом к пониманию всего, что ее окружает.

Айн быстро расширила ответ секретарши до масштабов целой теории по человеческой психологии. Дочь ее соседки не имела собственных взглядов на жизнь, служила чужим идеям и ценностям, была, так сказать, «попугаем» — или, как назвала это Рэнд, «секонд-хендером». Ее противоположностью являлась сама Рэнд, которая в большей степени стремилась создать дать жизнь определенным идеям, книгам или фильмам, нежели просто достичь принятого в обществе уровня успеха. В течение нескольких дней Рэнд вывела из разницы между ней и Марселлой «базовое отличие между двумя типами людей в мире». Она представила себе смутные очертания двух конфликтующих персонажей: «секонд-хендера» и индивидуалиста. Из этой темы впоследствии вырос сюжет ее следующего романа.

Но в течение следующих двух лет эти идеи оставались нетронутыми, а Рэнд пришлось тратить силы на переезд в Нью-Йорк и адаптацию там. Когда же она снова вернулась к занятиям литературой, то действовала более методично. На этот раз деньги не были главной целью создания книги. Как бы сильна ни была ее ненависть к Вудсу — но участие именитого продюсера помогло ей получить то, к чему она так стремилась: возможность писать в полную силу, ни на что не отвлекаясь. Теперь у нее были деньги! Авторские отчисления за «Ночью 16-го января» доходили порой до 1200 долларов в неделю (в то время как далеко не каждый американец мог похвастать в ту пору, что он зарабатывает такую сумму за год). Права на постановку были проданы в театры Австрии, Великобритании, Венгрии, Германии, Польши, Швейцарии и ряда других европейских стран. «Ночью 16-го января» собирались повторно показывать в Лос-Анджелесе, также готовилась премьера в Чикаго. По иронии судьбы, Уоткинс заключила контракт даже с созданной Рузвельтом Администрацией развития общественных работ — и постановки спектакля начались во множестве небольших театров по всей стране. И со всей страны деньги рекой стекались в Нью-Йорк, в кошелек Айн Рэнд.

Рэнд не интересовалась роскошью — ее цель состояла в том, чтобы зарабатывать деньги, а не тратить их. Но теперь она позволила себе потратить часть заработанных денег на цели, к которым давно стремилась. Одной из них было новое жилье. О'Конноры покинули небольшую меблированную комнату, в которой прожили больше года, и арендовали квартиру попросторнее, а еще чуть позднее перебрались в апартаменты на семнадцатом этаже жилого комплекса, расположенного на перекрестке Парк Авеню и Тридцать восьмой стрит. Теперь, когда у них было больше свободного пространства, Айн и Фрэнк приобрели выдержанный в стиле арт-деко набор мебели для спальни, а также изящный диван. Айн прошлась по магазинам, чтобы купить одежды — по больше части присматриваясь к чудаковатым и вычурным нарядам — и начала носить меховое пальто, которое стало ее фирменным атрибутом в сороковые годы. Остальные деньги пара приберегла на будущее. Главной целью Рэнд в настоящее время было выкроить время для работы над своим следующим романом.

К тому моменту она решила, что фоном, на котором будут разворачиваться события новой книги, станет архитектура — область, где сливаются воедино искусство, наука и бизнес. Посещая публичную библиотеку Нью-Йорка, Рэнд прочла массу специализированных книг по архитектуре, заполнив несколько записных книжек деталями и подробностями, которые должны были расцветить ее роман. Как и в случае с предыдущими работами, Айн делала обширные заметки, касающиеся темы, цели и манеры подачи материала в произведении, которое она изначально озаглавила «Жизни из секонд-хенда».

В самых ранних версиях это произведение являло собой ответ Рэнд Фридриху Ницше. Знаменитый провозвестник смерти Бога, сам Ницше не был заинтересован в том, чтобы создать новую мораль на замену облетающей сухой шелухе христианства. Цель своей деятельности он видел, в первую очередь, в том, чтобы расчистить путь для «философов будущего». И Рэнд видела себя в качестве одного из этих философов. В своем первом философском дневнике она задавалась вопросом, возможна ли индивидуалистская мораль. Годом позже, начав работать над вторым из своих романов, знала — да, возможна.

Несмотря на то, что «Источник» является художественным произведением, на его страницах Рэнд формулирует гораздо более комплексный взгляд на проблему человеческого бытия, нежели тот, что был представлен в ее предыдущих изысканиях. В том, как она изображает центрального персонажа, Говарда Рорка, все еще можно проследить влияние Фридриха Ницше. Сначала Рэнд даже хотела открыть роман цитатой из Ницше, но убрала эпиграф перед тем, как книга отправилась в печать. В 1968 она вернула эту цитату на место в юбилейном издании «Источника», состоявшемся через двадцать пять лет после первой публикации романа. Рэнд объяснила, что, несмотря на ее глубокие расхождения с метафизикой и эпистемологией Ницше, она все еще находится под впечатлением от его способности выражать человеческое величие в возвышенно поэтичных и эмоциональных определениях. Она взяла цитату из «По ту сторону добра и зла», где Ницше славит «основополагающую уверенность, которую благородная душа испытывает в себе самой — нечто такое, что не нужно искать, не может быть найдено и, вероятно, также не может быть и потеряно. Благородная душа обладает уважением к себе».

Основной задачей, которую Рэнд ставила перед собой, создавая этот роман, была защита эгоизма в его истинном значении, эгоизма в качестве «новой веры». Для этого ей нужно было вывести новое определение эгоизма и привести его наглядные примеры. «Если эгоизм является качеством, которое заставляет человека считать себя превыше всего — то каким образом? — писала она в рабочем дневнике. — И — над чем? Если человек бескомпромиссно добивается своей цели — то какова цель? Суть состоит не в том, что он делает или как он это делает — а в том, зачем это ему нужно. Это конечный результат, желанное следствие всех его действий, общий знаменатель, итоговый смысл, который дает нам определение эгоизма как качества. Итак, герой ставит себя превыше всего и сокрушает все на своем пути, чтобы добиться лучшего для себя, — пишет Рэнд далее. — Прекрасно! Но что являет собой это «лучшее»?»

Рэнд ставила перед собой следующий вопрос: являются ли мораль, этика, все так называемые «высшие ценности» — будь то Божьи заповеди или законы человеческого общежития — неким ультиматумом, навязанным человеку со стороны? Или же эти ценности являют собой что-то очень личное, священное, составляющее самую суть человеческой жизни и личности?

И далее — что же такое сама человеческая личность? Просто сам тот факт, что некто родился и осознал себя? Просто «Я», лишенное какого бы то ни было определенного содержания? Или же — «Я», которое умеет распознавать, выбирать и ценить именно те качества, которые отличают его от других, «Я», которое уважает самое себя в силу неких конкретных причин, а не просто по факту собственного существования? «Если чье-то физическое тело является не просто куском мяса, надетого на кости, а вполне определенным телом со своими собственными пропорциями — то и дух человеческий следует рассматривать как уникальную сущность, наделенную некими конкретными чертами и качествами. Душа, ничем не наполненная — это абстракция, которой не существует. Если кто-то гордится своим телом из-за его красоты, образованной определенными линиями и формами, то точно так же человек может гордиться и красотой своей души — или тем, что он воспринимает как ее красоту. Без этого гордость духа невозможна. Ни для кого».

Если главные ценности жизни (такие, как этика, философия, эстетика и все прочее, что имеет значение для духовной жизни человека) приходят изнутри, рождаются в душе самого человека — в этом случае они являются его правом, привилегией, необходимостью, но не обязанностью — утверждает Рэнд. Они представляют собой то, из чего состоит человеческая жизнь — и, если кто-то является эгоистом в наилучшем смысле этого слова, он выберет эти ценности самостоятельно, для собственного блага — а вовсе не потому, что он обязан перед Богом, государством или обществом поступить именно так, следуя некому абстрактному идеалу, не несущему в себе никакой практической пользы. Соблюдать моральный кодекс человек должен, в первую очередь, ради себя самого, а не потому, что «так надо» или потому, что этого требуют окружающие. Таким образом, выводит она, нравственный человек по определению является эгоистом. Более того — человек, который отодвигает самого себя в жизни на второй план, не может быть нравственным.

Это может показаться парадоксальным. Но следом Рэнд приводит обоснование такой концепции, которое заключается в следующем: если под нравственностью, этикой, мы подразумеваем набор неких базовых ценностей, стандартов поведения и мышления, то человека, который не воспринимает эти ценности как свои собственные и совершает добрые поступки лишь потому, что поступать так предписано в обществе, едва ли можно назвать добродетельным или нравственным. Подлинно нравственным является лишь тот человек, для которого добродетель является естественным образцом поведения, а не болезненной обязанностью, исполняя которую он вынужден переступать через самого себя. «Например — если человек неохотно умирает за свое дело, лишь потому, что считает, будто обязан сделать это ради Господа или государства — такого человека не назовешь настоящим героем. Если же человек отдает свою жизнь потому, что это — его личный выбор, и он не хочет ничего другого, кроме как отстаивать свой выбор любой ценой — то он герой».

«Итак, если человек является безжалостным эгоистом — какую форму принимает его эгоизм? Он сражается, борется и провозглашает для себя эти высшие ценности и свое право следовать им? Или — что? Типичного эгоиста принято представлять как беспощадного финансиста, который сокрушает все на своем пути, стремясь заработать как можно больше денег и обрести как можно больше влияния. Что он будет делать с этими деньгами? Для каких целей будет использовать свою власть? Отвергает ли он, в своем стремлении получить деньги, все общепринятые нормы морали и нравственности? Подыгрывает ли он окружающим во всем, притворяясь, что служит им, а на самом деле преследуя свои собственные цели? И какие именно цели?»

Планируя книгу, Рэнд стремилась получить ответ на следующий вопрос: кто является настоящим эгоистом? Человек, который отказывается от собственного «Я», чтобы прийти к успеху на волне общего дела — не чураясь при этом обмана, предательства и даже убийства, но все же делая вид, что он соблюдает общепринятые законы? Или же тот, кто ставит свою личность, свою систему ценностей выше всего остального — и строит свою жизнь так, как ему нравится? Если диктатор — такой, как Гитлер, например — заигрывает с толпой, чтобы удержать влияние и власть — властвует ли он по-настоящему? Или он просто отдает приказы — лишь до тех пор, покуда его приказы нравятся народу?

Далее она задается вопросом о природе власти как таковой. Что это — способность заставить других людей делать то, что ты хочешь, или ты просто сидишь на высоком троне, являясь объектом пристального внимания публики и неукоснительно исполняя то, чего она от тебя ждет? Если человек, который не является нацистом, притворяется таковым — и готов притворяться до конца своих дней, чтобы получить легкую работу, деньги и еду — можно ли назвать его эгоистом? Или настоящим эгоистом в той же ситуации будет тот, кто предпочтет умереть от голода в изгнании, но останется верен своим идеалам?

Настоящий эгоист, согласно выведенной Айн Рэнд теории, помещает свое эго и притязания своего эго в плоскость высших ценностей. Он требует от жизни этих ценностей — и он крайне эгоистичен в своем требовании. Тот же человек, который приносит эти ценности в жертву физическому комфорту, не требует от жизни многого. Он не является эгоистом, поскольку у него отсутствует эго.

Эгоист — это человек, который живет для себя, заключает Рэнд, соглашаясь в этом вопросе с худшими из христианских моралистов. «Остаются лишь два вопроса, — пишет она затем. — Первый: что представляет собой эта жизнь для себя? Если верен ответ, который даю я — жизнь ради собственных высоких идеалов, то возникает следующий вопрос: так не является ли жизнь ради себя высшей формой жизни, единственным, что можно назвать настоящей жизнью, и единственным возможным по-настоящему нравственным образом жизни?

Следовательно, смыслом моей концепции «эгоизма как новой веры» является расширение границ понятия «Я» и еще большее возвеличивание тех чувств, которые заставляют человека самоопределяться и говорить о себе как о личности».

Примерно в то же время Рэнд предприняла попытку спасти своих родителей от тягот их жизни в России. Несмотря на то, что Розенбаумам больше не грозила смерть от голода, им, как и многим другим жителям Советской России, приходилось существовать в тяжелых, нестабильных, тоскливых и страшных условиях, которые Рэнд находила бесчеловечными. Судьба родных была небезразлична ей, и одно время Айн предпринимала настойчивые усилия, целью которых было помочь Розенбаумам вслед за ней перебраться в Америку. Начиная с того момента, как она сама получила американское гражданство в 1931 году, Рэнд не раз обращалась в Государственный департамент и другие правительственные учреждения, надеясь, что ей удастся выхлопотать иммиграционные визы для всех четверых членов своей семьи. Предыдущие попытки провалились по той причине, что у них с О'Коннором не было достаточного дохода, который позволили бы им стать поручителями Розенбаумов. Теперь, благодаря ее гонорарам, такой доход у них был.

Несмотря на то, что она возобновила попытки вытащить свою семью из России, Рэнд продолжала публично позиционировать себя в качестве антикоммунистической активистки. Трудно поверить, будто она не знала, что советские агенты могут наблюдать за ней и быстро установить, что Алиса Розенбаум, миссис Фрэнк О'Коннор и Айн Рэнд — разные имена одной и той же женщины. Она предприняла естественные, рекомендованные меры предосторожности — например, использовала в переписке с органами власти только то имя, которое носила в браке, а также не стала посылать родителям экземпляр романа «Мы — живые». Однако опасность подстерегала повсюду. В 1930-е годы в Союзе существовало ведомство, сотрудники которого занимались шпионажем за русскими эмигрантами по всему миру — в том числе и в Соединенных Штатах. Именно деятельность этих советских агентов могла стать причиной того, что взаимосвязь между знаменитой писательницей Айн Рэнд и проживавшим в Ленинграде семейством Розенбаум. Ее чикагские родственники были уверены, что она должна понимать, на какой риск идет, публикуя книгу «Мы — живые» и раздавая связанные с этим интервью. «Тот факт, что ее родители никогда не смогли уехать из России, был связан с романом «Мы — живые», — рассказывал кузен Ферн Браун, Роджер Саламон. — Мои родители часто говорили об этом. Но она поставила перед собой определенную цель — а если она чего-то хотела, она это делала». Возможно, задача «рассказать миру об ужасах коммунизма» и была благородным поступком — но сделав это, она поставила под угрозу свою семью. Скорее всего, она понимала это и чувствовала за собой некую вину. В 1961 Рэнд сказала своей подруге и биографу Барбаре Бранден, что никогда не называла российским родственникам своего нового имени. «Она солгала», — сказала Бранден впоследствии. После смерти писательницы среди ее бумаг были обнаружены сотни писем от родителей и сестер, в которых неоднократно упоминался ее ставший вторым именем псевдоним «Айн Рэнд».

На момент, когда Рэнд вновь начала пытаться помочь своей семье с эмиграцией, ее сестра Нора вышла замуж за инженера Федора Дробышева и работала учительницей в советской школе. Наташа больше не стремилась ехать в Америку. Но Анна и Зиновий, которые были больны и нуждались в медицинском уходе, который не был доступен в Советском Союзе, ничего не имели против — и Рэнд удвоила свои усилия в этом направлении. В июне 1936 она писала кузине своей матери, Саре Липтон, что дата их приезда в Америку может стать известна со дня на день.

На деле перспективы Розенбаумов по отъезду из России оказались далеко не столь радужными. В течение нескольких следующих месяцев между Ленинградом и Нью-Йорком летали туда-сюда телеграммы, но в конечном итоге советские власти дали отрицательный ответ. «Не разрешен выезд из страны», — гласила последняя телеграмма от Розенбаумов, полученная в мае 1937. Вскоре после этого американское правительство предупредило, что любое общение с оставшимися в Советском Союзе родственниками и друзьями может угрожать их жизням. Переписка между Рэнд и Розенбаумами прекратилась, как — на несколько долгих лет — и ее попытки как-либо им помочь.

Глава 9
У истоков «Источника»

Пускай ее этическая теория была выверенной и твердой — но Рэнд была не столь уверена насчет других посланий, которые должны были быть заложены в книгу. В первых рабочих заметках она предполагает, что, возможно, ей не стоит писать в этом романе о коммунизме. В начале 1938, в разговоре с издателем, проявлявшим интерес к ее новому произведению, она упомянула, что на этот раз роман не будет столь политизирован. На его страницах не появится ни единого русского или коммуниста, уверяла она издателя. Но — в то же время Рэнд всегда ощущала связь между политикой и своей концепцией «секонд-хендера». Конечно, заявление ее соседки потрясло ее именно потому, что оно обозначило вопрос: что делает одних людей коллективистами, а других — индивидуалистами? Прежде Рэнд не понимала этой разницы, но теперь она начала считать, что базовым принципом коллективизма является «подчинение диктату окружающих в ущерб собственной независимости». Несмотря на то, что ее замысел имел исключительно философскую природу, перед Рэнд лежал широкий спектр возможностей превратить роман в политическое моралите. Однако она все еще колебалась относительно того, стоит ли ей писать книгу такого типа.

Частью проблемы являлось то, что Рэнд не была уверена, каковы ее политические взгляды за пределами российской специфики. В начале 30-х она стала читать еще больше философских произведений, чем раньше, и первым делом обратилась к творчеству авторов, которые были весьма скептически настроены по отношению к демократии: Генри Луиса Менкена, Освальда Шпенглера, Альберта Джея Нока и Хосе Ортеги-и-Гассета. Это помогло ей лучше оформить понимание послания Ницше, поскольку мыслители, чьи произведения она изучала, сами находились под сильным влиянием немецкого философа. Менкен, к примеру, был одним из наиболее выдающихся популяризаторов ницшеанских идей в Америке. Также эти идеи оказали сильное влияние на «Закат Европы» Шпенглера и «Восстание Масс» Ортеги-и-Гассета, которые, в свою очередь, оказали влияние на «Воспоминания лишнего человека» Альберта Нока. Практически все, что читала Рэнд в те годы, было проникнуто ницшеанским духом и имело одну общую идею: решительный элитизм.

Те предварительные выводы, которые она делала, размышляя об американском обществе, носили крайне негативный характер. Рэнд сомневалась в том, что Америка разделяет ее взгляды, и это впечатление усиливалось популярностью коммунизма в Нью-Йорке. В своем писательском блокноте она задавалась вопросом, «есть ли в капитализме и демократии что-либо, достойное остаться в веках», и рассуждала, в духе Освальда Шпенглера, о том, что «белая раса вырождается». К любому упоминанию об американской индивидуалистской экономической системе она язвительно добавляла: «так называемый» или «может быть». Согласно Рэнд, главной виной либерал-демократов было «предоставление всех прав большинству». Вместо этого, писала она, властные полномочия следовало делегировать только самым выдающимся представителям общества. Когда она начинала работать над книгой, связь между ее концепцией индивидуализма и американским обществом, не была для нее очевидна.

Персонажи, напротив, возникали в ее сознании очень отчетливо и ярко. Рэнд разработала для своей новой книги элегантную, почти что геометрически верную структуру. Говард Рорк был ее идеальным мужчиной, бескомпромиссным индивидуалистом и творцом. Прочие основные герои являли собой вариации на эту тему.

«Он — благородная душа, — писала она, составляя психологический портрет Рорка. — Самодостаточный, уверенный в себе человек, персонифицированное наслаждение жизнью. Кроме того — человек, живущий для себя — в том смысле как жизнь для себя следует понимать. И в конечном итоге он одерживает победу. Рорк — человек, каким он должен быть».

Питер Китинг в этой системе координат является полной противоположностью Говарда Рорка и воплощением того, каким человек быть не должен. Он — беспринципный эгоист, в том смысле, в каком это принято понимать во всем мире. Ведомый невероятными тщеславием и жадностью, он жертвует всем ради своей «блестящей карьеры». Он — «человек толпы» до мозга костей. Его триумф является для него величайшим бедствием. Его ждет горькое крушение — он жертвует всем ради победы, которая не приносит ему удовольствия, а его методы приводят его к бесславному концу. Его пример является иллюстрацией утверждения, что человек, живущий чужими ценностями, не может быть нравственным. У него нет самости, а стало быть, ему чужда всякая этика. Он никогда не станет таким, каким должен быть человек. И он даже не осознает этого.

Чтобы придать форму образу Рорка и наделить этого персонажа уникальными чертами, она обратилась к жизнеописанию американского архитектора Фрэнка Ллойда Райта, авангардный стиль которого ей очень нравился. Многочисленные подробности жизни Райта — в том же самом виде, как они описаны в его автобиографии — всплывают в романе не раз, кроме того, Рэнд приставила к Рорку склочного и сердитого наставника, образ которого был срисован с обучавшего Райта Луиса Салливана. Персонаж «секонд-хендера» Питера Китинга был основан на фигуре популярного в те времена, но весьма посредственного архитектора Томаса Гастингса. Прочитав книгу о Гастингсе, Рэнд написала в своем блокноте следующее: «Если эту книгу совместить с автобиографией Райта, это, фактически и получится та история, которую я хочу написать».

На страницах романа можно встретить и других ее известных современников. Например, Гайл Уинанд был скопирован с Уильяма Рэндольфа Херста[1], за чьей карьерой Рэнд пристально следила. Она была особенно поражена тем, что ему не удалось избраться на пост мэра Нью-Йорка и губернатора одноименного штата. Это был человек, который оказывал огромное влияние на политику, но не имел реального успеха в деле захвата рычагов власти. Рэнд считала, что для Херста, который дважды избирался в Конгресс и владел огромной медиа-империей, это было большим унижением. В ее понимании его могущество было призрачным. Власть Херста ему не принадлежала: ее могли дать ему — или

---

[1] Американский медиа-магнат, послуживший также прототипом для главного героя знаменитого фильма Орсона Уэллса «Гражданин Кейн».

отобрать — массы, которым он служил. Иллюстрацией этого принципа в романе «Источник» является Уинанд, недостатки которого резко контрастируют с независимостью и представительностью Рорка. «Уинанд — человек, который управляет толпой до тех пор, покуда он говорит то, что толпа хочет от него слышать, — пишет Айн Рэнд. — Нужно посмотреть, что случится, когда он попытается сказать то, что *сам хочет*».

Еще одной разновидностью «секонд-хендеров» Рэнд называла людей, которые ставят любые вторичные соображения выше истинных ценностей. Например: человек, который, вместо наиболее достойного кандидата берет на работу своего друга. Он руководствуется только мотивами их дружбы, в то время как за бортом остается человек, чье участие было бы намного более полезным для бизнеса. Или же критик, который оценивает произведение, исходя из своих отношений с автором, нежели из реальной ценности работы. Замена истинных ценностей на вторичные рождает «вторичный образ жизни».

«Это может показаться наивным, — писала Рэнд. — Но — станет ли наша жизнь когда-нибудь по-настоящему реальной? Будем ли мы когда-нибудь жить так, как подобает? Или жизнь всегда будет чем-то другим, чем-то отличным от того, чем она должна быть? Настоящая жизнь — простая и искренняя, даже наивная — это единственная жизнь, в которой можно обнаружить все потенциальное величие и красоту человеческого существования. Существуют ли какие-то убедительные причины, по которым мы должны продолжать мириться с той подменой, которую имеем сегодня. Никто не показывает современную жизнь такой, какая она есть на самом деле, с настоящими причинами и следствиями. Я собираюсь сделать это. И, если эта картинка не приятна — то какова же альтернатива?»

Введение отрицательного персонажа, Эллсворта Тухи, могло превратить роман, изначально запланированный как произведение, свободное от политического подтекста, в сатиру на левацкую литературную культуру Нью-Йорка 1930-х. Однажды вечером она и Фрэнк неохотно присоединились к паре своих друзей для похода на лекцию британского социалиста Гарольда Ласки в исповедовавшей левые взгляды Новой школе социальных исследований. Когда Ласки вышел на сцену, Рэнд была поражена. Это что, появился Эллсворт Тухи во плоти? Во время лекции Рэнд нарисовала в своей записной книжке его портрет, а также детально описала его мимику и жестикуляцию. На выступления Ласки они с Фрэнком приходили еще два раза.

Заметки Рэнд, сделанные на лекциях Ласки, демонстрируют также ее неприязнь к образу жизни окружающих женщин. Дамы, присутствовавшие в аудитории Новой школы, ужаснули ее — она описывает их как бесполых, немодных и неженственных. Во время лекций она и Фрэнк перебрасывались шуточками, насмехаясь над их неряшливыми фильдекосовыми чулками. Но больше всего Рэнд была разгневана их «интеллектуальной пошлостью», они казались ей слабоумными, не способными понять зла, которое нес в себе социализм Ласки. Эта мизогония проявилась в созданном ею образе Эллсворта Тухи, которого автор показала женоподобным, склонным к сплетничеству и злонамеренно ехидным («в женской манере», — подчеркивает Рэнд). Эти качества были призваны усилить контраст между Тухи и противостоящим ему мужественным индивидуалистом Рорком.

До того, как она увидела Ласки, Тухи был просто абстрактной антитезой Рорка. Но этот социалист-интеллектуал очень удачно вписался в ее концепцию — несмотря даже на то, что он делал роман похожим на комментарий к современным событиям. Но Ласки был не единственным прототипом Тухи — чтобы придать этому образу большую выпуклость, Рэнд также использовала некоторые черты, позаимствованные у американских критиков Гейвуда Брауна, Льюиса Мамфорда и Клифтона Фейдимена.

Эти скрупулезные исследования позволили Рэнд преодолеть те ограничения, что были свойственны ее первым попыткам в художественной литературе. Проработка характеров персонажей всегда была ее слабым местом. Герои «Ночи 16-го января» являли собой мощные человеческие символы, но были неубедительны в своих человеческих качествах. В романе «Мы — живые» Рэнд сумела обойти этот острый угол, поскольку у большей части персонажей были реальные прообразы среди ее знакомых в России. Теперь она повторила этот метод, заимствуя черты характера из биографических книг и дополняя собственными наблюдениями.

Но создавая главный женский персонаж романа, Доминик Франкон, она не прибегала к этому методу. Для того, чтобы проработать психологию Доминик, ожесточенной и недовольной своим положением наследницы, Рэнд вызывала в воображении самые темные из своих собственных настроений. Она выискивала в своей душе отголоски разочарований и обид своих ранних лет — в том числе и того горького чувства, что мир устроен так, чтобы посредственность процветала, а выдающиеся личности подвергались гонениям. Именно эти чувства она вложила в характер своей героини. В романе Говард научил Доминик, как избавиться от этих отравляющих душу отношений — как и сама Рэнд стала более оптимистичной, когда обрела профессиональный успех и свободу заниматься любимым делом.

Этот самоанализ она объединила с анализом личности своего мужа, Фрэнка О'Коннора. Когда они только познакомились, Фрэнк был полон надежд и планов относительно своей голливудской карьеры. У него даже было несколько «удачных выстрелов» — но, по мере того, как фортуна все чаще и ярче улыбалась Айн, у Фрэнка дела обстояли прямо противоположным образом. В Нью-Йорке, когда доходов Рэнд было достаточно, чтобы содержать их обоих, О'Коннор бездействовал. Он почти ничего не делал, чтобы как-то закрепиться на новом месте. Рэнд, ставившая карьеру превыше всего остального, не могла этого понять.

Теперь, работая над образом Доминик, Рэнд нащупала ключ к пассивности Фрэнка. Как и ее муж, Доминик в гневе отворачивается от мира, но делает это «не из дурных побуждений или трусости, а из-за высокой степени идеализма, который неприменим в той журналистской реальности, которую мы видим вокруг». Доминик любит Говарда, но пытается уничтожить его, полагая, что он обречен в нашем несовершенном мире. Противоречивая фигура Доминик является одним из наименее убедительных персонажей, когда-либо созданных Рэнд. Однако нельзя не отметить, что она оказала благотворное влияние на отношения писательницы с супругом. Айн смогла лучше понять его после того, как смоделировала героиню, оказавшуюся в похожей ситуации. Собственные черты Фрэнка О'Коннора также нашли отражение в ее романе. Кошачья грация Говарда Рорка была позаимствована именно у него, что не преминули отметить прочитавшие книгу близкие друзья пары.

Книга рождалась медленно и сложно. После того, как были готовы наброски основных персонажей, Рэнд начала планировать сюжет романа, с разных точек зрения обдумывая то, как могут складываться события. Центральным каркасом произведения должна была стать карьера Говарда Рорка, но Рэнд еще не знала, что и как будет происходить за пределами этой главной сюжетной линии. Она провела долгие месяцы, продумывая сюжетную канву. «Какими будут ключевые моменты карьеры Рорка? С чего он начнет, какими будут главные трудности на раннем этапе, как он станет знаменитым?» — спрашивала она себя на страницах писательского дневника. Чтобы гарантированно справиться с поставленной задачей, она сделала подробнейший конспект знаменитого романа Виктора Гюго «Отверженные», чтобы понять его внутреннюю структуру и составить собственную модель.

Наиболее сложной частью — «настоящей головоломкой» — стало для нее построение кульминации. Рэнд хотела описать некое драматическое событие, которое свело бы воедино все разрозненные сюжетные линии романа, стало финальной наглядной иллюстрацией его центральной идеи и потрясло читателей до глубины души. До тех пор, покуда концовка не была придумана, все прочее оставалось лишь грудой бессмысленных словесных конструкций. Что еще хуже, она чувствовала себя лгуньей всякий раз, как говорила с кем-нибудь о своем новом романе, поскольку сама еще не знала, чем все должно закончиться, и у нее не было абсолютно никаких идей, которые проливали бы на это свет. Она извивалась в муках за письменным столом, впервые за все время оказавшись в творческом тупике. Такие моменты Рэнд называла «корчами».

Весну и начало лета 1937 года Рэнд провела, штудируя тексты по архитектуре, чтобы сделать текст «Источника» более убедительным. Но вскоре она отложила эти книги и принялась делать наброски для театральной адаптации романа «Мы — живые», к возможности постановки которой проявил интерес бродвейский продюсер Джером Майер. По просьбе Энн Уоткинс она также переписала в качестве пьесы неопубликованную повесть, работу над которой завершила еще в Голливуде. Поскольку спектакль «Ночью 16-го января» стал большим хитом, как агент, так и автор надеялись повторить успех на бродвейских подмостках. Главной героиней новой пьесы, получившей название «Идеал», была срисованная с Греты Гарбо кинозвезда по имени Кэй Гонда. Среди миллионов своих поклонников она пытается найти того, кто согласится рискнуть жизнью ради своего идеала — то есть, ради нее. После того, как ей удается найти лишь одного такого человека, одинокого бродягу Джонни Дауса, Гонда понимает, что большая часть публики на самом деле ненавидит ее — за то, что она является воплощением тех романтических идеалов, которые люди боятся претворить в жизнь.

В эмоциональном плане пьеса «Идеал» не похожа на другие произведения Айн Рэнд. Но в ней внимание автора почти безраздельно сфокусировано на зле или бездарности; она наполнена одиночеством Кэй Гонды, чувствующей себя оторванной от человечества; горьким чувством, что настоящий идеалист в какой-то, очень малой, степени, может быть отнесен к ряду тех предателей человеческих ценностей, диалог с которыми невозможен. С этой точки зрения главный мужской персонаж, Джонни Даус, не является типичным для Рэнд персонажем. Это человек, полностью оторванный от мира, он не представляет, как жить дальше, и у него часто возникает желание умереть. Если Лео из романа «Мы — живые» чувствует то же самое в Советской России, на это есть политические, а не духовные причины. Но Джонни чувствует это в Соединенных Штатах.

Уоткинс не смогла найти продюсеров для постановки, и даже несмотря на то, что жена друга Рэнд Ивана Лебедева, талантливая актриса Вера Энгельс, попыталась привлечь к проекту внимание европейского театрального бомонда, из этой затеи ничего не вышло. Вскоре Джером Майер, как ранее и Эл Вудс, начал испытывать проблемы с финансированием — и сценическая адаптация книги «Мы — живые» также была отложена в долгий ящик.

Глава 10
Промежуточный «Гимн»

В июле 1937 О'Конноры поехали в Коннектикут, где Фрэнк выступал в летней антрепризе, показывавшей, в том числе и «Ночью 16-го января». Они остановились в мрачноватой гостинице «Стоуни-Крик», в которой, как Айн сообщила друзьям, она была намерена вскоре написать лучшее из своих произведений. Покуда Фрэнк репетировал роль Гатса Ригана и фрагменты других пьес, она прогуливалась по набережной с гостями — Альбертом Маннхаймером и Ником Картером — и размышляла о перипетиях романа «Источник». В двух милях оттуда находилась знаменитая достопримечательность этого города — каньоны с розовым гранитом. Возможно, Рэнд наведывалась туда в поисках вдохновения для сцены в каньоне, в которой Доминик встречает Говарда Рорка.

Но планирование столь масштабного сюжета было, все-таки, слишком сложным делом — и в порядке отдыха она сочинила небольшую футуристическую повесть «Гимн». Эта история описывает примитивный мир, в котором слово «Я» было стерто из сознания каждого человека, чтобы быть замененным на коллективное «Мы». Ее герои, как мантру, заучивают следующие лозунги: «Мы — ничто. Человечество — все. *По милости наших братьев даны нам наши жизни. Мы существуем благодаря нашим братьям и только для них*». «После того, как главный герой, которого зовут Равенство 7-2521, влюбляется в женщину по имени Свобода 5-3000 (что является актом индивидуального выбора и, по законам этого общества, карается смертью), он начинает одну за другой открывать тайны мира, в котором живет — ключ к электрической энергии, забытое искусство «Незапамятных Времен», а также — значение слова «Я».

Описание того, как протагонист истории заново открыл это слово, является одной из самых поэтичных од индивидуализму, вышедших из-под пера Айн Рэнд. Предвосхищая эгоистическое нравственное кредо, лежащее в основе будущего романа «Атлант расправил плечи», Равенство 7-2521 провозглашает:

«Я есть. Я думаю. Я хочу. Мои руки. Моя душа. Мое небо. Мой лес. Это моя земля. Разве можно сказать больше? Это самые важные слова. Это ответ. Я стою здесь, на вершине горы. Я поднимаю руки, развожу их в стороны. Это мое тело и моя душа. Наконец я понял. Мы хотели осмыслить это. Я и есть этот смысл. Мы хотели найти оправдание своему существованию. Но оправдание — я сам. Мне не нужно ни оправдание, ни одобрение. Мои глаза видят, и они дарят миру красоту. Мои уши слышат, и в них звучит песня. Мой мозг думает, и только он будет тем лучом, который осветит правду. Моя воля выбирает, и выбор ее — единственный мне указ, единственное, что я уважаю.

Многие слова открыты мне. Многие из них мудры, другие лживы, но только три святы: «Я хочу этого». Какой бы дорогой я ни шел, путеводная звезда во мне, и звезда, и компас, они укажут мне ее, укажут мне дорогу к самому себе. Не знаю, есть ли земля, на которой я стою, сердце вселенной или только пушинка, затерянная в вечности. Не знаю и не думаю об этом.

Ведь я знаю, что счастье возможно для меня на земле. И моему счастью не нужно высокой цели для оправдания себя. Оно — не средство для достижения цели. Оно и есть цель.

И я не средство для достижения целей других. Я не служу ничьим желаниям. Я не бинт для их ран. Я не жертва на их алтарь. Я человек. Этим чудом своего существования владею лишь я, лишь я его охраняю и использую, только я преклоняюсь перед ним.

Я не отдам своих богатств, не разделю их ни с кем. Сокровище моей души не будет разменяно на медные монеты и разбросано ветром, как подаяние. Я охраняю свои богатства: мысли, волю, свободу. Величайшая из них — свобода.

Я не чем не обязан своим братьям, и у них нет долга передо мной. Я никого не прошу жить ради меня, но и сам живу только для себя. Я не домогаюсь ничьей души, но и не хочу, чтобы кто-нибудь домогался моей. Я не враг и не друг братьям, нищим духом. Чтобы заслужить мою любовь, братья должны сделать еще кое-что кроме того, что родится. Я не отдаю любовь просто так, и никто, случайно захотевший ее, не получит моей любви. Я вручаю людям свою любовь как великую честь. Но честь надо заслужить.

Я выберу друзей среди людей, но не рабов, не хозяев. И я выберу только тех, кто понравится мне, и я их буду уважать и любить, но не подчинятся и не приказывать. И мы соединим руки, когда захотим, и пойдем в одиночку, когда захотим.

В храме своей души человек одинок. И пусть храм каждого остается нетронутым и не оскверненным. Пусть человек протянет руку другому, когда захочет, но только не переступив этот святой порог.

А слово «мы» люди смогут употреблять, только когда захотят, и с великой осмотрительностью. И никогда это слово не будет главным в душе человека, ибо завоевав нас, это слово становится монстром, корнем зла на земле, корнем мучений человека человеком и неслыханной ложью. Слово «мы» — гипс, вылитый на людей. Оно застывает и затвердевает, как камень, и разрушает все во круг. И черное и белое становится серым. С помощью этого слова грязные крадут добродетель чистых, слабые — мощь сильных, слабоумные — мудрость умнейших.

Что есть моя радость, если любые, даже грязные пальцы могут потрогать ее? Что есть моя мудрость, если даже дураки могут приказывать мне? Что есть моя свобода, если даже бесталанные и слабые — мои хозяева? Что есть моя жизнь, если я ничего не могу, кроме как кланяться, соглашаться подчиняться? Но я покончил с этой гибельной верой. Я покончил с монстром «мы» — словом рабства, воровства, несчастья, фальши и стыда. И вот я вижу лицо бога, и я возношу его над землей. Бога, которого человек искал с тех пор, как люди начали существовать. Этот бог даст нам радость, мир и гордость.

ЭТОТ БОГ — «Я».

Как нетрудно догадаться, эта повесть описывает квинтэссенцию логики тоталитаризма: абсолютный конформизм во имя абсолютного контроля. Создавая это произведение, Рэнд ставила перед собой цель продемонстрировать, что подвергшиеся массированному промыванию мозгов государственные рабы не способны к технологическим достижениям (к этой теме она впоследствии еще вернется), и что только независимые личности способны любить.

Интересен выбор повторного открытия электроэнергии в качестве одной из центральных тем. В Библии Бог повелевает: «Да будет свет!» Когда Томас Эдисон изобрел электрическую лампочку, свет оказался в человеческих руках. Известный американский историк-русист Бернис Розенталь считал, что электричество в некотором смысле сделало людей подобными Богу. Однако в России времен детства Айн Рэнд электричество было довольно спорным предметом. Многие люди осуждали внедрение электроэнергии, другие, напротив, возвеличивали это явление. И те и другие, отмечал Розенталь делали это как раз по той причине, что «свет принадлежит Господу». Чтобы подчеркнуть связь между Богом и самостоятельной личностью, Рэнд сделала описанное в романе примитивное общество весьма скудно осведомленным о сущности «Непроизносимого Слова». В еврейской традиции таким словом является имя Бога — Яхве — а в повести «Гимн» это слово «Я».

Стоит отметить также тот факт, что на момент, когда Равенство 7-2521 и Свобода 5-3000 совершают побег из отвергающего их замкнутого тоталитарного общества и нарекают себя, соответственно, Прометеем и Геей, главный герой находится в возрасте двадцати одного года. Столько же лет было самой Рэнд, когда она покинула Россию. Известно, что идея «Гимна» появилась у нее еще в университетские годы — произведение должно было стать пьесой в четырех актах. Литературные критики склонны считать, что, как и знаменитые романы-антиутопии «О, дивный новый мир!» Олдоса Хаксли и «1984» Джорджа Оруэлла, повесть «Гимн» проникнута сильным влиянием малоизвестного антиутопического романа «Мы», написанного в 1920 году в Санкт-Петербурге русским писателем Евгением Замятиным. Это произведение, повествующее о жизни гражданина Д-503 и его вынужденном выборе между любовью к женщине и верностью к всемогущему «Единому Государству», было выстроено в виде серии дневниковых записей — как и «Гимн». Оно было запрещено советской цензурой, но, благодаря самиздату, было широко известно в богемных кругах Петрограда. Можно с большой долей уверенности сказать, что Рэнд была знакома с этим произведением, благодаря многочисленным связям своей семьи в этих кругах. В «Гимне» можно также найти отголоски романа Герберта Уэллса «Машина времени», который был очень популярен в России на стыке веков, и рассказа Стивена Винсента Бене «Место богов», который Рэнд прочитала летом 37-го в журнале Saturday Evening Post. Это был первый раз, когда она увидела научно-фантастическую историю в мэйнстримовом американском издании, не говоря уже о том, что это был широко известный и уважаемый консервативный журнал, который платил своим авторам исключительно хорошо. Она написала «Гимн» за три недели, надеясь продать повесть именно в Post.

Чаще всего «Гимн» сравнивают с оруэлловским «1984», герой которого, Уинстон Смит, также пытается понять, каким был потерянный мир прошлого, предшествовавшего тоталитарной эре. Но, в отличие от Равенства 7-2521, Смит был пойман и под пытками отрекся от своих идеалов. Поклонники Рэнд отмечают еще одно отличие. Хоть Оруэлл и ненавидел тоталитаризм, его роман рассматривает эту систему как вполне применимую на практике. Океания описывается как донельзя индустриализированное общество, использующее настолько продвинутые технологии, что рядовые граждане ничего не могут этому противопоставить. Но Рэнд — раньше, чем многие другие — приходит к выводу, что тоталитаризм на самом деле не может привести к эффективным результатам и высоким достижениям, поскольку для развития экономики необходимо независимое мышление, а общественный прогресс невозможен в атмосфере запугивания, принуждения и отсутствия индивидуально заработанных поощрений. Она считала тоталитаризм аморальным и бесполезным на практике. Это видение оказалось пророческим — по меньшей мере, в случае бывшего Советского Союза и некоторых других стран социалистического лагеря. Когда в 1991 Союз распался, западное сообщество было очень удивлено узнать, что его пугающая военная и индустриальная мощь являлась на деле глиняными ногами колосса. За семьдесят пять лет правления коммунистов технический и экономический прогресс страны не был столь грандиозным, насколько это декларировалось.

Уоткинс не смогла пристроить «Гимн» ни в Saturday Evening Post, ни в какой-либо другой журнал, а Macmillan и еще два издательства отказались публиковать повесть в виде книги. Она была опубликована в 1938, когда издательство Cassell & Company выпустило ее в Англии под названием «Эго». Восемь лет спустя, на волне коммерческого успеха романа «Источник», повесть была переиздана в виде брошюры. Прекрасно проиллюстрированная журнальная версия появилась в 1953. А когда в 1960, наконец-то, появилось издание в твердом переплете, в некоторых школах эта книга стала обязательной к прочтению. Рэнд любила эту историю — возможно, даже больше, чем более поздние и более успешные свои работы. Она была «более приятна для меня, нежели все, что я когда-либо решала написать», — признавалась она в письме руководителю издательства Джону Касселю в 1938 году.

Рэнд очень ценила поддержку Уоткинс, которая спасла ее в нелегкое время. Однако ее встревожила неспособность агента продать повесть «Гимн» и пьесу «Идеал». Позднее, осенью 1937, она случайно узнала, что Энн пренебрегла своей обязанностью следить за тем, как издательство Macmillan обращается с романом «Мы — живые» после первой публикации. После того, как у нее закончились авторские экземпляры этой книги, Рэнд попросила издательство прислать ей еще — и была ошеломлена, узнав, что роман изъят из печати. Macmillan, в нарушение условий их контракта, не стали переиздавать книгу после того, как на складе закончился первый тираж. Что еще хуже — они уничтожили гранки романа и дальнейший его выпуск стал невозможен технически. И это при том, что продажи книги в 1937 не упали, как это обычно бывает на второй год после выпуска произведения, а, напротив, повысились!

Рэнд договорилась о встрече с редактором Macmillan Джеймосм Патнэмом, который — не демонстрируя, впрочем, особого раскаяния по поводу случившегося — предложил ей следующую сделку: издательство восстановит гранки и напечатает новый тираж, но лишь в том случае, если Рэнд подпишет с Macmillan контракт на выпуск «Источника». Она согласилась, но на своих условиях, которые подразумевали повышение авторского вознаграждения, а также выделение крупного бюджета под продвижение новой книги. Редактор отказался. Рэнд ушла, забрав с собой авторские права на «Мы — живые». Лишь в конце 1950 года читатели смогли вновь приобрести и прочесть ее первый роман. Вера Рэнд в Уоткинс таяла на глазах.

Работа над «Гимном» не смогла унять ее «корчей». Вернувшись в Нью-Йорк осенью 1937, Рэнд все еще не могла свести во едино сюжетные линии своего масштабного романа. Она не могла начать писать, не имея на руках полной повествовательной структуры — а кусочки истории все еще оставались фрагментированными и незавершенными. От этой ежедневной борьбы она сбежала, став добровольцем в офисе известного нью-йоркского архитектора, модерниста Эли Жака Кана. В течение шести месяцев она бесплатно работала на него по соглашению, которое держалось в секрете от остального персонала. Кан был польщен и рад, что привлек внимание начинающей романистки, а Рэнд хорошо зарекомендовала себя, ловко разбираясь с его документами во время своего пребывания в должности. Он взял свою новую сотрудницу под свое крыло, рассказывая ей забавные случаи из своей собственной карьеры и потчуя сплетнями о других выдающихся архитекторах. Рэнд вывела его в романе под именем Гая Франкона — талантливого архитектора и неизлечимого карьериста.

Общение с Каном оказалось очень полезным для Рэнд. В его рабочих помещениях она изучала методы разработки архитектурных чертежей и иерархию команды. Он брал ее с собой на профессиональные семинары и неформальные вечеринки. Она усердно собирала информацию о его коллегах, которых впоследствии превратила в ряд плутоватых незначительных персонажей «Источника». А однажды утром Кан даже случайно помог ей выйти из творческого тупика, обронив в разговоре, что главная проблема, с которой сталкивается архитектура — это планирование жилых домов. «В тот момент, когда он сказал «жилые дома», у меня будто что-то щелкнуло в голове, потому что я подумала: «Это — тема, которая одновременно затрагивает как политику, так и архитектуру, это вписывается в мой замысел». Размышляя над его словами за ланчем, Рэнд быстро представила себе недостающую часть истории. Питер Китинг будет искать заказ на строительство общественного жилья. Он убедит Рорка создать для него этот проект. Говард, привлеченный тем интеллектуальным вызовом, который несет в себе эта задача, согласится — но лишь при условии, что здание будет построено в точности таким, каким он его спроектирует. После того, как в планы Рорка будут, все же, внесены изменения, он уничтожит здание. Смыслом этого поступка является демонстрация превосходства личности творца над нуждами общества.

Здесь, и на протяжении всего романа, Рэнд развивает идеи Альберта Джея Нока, который утверждал, что членов человеческого общества можно поделить на два противоположных лагеря: они являются либо «людьми экономики», которые производят то, что необходимо для выживания, либо «людьми политики», которые используют шарм или убеждение для того, чтобы завладеть тем, что было произведено другими. Собственным вкладом Рэнд в эту формулировку является ее блестящее живое изображение психологии данной схемы человеческих взаимоотношений. «Человек политики» Нока — это ее «секонд-хендер», его «человек экономики» — ее герой-индивидуалист, полагающийся на свое собственное «я» как на источник продуктивности и ценности. Защищая сам себя в суде, Рорк говорит следующее: «Дело творца состоит в том, чтобы победить природу. Дело паразита — побеждать людей». Рорк отказывается быть человеком, побежденным паразитами. Не ожидая ни от кого помощи, он утверждает собственное право отказывать в помощи другим. Присяжные — как и миллионы людей, прочитавших этот роман за прошедшие годы — могут находить его преступление шокирующим, но они также увидят в нем блестящий образчик красноречивой логики, убедительной гордости и своеобразного американского индивидуализма. Они оправдывают его.

На самом деле, невзирая на русское происхождение автора, Говард Рорк является персонажем настолько же «американским», насколько и Гекльберри Финн Марка Твена или Холден Колфилд Джерома Сэлинджера. Присущие ему целеустремленность, оригинальность, нежелание слепо повиноваться начальству, тяжелая работа — это как раз те качества, которые американцы ценят в себе и своем национальном характере. Однако, как заметили некоторые пытливые читатели, в потрете Рорка можно также разглядеть некоторые черты типичного восточно-европейского еврея девятнадцатого века. Права, которые он для себя заявлял, создавали, если посмотреть шире, идеальный барьер против того антисемитского насилия и преследования, на которое Рэнд вдосталь насмотрелась в России, прочувствовав его, в том числе и на собственной шкуре. На протяжении веков любое серьезное участие евреев в банковском деле, мануфактурах, торговле, их стремление к богатству осуждалось христианами — даже когда те использовали труд евреев в собственных целях. Когда Рорк посвящает уничтожение жилого комплекса «каждому мучительному часу одиночества, отверженности, разочарования и обиды, который когда-либо переживал любой творческий человек», а также «каждому человеку, который был сломлен морально или физически», он говорил, в том числе, об отце и деде Айн Рэнд — не только как о русских, но и как о евреях.

Теперь, когда сюжет был, наконец, готов, Рэнд начала писать. Книга была поделена на четыре части, каждая из которых была посвящена одному из главных персонажей. Она начала со своего «секонд-хендера», Питера Китинга. Первые три главы, которые она написала, переключались с Китинга на Рорка и обратно, описывая их годы в Стентонском технологическом институте. Процесс написания был медленным и болезненным — но, в любом случае, это, все же, был прогресс.

В последующие годы, когда Фрэнк О'Коннор занялся живописью, Рэнд признавалась, что завидовала той легкости, с которой он накладывал мазки на холст. Когда она покончила с набросками и принялась писать всерьез, работа продвигалась медленно и изнурительно — даже несмотря на то, что Рэнд уже спланировала сюжет, поиск подходящих нюансов стиля отнимал у нее больше времени и энергии, чем Айн могла предполагать. Как и в случае с книгой «Мы — живые», эти трудности приходилось преодолевать предложение за предложением, а порой и слово за словом, продираясь сквозь дебри языка, который, несмотря на все предыдущие свершения, еще не стал для нее полностью своим. Она писала и переписывала, сокращала и восстанавливала, сутулясь за своим письменным столом из грецкого ореха каждый день и до поздней ночи. Для вдохновения она повесила над столом фотографию молодого Фрэнка О'Коннора.

Законченные главы Рэнд показала двум сторонним читателям — своему агенту и архитектору Фрэнку Ллойду Райту. Рэнд боготворила Райта, видя в нем подлинного творческого гения и воплощение ницшеанского сверхчеловека. Но Райт, который никогда прежде о ней не слышал, прислал главы обратно, приложив короткую записку, в которой он сообщал, что, по его мнению, роман неправдоподобен, поскольку не бывает архитекторов с рыжими волосами, как у Рорка. Немного позже, при личной встрече, архитектор вновь отказался общаться с ней на эту

тему. Для него Рэнд была всего лишь еще одной желающей на-
житься на его известности.

Литературный агент Энн Уоткинс, была более благодарным
читателем. Она принялась рассылать главы по издательствам
и в 1938 году Рэнд получила приглашение от Knopf. Ей причита-
лось пятьсот долларов сразу после подписания контракта и еще
пятьсот — по предоставлении полного текста произведения. Издательство обещало уделить книге Рэнд приоритетное внимание, позиционируя ее на рынке как одно из самых важных литературных произведений года. Айн не успела завершить работу
в оговоренный срок, но издательство пошло навстречу автору,
предоставив отсрочку. Подвох заключался в том, что ей был от-
пущен всего год, чтобы закончить книгу. Это было невыполни-
мое задание. Айн писала так быстро, как только могла, но огово-
ренного условиями контракта времени все равно оказалось недостаточно. В октябре 1940 Knopf расторгли сделку. К тому
моменту Рэнд написала всего четверть от запланированного
объема книги.

Глава 11
Повседневная жизнь

«Фрэнк был моим топливом... Он помогал мне чувствовать «смысл жизни», который я пыталась запечатлеть в «Источнике» — на протяжении многих лет, когда вокруг не было ничего, кроме серой массы людей и событий, которые не вызывали ничего, кроме презрения и отвращения», — писала Рэнд в своем дневнике. Голливуд, Нью-Йорк, Америка — все это, в конце концов, оказалось вовсе не тем раем на земле, о котором она мечтала, живя в России.

Муж скрашивал ее существование своей верностью и поддержкой. Рядом с ним она чувствовала себя защищенной. Фрэнк любил знакомиться с новыми людьми, ходить в кино и театр. Айн же потеряла свой интерес к фильмам и предпочитала сидеть дома. Так они и поступали. «У меня не было хобби, — рассказывала она в открытом письме к читателям в 1945 году. — У меня было очень мало друзей. Я не любила выходить из дома. Ничто, кроме писательства, не занимало меня как следует».

И кроме Фрэнка, конечно же. Он играл в ее жизни большую роль — но не совсем привычным образом. Все, кто знал их, не сомневались в том, что Айн страстно любит Фрэнка. Но она в очень малой степени обладала способностью к сопереживанию, которая в семейной жизни играет огромную роль. Порой казалось, что она не знает, кто он такой. Она отождествляла его со своими героями и всегда настаивала, что он разделяет все ее убеждения, желания и вкусы, а также ее склонность к моральному негодованию и презрению. Именно так она говорила в разговорах с друзьями, которые удивлялись, как такая властная женщина могла выйти замуж за бесхарактерного мужчину без амбиций. Его характер проявлялся только когда он видел, что с Айн плохо или несправедливо обращаются — или во время семейных споров. Но даже в таких спорах многое оставалось невысказанным.

Но все же, она хотела знать о нем все, и когда его отец скончался в декабре 1938 года в возрасте семидесяти четырех лет от последствий атеросклероза, Айн поехала вместе с Фрэнком на похороны. Она хотела увидеть город, в котором родился ее муж, и посмотреть на его родню, с большей частью которой ранее не была знакома. Несомненно, ей не понравилась римско-католическая похоронная церемония, и она чувствовала себя неловко во время легкой семейной беседы, ибо эта разновидность досуга совсем не была ей близка. Проживающие в Огайо О'Конноры, в свою очередь, не были ею впечатлены: со своим русским акцентом, пронизывающим взглядом, страстно желающая быть интеллектуалкой, но при этом скучающая и нервная, она показалась им слишком «серой и домашней» для Фрэнка. Рэнд опекала его как маленького ребенка — за обедом она наставляла мужа по поводу того, что ему можно есть, а от чего лучше воздержаться. Например, она предупреждала Фэнка, чтобы он не пил холодной воды и не ел мороженого. По ее мнению, он мог простудиться и слечь с полиомиелитом. Вирус полиомиелита, искалечивший Франклина Рузвельта в двадцатые годы, действительно держал Америку в страхе в течение тридцатых и сороковых. Однако это заболевание не могло развиться вследствие простуды. Тем не менее, Фрэнк не стал есть мороженое.

Родственники опасались, что эта экзотическая незнакомка навсегда умыкнет у них одного из любимых членов семейства. Этого не произошло: она очень любила Ника и Джо, поддерживала отношения с другими родственниками и стала хорошей подругой Мими. Впоследствии, однако, Рэнд действительно увеличила дистанцию между мужем и его семьей — даже если и ненамеренно. С течением времени ее собственническое чувство по отношению к нему возрастало.

В июле 1939 навестить О'Конноров заглянула троюродная сестра Рэнд, Ферн Браун, двадцатилетняя студентка колледжа, возвращавшаяся домой с летней работы в Пенсильвании. Браун не видела свою русскую родственницу тринадцать лет, с тех самых пор, как Рэнд покинула Чикаго и отправилась в Голливуд. На Ферн произвели глубокое впечатление достижения Рэнд, ее подкованность в вопросах литературы, ее прекрасная квартира и приветливый красивый муж. К пущему удивлению Браун, О'Коннор готовил на обед блюда русской кухни и подавал их на стол, будучи одетым в смокинг. «Мужчина, готовящий еду — в те времена о чем-то подобном я никогда не слышала», — вспоминала позднее Ферн. После обеда они отправились смотреть балет. Ферн в конце концов тоже решила заняться литературой и выпустила более двадцати книг.

В том же году в городском парке Нью-Йорка Flushing Meadows открылась Всемирная Выставка, собравшая гостей почти со всего света. Двадцать миллионов человек прибыли в Нью-Йорк, чтобы посетить павильоны «Мира будущего», где можно было увидеть ранние прототипы копировальной машины Xerox, реактивный самолет, первые телевизоры от RCA, синтезатор речи и многие другие свидетельства триумфа инженерного ума. Была там и архитектурная выставка, выдержанная в ближневосточном ключе — вполне возможно, что она помогла Рэнд добавить некоторые детали в описание выставки «Марш столетий» — масштабного проекта, который упоминается в романе «Источник», и в котором Говард Рорк отказывается участвовать, не желая работать в коллективе.

На лето к О'Коннорам вновь приехала Мими Папурт, которой, как и Ферн Браун, было к тому моменту двадцать лет. Она была преисполнена благоговейного восхищения по отношению к Айн, с которой впервые познакомилась, когда приезжала навестить своего дядю Ника четыре года назад. Мими стала свидетельницей множества взлетов и падений, приключившихся в жизни ее знаменитой родственницы тем долгим летом. Рэнд, не успевшая закончить роман к установленному издателем сроку, сумела договориться о дате нового дедлайна — но практически сразу же ей пришлось отложить работу над книгой ради предложения, которое показалось ей возможностью заработать: новой постановки созданного ею в 1936 театрального переложения романа «Мы — живые» (постановка получила название «Непокоренные». По рекомендации актрисы Евгении Леонтович для работы над спектаклем был приглашен известный режиссер Джордж Эббот. Репетиции начались в июне.

На этот раз Рэнд сохранила за собой контроль над сценарием, а также попросила — и получила ежемесячную стипендию в размере ста долларов на время, что продлятся репетиции. Айн предполагала, что если переработки и понадобятся, то небольшие, справиться с которыми можно будет довольно быстро. Она ошиблась. Эббот, как ранее Альберт Вудс, потребовал масштабного пересмотра произведения.

Позднее Рэнд говорила, что, поместив однажды сложный сюжет в форму романа, ее сознание бунтовало против того, чтобы перерабатывать его в другом жанре. В результате ее сценические адаптации (как и некоторые из ее сценариев) были чрезмерно литературными и холодными для сцены, обладая явно недостаточным уровнем мелодраматизма. Это и были те самые ошибки, которые хотел исправить Эббот. Вскоре он попросил ее начать работать совместно с другим наемным автором, уважаемым драматургом Сэмюэлом Берманом, и она согласилась. Ей нравились Берман и Эббот, но она была нетерпима по отношению к их драматическому стилю. Как и Вудс, они хотели, чтобы она смягчила жесткие символические черты своих персонажей и сделала Лео, Андрея и Киру похожими на «ребят по соседству». Этого она, конечно, сделать не могла. Рэнд старалась изо всех сил, чтобы сделать пьесу более коммерчески привлекательной — но нельзя сказать, чтобы дело двигалось гладко.

В процессе репетиций Айн Рэнд близко подружилась с примой спектакля, Евгенией Леонтович, которая сбежала из России за четыре года до нее. Они часто болтали по телефону на смеси русского и английского языков. Но однажды этой дружбе настал конец. У актрисы и так не слишком хорошо получалось найти ключи к образу Киры, но в конечном итоге ее муж, режиссер и продюсер Грегори Ратофф (настоящее имя — Григорий Васильевич Ратов) убедил Евгению, что исполнение главной роли в антикоммунистической постановке может повредить ее карьере в Голливуде — и Леонтович покинула проект. Рэнд была оскорблена и разгневана. На замену русской диве Эббот ввел американскую актрису Хелен Крейг. С Леонтович же Рэнд больше никогда не виделась и не разговаривала.

Еще одним заметным событием того лета была любовная интрижка Айн Рэнд с актером Дином Джаггером, получившим роль Андрея Таганова в спектакле «Непокоренные». Она была очарована его лысиной на макушке, а он был очень вежлив и угодлив с ней во время репетиций и собраний труппы. Как отмечают близкие знакомые, мужчин в общении с Рэнд всегда привлекали ее интеллект и эрудиция, но почти никогда — внешняя женственность. Джаггер был исключением. Мими, которая иногда посещала репетиции, вспоминала, что глаза Айн начинали светиться всякий раз, когда поблизости появлялся Джаггер. Однажды, набравшись храбрости, она сказала Рэнд: «Я думаю, ты была бы не прочь завести роман с ним, но боишься воспользоваться этой возможностью, поскольку не хочешь потерять Фрэнка». Айн улыбнулась и сказала: «Ты совершенно права, дорогая».

Фрэнк О'Коннор также был занят в спектакле — и он, скорее всего, был в курсе легкого флирта своей жены с Джаггером. Вероятно, ему было трудно с этим мириться, но с другой стороны, он мог чувствовать и облегчение, понимая, что у нее появилась хоть какая-то отдушина, несущая приятные эмоции. Дома ее боязнь остаться без денег, а также нарастающее недовольство, связанное с проблемами в работе над романом, приводили к перепадам настроения, депрессивности и раздражительности. Мими была свидетельницей яростных нападок Рэнд на О'Коннора, которые тот сносил без тени протеста. Он признавался племяннице, что гордится своей талантливой и смелой женой. Но Мими считала, что Фрэнк чувствует себя более уверенно в те моменты, когда Айн нет поблизости. Однажды он сказал ей, что хотел бы иметь детей, но «с Айн это не получится». Ранее в 30-х Рэнд забеременела, но предпочла сделать аборт. Стоит отметить, что в литературной вселенной Рэнд детям почти не уделяется внимания — за исключением восьмилетней Аси Дунаевой в романе «Мы — живые». В знак уважения к своей философской королеве и ее героям, некоторые последователи Рэнд также отказывались заводить детей.

Премьера спектакля «Непокоренные» состоялась 13 февраля 1940, на три недели позже, чем изначально было объявлено. На первом показе зал был битком набит знаменитостями из мира театра и кино, одетыми в смокинги, вечерние платья и меха. Но уже очень скоро стало ясно, что судьба этой поста-

новки предрешена. Критики были безжалостны. Консервативная Herald Tribune, которая в свое время рукоплескала роману,
назвала спектакль «одним из крупнейших провалов сезона»,
отмечая его крайнюю неуклюжесть, которая даже вводит пу-
блику в заблуждение относительно того, не является ли происходящее на сцене коммунистической пропагандой. New York
Times сетовала, что постановка не слишком глубоко затрагивает проблему индивидуальных прав человека — а на этом поле,
отмечал рецензент, «было бы, где развернуться». Легко себе
представить бессильный гнев и уныние, охватившие Рэнд после такого унижения. Следующие два дня она, рыдая, пролежа-
ла в постели.

Спектакль был снят с репертуара всего через пять дней после
премьеры. Рэнд не заработала на нем денег, на которые можно
было бы прожить. Этот провал причинил дополнительный
ущерб ее репутации литератора. А главная газета страны обвиняла ее в том, что она небрежно отнеслась к посланию, которое хотела донести, и в которое все сильнее верила с каждым днем:
нужно защищать права личности от угроз со стороны большинства, толпы, коллектива, церкви и государства.

Восемнадцатого февраля, после того, как спектакль «Непокоренные» был показан в последний раз, Рэнд продолжила работу
над «Источником». По неизвестным причинам она снова отложила рукопись в мае, за месяц до наступления второго — и на
этот раз последнего дедлайна, определенного ей издательством.
Вероятно, от неудач у нее просто на какое-то время опустились
руки. Однажды вечером она «почувствовала столь глубокое негодование по поводу сложившегося положения вещей, что показалось, будто я никогда не смогу снова вернуть себе энергию,
нужную для того, чтобы сделать шаг навстречу тому положению
дел, которым оно должно быть». Следом в ее дневнике написано: «Фрэнк говорил со мной несколько часов подряд в ту ночь.
Он убедил меня, что нельзя сдаваться, оставляя мир тем, кого
я презираю. Той ночью я сказала Фрэнку, что посвящу «Источник» ему — потому что он спас эту книгу».

Известно, что в 1938 году Рэнд написала письмо Александру
Керенскому — скандально известному бывшему российскому
премьер-министру, проживавшему в изгнании, то в Париже, то
в Нью-Йорке. Позднее она всей душой возненавидит его за пу-

бличную поддержку Сталина, выказанную им во время нацистского вторжения в СССР. А тогда она отправила Керенскому экземпляр романа «Мы — живые», выражая надежду, что он найдет эту книгу достойным изображением его родины в переломный момент. Теперь, в середине 1940, она решила предпринять прямые политические действия, чтобы предотвратить подобную катастрофу в решающий момент истории приютившей ее страны. В июле 1940 Франклин Делано Рузвельт выиграл номинацию Демократической партии на беспрецедентный третий срок, нарушив не прерывавшуюся ранее традицию, согласно которой американские президенты должны работать на своем посту не более двух сроков подряд. Несколько недель спустя республиканцы выдвинули ему в противовес кандидатуру Уэнделла Уилки, и Рэнд всецело поддержала его, сделавшись добровольным агитатором республиканской партии.

Консерваторы в конце 30-х годов видели в Рузвельте безумца, предателя своего класса и подстрекателя к войне, втягивающего страну во Вторую мировую. Приписывали ему и еще более скверные качества. Вряд ли возможно адекватно передать, насколько сильно его ненавидели. Многие из правых голосовали за него в 1932, когда он показался им консервативным в своей финансовой политике и дружественным по отношению к бизнесу. Тогда Рузвельт объявил о необходимости принятия чрезвычайных мер, направленных на то, чтобы вытащить нацию из кризиса Великой депрессии. Он предложил ввести новые широкие президентские полномочия, превратив экономику из минимально регулируемой системы в регулируемую на государственном уровне — что его противники восприняли как попытку ввести в Америке социализм европейского образца. Рузвельт выполнил свое обещание по отмене сухого закона, но — к ярости некоторых бизнесменов и политиков правого крыла и облегчению множества безработных и рабочих людей — он также ввел минимальную почасовую оплату труда, гарантировал профсоюзам право на ведение коллективных переговоров, создал службу социального обеспечения, ввел пособие по безработице и подписал еще 550 различных указов, регулирующих различные направления экономической деятельности (все это Рэнд впоследствии спародировала в романе «Атлант расправил плечи»). Наибольшие опасения, с точки зрения Айн Рэнд, внушал тот факт, что Рузвельт запретил частную собственность на золото и монополизировал право владеть драгоценным металлом в руках американского правительства. Точно так же — чтобы увеличить вес государственной валюты — поступили большевики в годы ее юности, а также нацисты, пришедшие к власти в Германии. Рэнд полагала, что одной из целей подобных действий является перераспределение собственности — от богатых к бедным. С ее точки зрения, становление социально ориентированного государства с управляемой экономикой здорово отдавало фашизмом.

Глава 12
Политические игры

По мере того, как Рэнд планировала и прорабатывала «Источник», ее неприязнь по отношению к Рузвельту продолжала расти. Для большинства американцев Рузвельт был героем, патриархальной фигурой — он прогнал их страхи и сгладил наиболее острые углы экономического кризиса. Он, бесспорно, являлся самым популярным политиком десятилетия — если не всего века. Но ряд политических обозревателей все больше склонялся к тому, чтобы оценивать его деятельность, скорее, в негативном ключе. Критика звучала с разных сторон. Приверженцам традиционной доктрины невмешательства в финансовую жизнь страны Рузвельт казался безрассудным в своих неуклюжих попытках выправить экономику силой государственной власти. Для своих оппонентов он был настоящим диктатором, опрометчиво поправшим Конституцию, отдав в ведение правительства такие направления человеческой деятельности, как бизнес, право и сельское хозяйство. Как и некоторые президенты, управлявшие Соединенными Штатами до него, Рузвельт породил целую индустрию критики в свой адрес.

Айн увлеченно следила за творчеством этих критиков. Ее любимчиком оставался Менкен, работы которого изначально заинтересовали Рэнд по причине их общего интереса к философии Ницше. Теперь она стала регулярно читать основанный Менкеном журнал American Mercury, впитывая его растущее подозрение по отношению к Рузвельту. Также ей были близки идеи Альберта Джея Нока, журнального редактора и эссеиста, написавшего книгу «Наш враг государство». Нок и Менкен входили в число первых людей, называвших себя «либертарианцами» — это определение было введено, чтобы подчеркнуть свою верность идеалам индивидуализма, после того, как Рузвельт при-

брал к рукам термин «либерал». Либертарианцы были немно-
гочисленны, но некоторые из них занимали выдающееся положение в обществе. Широкий резонанс вызывали критические
выпады в адрес Рузвельта, сделанные Изабель Патерсон, колум-
нисткой еженедельного книжного обозрения New York Herald
Tribune. Ее публикации Рэнд тоже регулярно читала.

В 1937 к растущему хору противников политики Рузвельта за-
звучал и ее собственный голос. Рэнд отправила в редакцию New
York Herald Tribune гневное письмо, ставшее ответом на предложение Рузвельта ввести в состав Верховного суда несколько
дополнительных судей. «Ни одна тирания в истории никогда не
устанавливалась в течение одной ночи», — предупреждала она.
Рэнд напоминала о недавних примерах из истории России и Германии, после чего задавала вопрос: «Если мистер Рузвельт упол-
номочен принимать собственные законы и имеет своих людей
на нужных местах — что в силах помешать ему принимать такие
законы, какие заблагорассудится?». Решением, которое она
предлагала, был активизм. «Должен быть создан комитет, который позволил бы направлять и централизовать активность всех
тех, кто хочет присоединиться к протесту», — заявляла она. Ее
письмо призывало читателей незамедлительно писать в Конгресс, если они не хотят потерять свои жизни и имущество. За-
канчивалось оно отсылкой к ее любимому роману Синклера
Льюиса: «Вы полагаете, «у нас это невозможно»? Что ж, это уже
происходит!». Это письмо не было опубликовано, но более известные обозреватели разделяли его основные настроения. Законопроект Рузвельта, о котором шла речь в письме Рэнд, был
впоследствии в пух и прах разгромлен Конгрессом, что придало
смелости оппозиции президента. Влиятельный колумнист Уолтер Липпман стал еще одним критиком Рузвельта, отпуская кол-
кости в его адрес в своих колонках в национальной прессе.
В 1938 техасский конгрессмен Мартин Дайс начал расследование, целью которого было выявить проникших в американское
правительство коммунистов. По итогам его был выпущен список, включавший имена более чем пятисот сотрудников правительства, которые также принадлежали к коммунистическим
группировкам. Целью этого хода было провести границу между
коммунистами, социалистами и либералами, приверженными
Новому курсу.

Тем не менее, представлялось почти невозможным создать какую-либо по-настоящему эффективную оппозицию популярному президенту. Будучи сам богатым человеком, Рузвельт поднаторел в искусстве выставлять своих оппонентов марионетками капитала. Зачастую ему даже не приходилось пускать в ход риторику — например, одна из антирузвельтовских группировок, так называемая Лига Свободы, на самом деле спонсировалась влиятельными бизнесменами, желающими получить контроль над правительством. Более того, некоторые ее участники открыто восхищались Муссолини и не возражали против установления диктатуры также и в США. Сопутствовавшая организации скандальная слава привела к тому, что Лига Свободы прекратила свое существование спустя всего шесть лет после того, как была создана, а именно — в 1940 году.

В том же году Рэнд попала под влияние Уэнделла Уилки. Он был выдвинут кандидатом в президенты от республиканской партии, получив горячую поддержку на национальном партийном съезде. Ранее он получил широкую известность в качестве председателя компании C&S (Commonwealth and Southern). Эта энергетическая компания выступала против предложенного Рузвельтом плана по охране и разработке ресурсов долины реки Теннеси и ее притоков. План предполагал масштабную электрификацию погруженных во мрак городов Теннеси, северной Алабамы и Миссисипи — областей, обделенных благами цивилизации. Решение, предложенное Рузвельтом, заключалось в создании находящихся в государственном ведении энергетических компаний, которые занялись бы поставками доступного электричества, чтобы у граждан, которые не были охвачены индустрией частных электрических сетей, тоже появилась возможность хранить свои запасы продуктов в холодильниках и слушать радио. В порядке выполнения этого плана предполагалось обязать частные компании продать свои активы вновь образованным государственным. Это было прямое вторжение правительства в дела частных собственников, что заставляло кровь Айн Рэнд кипеть от гнева.

Как председатель — и бывший корпоративный юрист C&S, одной из крупных компаний, попавших под прицел реформы Рузвельта, Уилки выступал против правительственного плана. В конечном итоге его попытки оказались безуспешными — и после того, как законопроект Рузвельта был одобрен, созданное для его реализации Управление ресурсами бассейна реки Теннеси принялось скупать частные холдинги и снижать цены на электроэнергию для домовладельцев. Уилки прославился в качестве непримиримого противника политики Рузвельта, и это не могло не привлечь внимание Рэнд.

Летом 1940 Уилки сумел на некоторое время набрать достаточную популярность в республиканских кругах, чтобы его выдвинули кандидатом на президентский пост. Его сильнее всего поддерживали космополитичные республиканцы Восточного побережья, ценившие деловой опыт Уилки и его прогрессивную открытость для участия в делах мирового масштаба. Сплотившись вокруг Уилки, они предпочли закрыть глаза на тот факт, что еще год назад человек, которому они доверяют право изъявлять их волю на государственном уровне, являлся зарегистрированным демократом. Но старую гвардию республиканской партии, ее изоляционистское крыло, это возмущало. Эти люди видели в Уилки инструмент восточных финансовых интересов, который втянет Америку в европейскую войну. Республиканцы лишь ненадолго сплотились вокруг него, будучи одержимы идеей поскорее победить Рузвельта.

Однако, пускай в некоторых вопросах он и проявлял настоящую гениальность, все же, не шел ни в какое сравнение с таким матерым волком как Рузвельт, поскольку был безнадежно неопытен в масштабах большой политики. Ему недоставало того «инстинкта убийцы», который был необходим, чтобы столкнуть с пьедестала идущего на третий срок действующего президента. По-настоящему обеспокоенный событиями в Европе, он не стал выступать против ленд-лиза и таким образом лишился единственного пункта, в котором мог бы вступить в конфронтацию с Рузвельтом и показать, что он действительно «против». Покуда Уилки лихорадочно искал другую точку опоры, Рузвельт размазал его по доске, привычно выставив в глазах общественности служителем интересов большого бизнеса и кланов богачей.

Этого, впрочем, было недостаточно, чтобы Рэнд разочаровалась в своем кандидате. Напротив, возымело обратный эффект. Она и Фрэнк подписали соглашение с нью-йоркским подразделением «Уилки-клуба», сети волонтерских организаций, имевшей жизненно важное значение для предвыборной кампании. Это был рискованный шаг. Ни она, ни Фрэнк уже в течение нескольких лет не имели постоянной работы, а их сбережения были почти исчерпаны. Но таков уж был характер Айн Рэнд — эта дама никогда не останавливалась на полпути. Политика все сильнее увлекала ее на протяжении ряда лет — и теперь у нее появился шанс воплотить свои принципы в жизнь, действуя от имени политика, которого она поддерживала. В России такого шанса у нее никогда бы не было. Отложив в сторону свой недописанный роман, Айн энергично взялась за дело.

Нью-йоркский «Уилки-Клуб» был словно специально создан для молодой писательницы, симпатизирующей республиканцам. Подруга Уилки, редактор New York Herald Tribune Ирита Ван Дорен оказала сильное влияние на нью-йоркский этап кампании, в котором принимали участие многие писатели, редакторы и прочие представители литературной тусовки. То были люди, подобные Рэнд: увлеченные, красноречивые, готовые часами говорить на политические темы. Но не богемные радикалы, помешанные на революционных идеях — а успешные персонажи, неотличимые с виду от городской бизнес-элиты. «Никогда за всю свою жизнь я не встречала столько интересных людей в течение всего нескольких месяцев, сколько встретила во время предвыборной кампании Уилки в 1940», — вспоминала Рэнд о тех временах.

Свою волонтерскую деятельность Рэнд начала в качестве машинистки и клерка. Она быстро продвигалась по служебной лестнице и через несколько недель уже возглавляла работу по созданию нового «отдела интеллектуальных боеприпасов». Она учила других волонтеров прочесывать газеты в поисках злободневных высказываний Рузвельта или его напарника Генри Уоллеса. Эти цитаты потом использовались в выступлениях ораторов в других «Уилки-клубах».

Порой Рэнд вступала в жесткую полемику со своим политическим руководством. Ее основным мотивом была дискредитация персоны Рузвельта, стремление подчеркнуть его негативные качества, обличить его коллективистскую идеологию и его неприязнь по отношению к бизнесу. Распорядители предвыборной кампании предпочитали, однако, сосредоточиться на рекламе фигуры Уэнделла Уилки и подчеркивании его положительных сторон. Столь мягкая тактика приводила Рэнд в отвращение. Когда она не занималась поисками проступков Рузвельта, то ходила в кинотеатры, где показывали рекламные ролики Уилки — и оставалась после показа, чтобы записать вопросы, возникающие у публики. Такие собрания она любила едва ли не больше всего, поскольку они давали ей возможность поделиться своими взглядами и подискутировать с незнакомыми людьми. «Я была блистательным пропагандистом», — вспоминала она.

Большинство вопросов, которые ей задавали, тем или иным образом затрагивали тему войны в Европе. Каждый избиратель желал знать, собирается ли кандидат вовлечь Соединенные Штаты в этот конфликт. Подавляющую часть американцев отталкивала пугающая перспектива отправлять своих детей на убой за море — даже несмотря на то, что ситуация в Европе очень быстро ухудшалась. В Германии, Италии и Испании установились фашистские режимы, а Великобритания оставалась одиноким форпостом либеральной демократии. Британский премьер-министр, Уинстон Черчилль, умолял Рузвельта помочь деньгами и материалами. Но руки американского президента были связаны актом о нейтралитете — хотя он все больше склонялся к мысли, что Штаты, все же, должны сыграть определенную роль в европейском военном конфликте. Однако, имелось и множество сдерживающих факторов, мешавших любому участию. Ни один из кандидатов не желал рисковать, отпугивая от своей партии ни изоляционистов, ни не менее влиятельных интернационалистов. Оба выбрали осторожный путь, понемногу подыгрывая то тем, то другим.

Был ли Рузвельт на самом деле настолько плотно связан с коммунистами, как предполагала Рэнд, и была ли его политика Нового курса настолько близка к идеям советского социализма — вопрос спорный. Весьма вероятно, что как раз старания Рузвельта помогли уберечь страну от восстания по российскому образцу — он сумел обеспечить народным массам достаточный уровень комфорта, чтобы критическая масса недовольных просто не успела накопиться. Рэнд никогда об этом не задумывалась. В кругах, где она вращалась, ненависть к Рузвельту была столь высока, что наиболее оголтелые его критики наделяли президента всеми мыслимыми и немыслимыми пороками — от симпатий к сталинизму до сифилиса (распространялись сплетни, что его заразила первая леди, которая, в свою очередь, подхватила венерическое заболевание от какого-то чернокожего).

Когда он баллотировался на третий срок, приверженцы свободной конкуренции и политики минимального государственного вмешательства в экономику считали, что наблюдают установление тоталитаризма. Если он победит, были уверены они, то следующих свободных выборов может уже и не быть, поскольку в Америке будет установлена диктатура. На тот момент подобное предположение вовсе не казалось чем-то фантастическим, учитывая тот факт, что Гитлер и Муссолини тоже пришли к власти на волне популярных общественно-политических движений — и уже показали Европе, почем фунт лиха. К лету 1940 нацистская Германия уже вторглась во Францию, Польшу, Норвегию, Бельгию и Нидерланды. Другая тоталитарная держава — СССР — взяла под свой контроль Латвию, Литву, Эстонию и часть Финляндии. Следующей целью гитлеровцев была Англия, которую уже бомбили самолеты Люфтваффе.

Но, несмотря на все те ужасы, с которыми сталкивалась страдающая под гнетом диктаторов Европа, Рэнд и другие представители правого крыла выступали против вступления Соединенных Штатов в европейский конфликт. Они предпочитали вариант, при котором Гитлер беспрепятственно вторгся бы в Россию и схлестнулся в противоборстве со Сталиным, оставив Америке наблюдать, кто из двух диктаторов уцелеет в этой борьбе.

Уэнделл Уилки не возражал против участия Америки в войне. Но был популярным выразителем интересов бизнеса в борьбе с Новым курсом. Надежду на успех он черпал в антирузвельтовских кругах — а те, в свою очередь, восхищались его зажигательными речами о правах собственников и важности индустриальной свободы для дальнейшего процветания страны. Против пугающего заверению Рузвельта о том, что «зависимость от свободных действий отдельно взятых личностей» является пережитком прошлого, он возражал, утверждая, что «только сильные могут быть свободными — и только продуктивные могут быть сильными». Под этим высказыванием Рэнд была готова подписаться обеими руками. Она, похоже, не замечала его часто повторявшихся призывов «соблюдать баланс между правами личности и потребностями общества».

Глава 13
Рождение индивидуализма

Когда в ноябре 1940 Уэнделл Уилки проиграл выборы, Рэнд была возмущена до глубины души. Сперва она обвинила во всем самого Уилки. Она и ее новые единомышленники посчитали, что он просто помахал кулаками перед носом у Рузвельта, а после, поняв, что неизбежно проиграет, дал задний ход. Они не сомневались, что переоценили его приверженность идеям свободного рынка. Разочаровавшись, Рэнд принялась порицать его. «Уилки был самым виноватым человеком из всех, кто когда-либо разрушал Америку, даже более виноватым, чем Рузвельт, который был всего лишь порождением своей эпохи», — заявляла она, с упорством, которое стало характерной чертой ее манеры выступать на публике.

Поражение кандидата, которого она столь горячо поддерживала, стало венцом целой череды разочарований и неудач. Ей не удалось найти продюсера для пьесы «Идеал» и американского издателя для повести «Гимн». Роман «Мы — живые» был изъят из печати, а спектакль по основанной на этой книге пьесе «Непокоренные» потерпел коммерческое фиаско и стал для Рэнд пятном на ее писательской репутации. В рецензиях писали, что автор не смогла донести до зрителя идею, заложенную в ее собственном романе — ту самую, в которую она день ото дня верила все больше: следует защищать личность от большинства, толпы, коллектива, церкви, государства и страны Советов.

Контракт на издание «Источника» был расторгнут. Появилась некоторая напряженность и в отношениях с супругом. Рэнд стала менее открытой, чем была всегда. У нее появилась привычка превращать слабых или нерешительных союзников во врагов — и она без колебаний делала это, с подлинно российским размахом.

Однако к своим товарищам из числа бывших сторонников Уэнделла Уилки она относилась как к людям с сильными убеждениями. Теперь они начали бороться против него — писали статьи и письма в газеты, высмеивая неудачливого политика и обвиняя его в пособничестве коммунистической партии Соединенных Штатов. В беседе с драматургом Чейнингом Поллоком (с которым Рэнд также познакомилась, благодаря участию в деятельности «Уилки-клуба») она сказала, что теперь страна нуждается — пока еще не поздно — в организации, объединяющей консервативных интеллектуалов, которые разработали бы полноценную идеологию — или моральное оправдание — свободного от вмешательства властей капитализма и воплотили ее в жизнь, сделав таким образом то, что отказался сделать Уилки. Она попросила Поллока стать лидером этой организации, и он согласился.

Поллок был газетным колумнистом и относительно успешным драматургом. Он входил в состав политической организации «Лига Свободы» и имел хорошие связи в среде обеспеченных консерваторов. Как и Рэнд, он был убежденным индивидуалистом и непримиримым врагом Рузвельта. Однако, в отличие от многих других оппонентов тридцать второго американского президента, Поллок был сторонником помощи Британии и разделял мнение Рузвельта относительно того, что участие Соединенных Штатов в войне может быть необходимым. Он регулярно путешествовал по стране, выступая с речами, в равной степени ниспровергавшими коммунизм, Новый курс и политику изоляционизма. Он даже выдвинул идею о необходимости создания могущественной организации среднего класса, чтобы с ее помощью «разгромить гнилые силы коммунизма, фашизма, коллективизма и покончить с атмосферой всеобщего идиотизма». То же самое хотела сделать и Рэнд.

Она связалась с Поллоком в начале 1941 года. Его имя было своеобразным «паровозом», который мог привлечь к организации как внимание, так и спонсоров. Без помощи с его стороны — или со стороны кого-либо столь же известного — идея Рэнд зашла бы в тупик. Поллок был заинтересован — но не был готов немедленно взять на себя какие-то обязательства. Он решил испытать концепцию на прочность в течение своего следующего лекционного тура, предлагая всем, кто заинтересован в создании такой политической группы, обращаться к нему. Откликнулись четыре тысячи человек, и это вполне убедило Поллока в том, что предложенная Рэнд идея имеет право на жизнь. Вернувшись в Нью-Йорк в апреле, он дал ей отмашку действовать. Поллок разослал письма потенциальным участникам и попросил Рэнд набросать основные положения.

Результатом стал написанный ею тридцатидвухстраничный «Манифест индивидуализма» — первое всеобъемлющее выражение ее политических и философских взглядов. Поллоку было нужно что-нибудь покороче — но если уж Рэнд взялась за дело, остановить ее было невозможно. Она провела целый уик-энд, вычитывая и правя эссе, которое должно было «стать фундаментом нашей партийной линии и основополагающим документом — таким же, каким, с противоположной стороны, являлся манифест коммунистической партии». В отличие от забуксовавшего романа, «Манифест» написался будто бы сам собой.

В этом документе можно найти множество тезисов, получивших развитие в ее более поздних работах. Это был отмеченный печатью пристального внимания к человеческой психологии всеобъемлющий документ, затрагивавший такие темы, как права человека, история и теория о социальных классах. Многие из высказанных в нем идей она впоследствии конкретизировала как в своих публицистических произведениях, так и в художественной литературе. Имелись, конечно, и некоторые различия. В «Манифесте» было больше пояснений и больше внимания к нюансам, нежели в ее книгах. Стоит отметить, что здесь она еще не говорила о человеческом разуме, как о важной части концепции индивидуализма, и всего дважды использует слово «альтруизм». Однако в этом документе можно найти многие другие черты, присущие ее более зрелым взглядам.

Основу индивидуализма Рэнд составляла теория естественного права, позаимствованная из Декларации независимости. Каждый человек имеет право на жизнь, свободу и поиски счастья, и эти права являются безусловной, личной, частной, индивидуальной собственностью каждого человека, предоставленной ему по праву рождения и не требующей никаких дополнительных разрешений». Роль общества, разъясняет Рэнд — и его единственное предназначение — состоит исключительно в том, чтобы обеспечивать эти права. Далее Рэнд проводит противопоставление двух различных концепций, подчеркивая контраст между тоталитаризмом и индивидуализмом. Тоталитаризм она свела к одной основной идее, согласно которой «государство стоит превыше личности». Его единственной противоположностью и величайшим врагом является индивидуализм, являющийся также главным принципом естественного права. Индивидуализм — единственная платформа, на которой люди могут сосуществовать в атмосфере взаимной вежливости. Таким образом, доктрина абсолютного «общего блага» представляется как несомненное зло — и должна, по мнению Рэнд, «всегда ограничена рамками основных и неотъемлемых прав личности». Отсюда автор резко переходит к разделению общества на два больших лагеря: политическую сферу и творческую. Творческая сфера — обиталище всех форм продуктивной деятельности, и она принадлежит «отдельным личностям». Рэнд настойчиво подчеркивает, что акт творения — это индивидуальный, а не коллективный процесс. Проводя аналогию с рождением ребенка, она утверждала: «Рождение является индивидуальным актом. То же самое касается и родительства. И точно таков же каждый творческий процесс». Политическая сфера противопоставляется творческой и, по мнению Рэнд, должна быть как можно сильнее ограничена в своих масштабах, чтобы она не уничтожила индивидуальное творчество.

Тесно связанной с этими двумя сферами была следующая выдвинутая Рэнд пара противоположностей: «человек активный» и «человек пассивный». Но, несмотря на то, что она ставит их на противоположные концы линейки, Рэнд отмечает, что «в каждом из нас присутствуют два принципа, сражающихся друг с другом: инстинкт свободы и инстинкт самосохранения». Но активными или пассивными могут быть как отдельно взятые люди, так и целые общества — и над их отношениями довлеет странный закон. Если общество настроено на то, чтобы следовать нуждам пассивного человека, то в этом случае активный человек подлежит уничтожению. Если же общество следует нуждам человека активного — то в этом случае он тащит на себе также пассивного и все то общество, которое тот построил. Поэтому современные гуманитарии пойманы в ловушку парадокса: ограничивая активных во благо пассивным, они тем самым уничтожают свою основную цель.

Согласно Рэнд, конфликт между активным и пассивным началами лежит в основе всей мировой истории. Во времена господства «человека активного» цивилизация двигалась вперед — а потом застревала в коконе комфорта и безопасности, необходимых «человеку пассивному». Это был бесконечный цикл смены света и тьмы, который продолжался в течение веков — и теперь Рэнд видела, как в современной ей Америке начинается новый раунд. «Когда общество начинает прислушиваться к голосам, утверждающим, что индивидуальная свобода — это зло, на порог ступают темные времена, — писала она. — Сколько еще цивилизаций должно погибнуть, чтобы люди, наконец, начали понимать это?»

«Человек активный» и «человек пассивный» были, в основе своей, вариацией разработанных Айн Рэнд ранее концепций творца и «секонд-хендера», из которых постепенно вырастал роман «Источник». Проявившись на этот раз в нехудожественной форме, те же самые идеи подтолкнули Рэнд к созданию классовой теории типов людей. Она особо подчеркивает, что пассивный тип людей не обязательно проявляется среди рабочего класса или «так называемых угнетенных». На самом деле рабочие достаточно хорошо понимают природу индивидуальных усилий и инициатив. Высокую концентрацию коллективистов, смело заявляет Рэнд, может быть обнаружена в двух других классах: среди миллионеров во втором поколении, а также среди интеллектуалов. Большинство интеллектуалов, утверждала она, являются «секонд-хендерами», одержимыми жаждой власти. Это они помогли Сталину занять его место в Кремле, в то время как миллионеры привели к власти Гитлера, в обоих случаях опираясь на «низшие элементы». «Тирания приходит сверху и снизу, — заключает она. — Золотая середина между ними является классом свободы».

Такое мнение явно во многом сформировалось под влиянием предвыборной кампании Уэнделла Уилки. Ранее Рэнд говорила только о выдающемся человеке и его вкладе в общественную жизнь, проявляя мало интереса к окружающей его безликой толпе. Теперь — сохраняя, однако, пренебрежение к «низшим элементам» (этот термин Рэнд не расшифровывает) — она отвела новую роль обширному американскому среднему классу. Это были те самые люди, с которыми она встречалась в кинотеатрах и на улицах, рядовые избиратели, которые были достаточно подозрительно настроены по отношению к Рузвельту и его обещаниям грядущего процветания.

«Исходным постулатом должно стать следующее: человек существует и должен выжить как человек, — писала Рэнд в своих рабочих дневниках, когда создавала «Манифест». — Это не для тех, кто не верит в разум и логику. Нужно продемонстрировать, что будучи перемещенными из плоскости индивидуального в плоскость коллективного любые моральные ценности меняют свой знак на прямо противоположный. Альтруизм — это духовный каннибализм. Если считается греховным употреблять в пищу человеческое мясо — почему же в порядке вещей питаться душой ближнего своего, выживая за его счет?

Человек, который хочет жить ради других, лишь подтверждает свою неполноценность. Наилучшим и непогрешимым критерием ценности индивида является степень его негодования против идеи принуждения и идеи быть таким же, как остальные, быть неоригинальным. Посмотрите на людей, которые вас окружают. Смогли бы вы гордиться собой, будучи таким же, как они? Если нет — постарайтесь отказаться от такого образа мыслей, не воспринимайте конформизм как некую высшую ценность.

Человек не сторож брату своему. Любая возлагаемая на человека ответственность должна дополняться полномочиями, которые позволят ему нести ее».

Рэнд стремилась продемонстрировать неизбежную связь альтруизма с низшими уровнями жизни — как причины этого явления, так и его результаты. «Благо коллектива», согласно ее взглядам, означало принесение в жертву изобретателя с целью избежать безработицы. «Человек не может дать жизнь самому себе, — писала она, — но вполне в его силах поддерживать в себе жизнь». «Альтруизм является орудием эксплуатации, — утверждает Рэнд далее. — Творцы лишены оружия. У них есть гениальность, являющаяся даром природы. Но секонд-хендеры паразитируют на них, маскируя свою паразитарную сущность разговорами о добродетели».

Мы не можем изменить окружающую среду, довлеющие в обществе законы, свою собственную природу, — писала она, разъясняя свое понимание «свободной воли», — но мы свободны в своем выборе относительно того, как использовать все то, что дает нам жизнь. То, что делает человека человеком — это разум, способный к рассуждениям. Права разума и область его применения неограниченны. Он не может только отрицать самое себя — поскольку, если разум отрицает себя, он не может наслаждаться правами, которые принадлежат только ему. Отрицать себя — значит отрицать естественную природу разума как индивидуальную сущность. Сознанию позволены любые умозаключения — запретной является лишь мысль о том, что можно воплощать свою волю, насильственно воздействуя на другие разумы.

«Если страдать ради других считается хорошим, то истинный альтруист, несомненно, заставит окружающих страдать ради кого-то еще — потому что, с его точки зрения, он действует им во благо, делая их добродетельными, — пишет Рэнд. — Если кто-то думает, что это звучит фантастично, давайте рассмотрим, как это работает на практике, и зададим себе вопрос, почему. Существует только одно объяснение — и другого быть не может. Если чье-то самопожертвование ради других является приемлемым и считается хорошим — то совершающий его делает этих «других» отвратительными, заставляя их принять его жертву, поскольку дающий — добродетелен, а принимающий — злобен. Таким образом, альтруист становится добродетельным ценой добродетельности других. Но можно ли назвать это альтруизмом?»

Отношения между людьми невозможны без моральных принципов, — рассуждает она, поставив своей целью развенчание альтруизма. — В ситуации, когда таких принципов нет, единственным ресурсом, на который может опираться человек, остается грубая физическая сила, а единственной возможной формой отношений становится ее применение. Но в современном мире над любыми межчеловеческими отношениями довлеет неписанный альтруистический принцип, согласно которому каждый должен пожертвовать собой ради другого. Каждый должен действовать так, чтобы максимальную выгоду получил не он сам — а другой человек. Оба знают, что это невозможно. Поэтому оба они отбросят любые моральные соображения («Бизнес есть бизнес, мораль не имеет с ним ничего общего»), и каждый будет стараться сожрать другого с потрохами. Это станет единственной альтернативой невозможному самопожертвованию.

На основе альтруизма нельзя построить достойные или честные отношения между людьми. Это возможно только в том случае, когда человек осознает, что другие люди существуют не для того, чтобы он мог извлекать из этого пользу, и что у них тоже есть неотъемлемое моральное право на собственную выгоду. Никогда нельзя требовать от человека чего-то такого, что будет с его стороны представлять собой жертву ради вашей пользы. Также никогда нельзя позволять другому человеку поступать подобным образом с собой. Никогда нельзя первым использовать силу в отношении другого человека. Но также нельзя оставлять без адекватного ответа использование им силы против вас.

Весь «Манифест» в целом был пропитан вновь обретенными любовью и уважением к Америке. Живя в России, Рэнд идеализировала Соединенные Штаты, но в тридцатые годы эта страна разочаровала ее. Наблюдая за подъемом коллективистских идей в искусстве и литературе, в 1937 она сокрушалась по поводу «деградации в вопросах культуры». В «Манифесте» не было и следа подобного цинизма. Вместо этого он провозглашал, что индивидуализм и «американизм» являются, по существу, одним и тем же. Американский институт личной свободы, согласно Рэнд, являлся секретом успеха этой страны. Она восхваляла американскую революцию как исключительный героический момент, когда люди действовали коллективно, чтобы установить свободу личности и создать общество, которое гарантировало бы эту свободу.

Финальная часть манифеста Рэнд являла собой масштабную апологию капитализма, отмеченную следами влияния того опыта, который Айн получила, участвуя в предвыборной кампании Уилки. Ранее она придерживалась прокапиталистических, но пессимистичных взглядов, утверждая, что «мир капиталистов низок, беспринципен и испорчен». Теперь же она провозглашала капитализм «самой благородной, чистой и идеалистической системой среди всех существующих».

Этот приветственный настрой по отношению к капитализму частично коренился в книгах, которые она прочла с момента окончания кампании, особенно — в труде Карла Снайдера «Капитализм созидающий: экономическая основа современного индустриального общества». Снайдер, известный экономист, работавший в отделе статистики Федерального резервного банка, утверждал, что капитализм является «единственным способом, при помощи которого каким бы то ни было обществам в течение всей мировой истории удавалось подняться из варварства и бедности, достигнув богатства и культуры». Исходя из этой предпосылки, Снайдер разработал твердо опирающуюся на исторические факты и подтвержденную данными статистики экономическую теорию, выдвигавшую на первый план накопление капитала и противостоявшую экономическому регулированию и планированию. Грамотный контроль над денежными потоками Снайдер рассматривал как ключ к предотвращению экономических спадов и паники на финансовом рынке. Его книга смело ниспровергала кейнсианские теории[1], которые доминировали в среде экономистов-теоретиков, оказывавших влияние на администрацию Рузвельта.

Знакомство с теориями Снайдера помогло Рэнд упорядочить и лучше исторически обосновать идеи, которые она уже выразила в «Гимне». В этом произведении она — в аллегорической форме — подчеркивала силу личности и важность прорывных инноваций. У Снайдера эти идеи были продемонстрированы в экономическом и историческом контекстах, он утверждал, что экономическое процветание «обеспечивается небольшой группой людей, которые являются очень успешными и талантливыми, наделенными способностями и возможностями, простирающимися значительно дальше, чем у большинства окружающих». Теперь, прочитав Снайдера, она трансформировала психологические категории «творца» и «секонд-хендера» в макроэкономические концепции активного и пассивного человека.

«Первое, чего хочет активный человек — это делать дела самостоятельно и по-своему, — формулирует Рэнд. — А основной интерес пассивного заключается в том, чтобы подчиняться и избегать любой ответственности. Активный человек не стремится навязывать свои методы другим, и также старается избегнуть всякого навязывания со стороны».

В «Манифесте» Рэнд в большей степени продолжала начатое Снайдером восхваление классической экономики, нежели представляла свою собственную взрывную концепцию морали.

---

[1] Учение, возникшее на основе трудов Джона Мейнарда Кейнса, известного экономиста XX века, создателя кейнсианского направления в экономике.

Альтруизм, который играет заметную роль в «Источнике», в «Манифесте» заметно отодвинут на второй план. Вероятно, так вышло потому, что в тот момент, когда Рэнд работала над этим документом, мысли ее были далеки от философии, составляющей основу романа — или же потому, что она не желала выносить на всеобщее обсуждение эти идеи без иллюстративной поддержки художественной литературы. Какова бы ни была причина, но в «Манифесте» Рэнд воспевала эгоизм исключительно в экономических терминах. «Одним из величайших достижений капиталистической системы является та манера, с которой естественный, здравый эгоизм человека приносит выгоду как ему самому, так и обществу», — написала она и этим ограничилась. Подобным образом, все ее критические выпады были направлены в адрес «абсолютного» общего блага, подразумевая, что концепция ограниченного всеобщего блага, все-таки, является допустимой.

Одной из наиболее важных вещей, которые она подчеркивала в «Манифесте», являлось то, что капитализм, в отличие от коммунизма, не требует невозможного. Он не заставляет людей выворачиваться наизнанку и ограничивать свои желания необходимым минимумом. Рэнд утверждала, что капитализм придает естественному, «здоровому» эгоизму человека масштаб и свободу, которые позволяют ему разбогатеть — а в результате, если он того пожелает, сделать богатыми и всех остальных. «Эгоизм — великолепная вещь», — заявляла она, утверждая, что еще никогда ни один великий гений не руководствовался в своей деятельности желанием помочь другим людям или чем-либо иным, кроме совершенно естественной эгоистичной приверженности его собственным идеям и воззрениям. Пускай такое утверждение и спорно (позднее даже сама Рэнд совершала поступки, направленные на то, чтобы помочь другим, и не несущие в себе никакой практической пользы для нее самой), оно, все же, являет собой достаточно убедительное опровержение принципов темного, карающего христианства, а также циничного сталинизма — явлений, которые она в равной степени ненавидела.

И, наконец, капитализм, вопреки расхожему утверждению либералов, вовсе не заставляет сильных заниматься обслуживанием нужд слабых. Причин тому две. Во-первых — слабые никогда не смогут самостоятельно достичь того же уровня прогресса и процветания, и поэтому они пользуются плодами трудов тех, кто намного более компетентен и лучше мотивирован, нежели они сами. Второе — капитализм является системой свободной и добровольной торговли. Теоретически, никто никого не заставляет продавать свои товары или услуги по фиксированной государственной цене или приобретать чужие товары под угрозой применения силы. Недостатки капитализма на самом деле являют собой не что иное как результат применения коллективистских предпосылок в виде государственного регулирования, а также послаблений — например, в налоговой сфере (что она впоследствии драматично и детально проиллюстрирует в трехтомном романе «Атлант расправил плечи»).

Первые встречи инициированного Рэнд нового объединения интеллектуалов проходили в различных городских офисах, либо же в основном месте обитания семьи О'Коннор, квартире, расположенной в не слишком презентабельном здании на перекрестке 49-й стрит и 1-й авеню, рядом с местом, где впоследствии выросла штаб-квартира ООН. Именно во время одного из тех собраний Айн Рэнд познакомилась с Изабель Патерсон, умной и ироничной пятидесятичетырехлетней романисткой, придерживавшейся либертарианских взглядов и возглавлявшей отдел книжных рецензий в New York Herald Tribune. Точнее сказать, заново познакомилась с ней — поскольку, когда имя колумнистки было упомянуто в числе потенциальных участников объединения, Рэнд вспомнила, что они уже были представлены друг другу во время литературного вечера весной 1936, спустя короткое время после публикации романа «Мы — живые». Патерсон не помнила их первой встречи, хотя и упоминала имя Рэнд в своей колонке вскоре после нее.

В американской литературной среде той эпохи Изабель Патерсон была известна как наиболее бесстрашный критик политики Рузвельта. Ее колонку, посвященную политическим и литературным вопросам, читали очень многие, и она имела хорошие связи в политических кругах (например, ее начальница, литературный редактор Herald Tribune Ирита Ван Дорен, являлась любовницей Уэнделла Уилки). После того, как она не ответила на письменное приглашение, Рэнд позвонила ей и предложила встретиться в редакции Herald Tribune. Патерсон пояснила, что принципиально не вступает ни в какие организации. Но Рэнд ее заинтересовала. Несколько недель спустя Энн Уоткинс сообщила Рэнд, что Изабель спрашивала номер ее телефона — и женщины встретились снова.

Патерсон очень понравилась Рэнд. Вскоре Айн стала посещать организуемые ею встречи, проходившие по вечерам понедельников в темном закутке на одиннадцатом этаже здания Tribune. Там собирались литераторы, политические обозреватели и ученые. В число посетителей этих собраний входили такие люди, как Сэм Уэллес из журнала Time и Джон Чемберлен из Fortune. Обычно главной целью этих встреч являлась вычитка еженедельного выпуска книжного обозрения перед тем, как он уходил в печать. В промежутках между чтениями велись дискуссии, затрагивавшие самые разные темы: от садоводства до капиталистической экономики и Статей Конфедерации[1]. Участники считали эти встречи чем-то вроде консервативного круглого стола.

Общаясь со своими знакомыми из политических и профессиональных кругов, Рэнд обычно держала дистанцию — но когда Патерсон пригласила ее погостить в своем сельском доме, расположенном в пригороде Коннектикута Риджфилде, Айн с радостью согласилась. Позднее, после того, как женщины поссорились, она отмечала, что со стороны Изабель было невежливо пригласить только ее одну, без Фрэнка. Обе будучи «совами», дамы просиживали ночи до утра, увлеченно беседуя о политике и философии. Патерсон была хорошо осведомлена в вопросах американской истории и экономических теорий свободного рынка. Ее менее начитанная гостья была в восторге от широко-

---

[1] Статьи Конфедерации и вечного союза (англ. *Articles of Confederation and Perpetual Union*) — первый конституционный документ США. Статьи Конфедерации были приняты на Втором континентальном конгрессе 15 ноября 1777 года в Йорке (Пенсильвания) и ратифицированы всеми тринадцатью штатами (последним это сделал Мэриленд 1 марта 1781 года). В Статьях Конфедерации устанавливались полномочия и органы власти Конфедерации. Согласно статьям, Конфедерация решала вопросы войны и мира, дипломатии, западных территорий, денежного обращения и государственных займов, в то время как остальные вопросы оставались за штатами.

го кругозора Изабель. Она была очарована тем, как старшая собеседница разъясняла ей тонкости судебных процессов и ее рассказом о мерах, которые отцы-основатели приняли для того, чтобы защитить меньшинства от угроз со стороны большинства. У Патерсон была собственная теория, объяснявшая принцип действия капиталистической модели экономики. Она представляла себе ее как расширяющуюся энергетическую цепь, генератором которой является человек, производящий то, что он умеет делать лучше всего и торгующий с другими людьми, занимающимися тем же самым. Деньги, таким образом, представляют собой сигнальную систему, которая позволяет людям транслировать свои желания в окружающий мир и расширять цепочку. Многое из того, чему Рэнд научилась у Патерсон, нашло отражение в ее эссе и последних двух третях романа «Источник». Использование энергетических цепей, моторов и электроэнергии в качестве метафор для описания человеческих действий и достижений, стало одной из отличительных особенностей романа «Атлант расправил плечи».

Патерсон тоже училась у Рэнд — хотя споры о том, чему именно и в какой степени, ведутся до сих пор. В одной из первых дискуссий они обсуждали, насколько далеко можно расширить нравственные границы созданной Рэнд философии антиальтруизма или эгоизма. Патерсон спросила у младшей собеседницы, что та думает о загадке из романа Джеймса Босуэлла «Жизнь Сэмюэля Джонсона». Загадка звучит следующим образом: представьте, что вы находитесь в каменной башне, с новорожденным младенцем на руках — но только один из вас может покинуть ее живым. Чью жизнь вы спасете — свою или младенца? Рэнд шокировала Патерсон, мгновенно заявив, что она, скорее всего, оставит ребенка умирать.

«Но разве это нравственно? — воскликнула Патерсон. — Разве люди не облечены моральным обязательством заботиться о младших?»

«Нет», — сказала Рэнд. Она так не считала — хотя и признавала, что ее решение могло бы быть иным, будь это ее собственный ребенок. Когда Паттерсон сказала, что такое отношение может свидетельствовать о развращенности, Рэнд заявила: «Хорошо, значит я развращенная». На этом их дискуссия закончилась — но позже Патерсон вновь подняла эту тему, на этот раз поинтересовавшись, как Рэнд поступила бы, если ребенок был ее собственным. Айн ответила, что она, все же, предпочла бы спастись самой — потому что без матери, которая будет кормить и опекать младенца, тот все равно погибнет. Такую логику Патерсон нашла убедительной. Позднее Рэнд заявляла, что в процессе этих бесед она сумела обратить Патерсон из глубоко укоренившейся в ее сознании этики светского христианства в мораль анти-альтрузима. Патерсон же утверждала, что она всегда была верна ценностям просвещенного эгоизма.

Глава 14
Черные дни

«Источник» все еще не был закончен — но после расставания с «Уилки-клубом» Рэнд успела написать довольно много. В конце 1940 (по другим сведениям — в начале 1941) она сочинила гневное открытое письмо, адресованное консерваторам, которые, по ее мнению, сидели, сложа руки, и которых она надеялась убедить присоединиться к кампании, затеянной ею вместе с Чейнингом Поллоком. Рэнд назвала его "To All Innocent Fifth Columnists" («Всем невиновным участникам пятой колонны»). Если консерваторы не предпримут незамедлительных шагов, чтобы противостоять военной или социалистской пропаганде Рузвельта и остановить расширение его полномочий в исполнительной власти, — писала Рэнд, — тогда на них, как и на Уилки, ляжет бремя вины за установление в Америке тоталитарной диктатуры. «На таких, как вы, держатся царства Гитлера и Сталина», — добавляла она. Письмо получилось слишком желчным, чтобы быть использованным как эффективный инструмент вербовки, и отправилось в стол.

Также она написала пьесу «Подумай дважды», которая была создана в течение трех январских недель 1941. Действие этой продуманной, лихо закрученной детективной истории, разворачивается в загородном особняке всемирно известного филантропа, во время вечеринки по случаю Дня независимости. Его гости, каждый из которых имеет свою выгоду от его щедрот, ненавидят этого человека за ту власть, что он имеет над их жизнями. Один из них, спрятавшись в кустах, стреляет и убивает хозяина вечеринки. Для расследования убийства прибывает местный детектив. Но преступник — которым является компаньон убитого по бизнесу, талантливый физик — спланировал идеальное убийство. Он обставил ситуацию таким образом, чтобы все доказательства указывали на него настолько очевидно, что детектив просто не смог бы поверить в виновность этого человека. Мотив физика, побудивший его на убийство, таков: предотвратить появление в мире, полном безумных диктаторов, могущественного оружия, способного уничтожить землю (разработку такого оружия финансирует знаменитый «альтруист»). Рэнд стремилась подчеркнуть дурные намерения и ужасающие последствия деятельности таких исповедующих вторичные ценности гуманитариев, каким ей виделся Рузвельт — но в то же время в характере убитого персонажа воплотились черты ее матери, которая допускала в общении со старшей дочерью проявления психологического садизма (например, однажды отдала любимые игрушки Алисы в детский приют). Также работа над пьесой вновь подогрела ее интерес к научной фантастике. «Вы будете смеяться, насколько пророческой оказалась моя работа, — отмечает она в частной переписке 1948 года. — Я ничего не знала об атомной бомбе, когда писала эту пьесу».

Пьеса «Подумай дважды» не нашла ни издателя, ни постановщика — но она помогла автору сделать более убедительными некоторые из «альтруистических» хитростей Эллсворта Тухи, которые тот использует для того, чтобы заманить в сети обмана и шантажа таких людей, как Питер Китинг.

Покуда Рэнд и Поллок занимались вербовкой новых участников в свою безымянную организацию, литературный агент Энн Уоткинс делала все возможное, чтобы найти нового издателя для «Источника». Она разослала синопсис романа и первые несколько глав в восемь крупных издательств, включая Simon & Schuster, Harcourt Brace, Dodd, Mead и Doubleday. На этот раз довести дело до заключения контракта не удалось. Вскоре после обнадеживающего ланча с редакторами из Doubleday Рэнд сообщили, что вышестоящее руководство наложило вето на их согласие публиковать ее книгу. Сотрудник Simon & Schuster хвастался тем фактом, что его фирма публиковала сочинения Льва Троцкого, бывшего соратника Ленина, исповедовавшего более «демократические» взгляды. После этого он отклонил «Источник». Рэнд нашла этот эпизод забавным, сравнив отвергнувшего ее издателя с карикатурным персонажем.

Уоткинс, тем временем, теряла остатки терпения. Она начала выказывать раздражительность. Книгу удастся продать только в том случае, если персонажи станут более человечными — жаловалась она Рэнд. Неужели они не могут делать что-нибудь вместо того, чтобы все время разговаривать? И почему Рорк обязательно должен быть столь жестким и несимпатичным? Став, таким образом, одним из многочисленных критиков творчества Рэнд, Уоткинс, возможно, была права насчет образа Рорка, но в другом моменте она ошиблась. История архитектора, являющаяся, в основе своей, аллегорией добра и зла, разворачивается в герметичном мире, скрепляющим цементом которого являются не человеческие персонажи, а нравственные и психологические идеи. Что пыталась сказать Уоткинс — так это то, что Рорк является персонажем, лишенным внутреннего конфликта — а этот факт делает его двумерным и порой бесчеловечным. На это Рэнд отвечала, что, будучи идеальным человеком, Рорк не может иметь внутренних сомнений и конфликтов. На ее взгляд, смешанные эмоции являлись признаком пораженческого образа мыслей.

Рэнд, в свою очередь, начала сомневаться в профессиональной надежности Уоткинс. Она не забыла ни фиаско романа «Мы — живые» в Macmillan, ни тех проектов, на создание которых Уоткинс сама ее вдохновила, а потом не смогла продать. Что касается ситуации с «Источником», то поначалу Уоткинс проявила недюжинный энтузиазм. Ее уверенность в успехе была настолько сильной, что перед тем, как был подписан контракт с Knopf, она пообещала, что сможет получать под книгу авансовые платежи всякий раз, как у Рэнд закончатся деньги. Это обещание осталось невыполненным — и теперь Рэнд предполагала, что смущенная этим Энн пытается найти кого-нибудь, на кого можно было бы переложить вину за свою неспособность его исполнить. Например — на саму Рэнд! Она также стала думать, что агент сплетничает о ней за ее спиной, критикуя ее в разговорах с другими людьми.

Развязка наступила в один из дней, когда Уоткинс размышляла вслух о том, что же не так с романом. Она не могла понять, что именно. «Скажи же, наконец», — потребовала Рэнд. Уоткинс не смогла объяснить. Кроме того, она была сыта по горло просьбами обоснованно объяснить вещи, которые она считала верными на уровне инстинкта. Энн сказала, что нежелание Рэнд сделать книгу более гибкой является причиной того, что ее невозможно продать. После этого женщины поссорились и отношения между ними были разорваны. Рэнд объясняла это по-разному: по одной версии, Уоткинс уволилась в знак протеста, по другой — Рэнд сама решила резко порвать с ней.

Письмо, которое она написала Уоткинс вечером дня их ссоры, носило примирительный характер, но не содержало извинений. «Даже за инстинктами стоят определенные причины, — писала Рэнд. — Слова, мысли, причины, — если мы отбросим их, у нас ничего не останется». В заключение Айн предлагала еще раз поговорить и расставить точки над «и», разобравшись с их разногласиями. Но возобновления отношений не произошло. Несмотря на то, что Энн Уоткинс продолжала вести дела, связанные с пьесой «Ночью 16-го января» и романом «Мы — живые», Рэнд потеряла в ее лице друга и советчика, а также — торгового представителя для «Источника». У нее не было издателя, не было агента, не было денег.

Учитывая тот факт, что авторские отчисления за «Ночью 16-го января» к тому моменту превратились в тоненький ручеек, а роман «Мы — живые» не переиздавался, Рэнд нуждалась в деньгах очень остро. Она вспомнила, что незадолго до их разрыва с Уоткинс та отправила готовые главы «Источника» Ричарду Миланду — главе нью-йоркского отделения Paramount Pictures, который иногда приобретал неопубликованные истории для экранизации. Миланд не смог убедить своих голливудских боссов купить недописанный роман, но то, что он прочитал, ему понравилось. В конце весны 1941 Рэнд попросила его дать ей работу наемного читателя — и Миланд пошел ей навстречу.

Эта работа заключалась в том, чтобы оценивать кинематографический потенциал готовящихся к изданию романов и рассказов — почти то же самое, чем она занималась в свои первые месяцы в Голливуде, работая на Сесила ДеМилля. Оплата варьировалась от шести долларов за краткую рецензию до двадцати пяти за подробный обзор. Рэнд читала медленно и потому работала по двенадцать часов в сутки, чтобы получить за свой труд как можно больше. Миланд и его ассистентка, Фрэнсис Хэзлитт (супруга известного журналиста и экономиста, теоретика свободного рынка Генри Хэзлитта) были растроганы, глядя на то как Рэнд — заслуживавшая гораздо большего, чем та работа, которая ей досталась — демонстрирует необычайное усердие. Они взяли ее под свое крыло, ввели в свой круг общения и старались давать Рэнд как можно больше заданий, чтобы обеспечить ее деньгами.

Рэнд и Поллок продолжали попытки создать консервативную пропагандистскую организацию — но встречи становились все более редкими, а приток новых участников замедлился. К ее удивлению, многие потенциальные соратники отреагировали на ее манифест так, будто он был написан на незнакомом им языке. Ее взвешенное определение индивидуализма (как политической философии, рассматривающей каждого человека в качестве «независимого объекта», который ни в коем случае не может быть лишен своих прав) было подвергнуто множеству неверных трактовок. Она начала понимать, что Уилки не был единственным поверхностным мыслителем в правом крыле. Рэнд еще не была готова провозгласить всех самозваных консерваторов безнадежными предателями — как она сделала позднее — но придерживавшиеся правых взглядов журналисты и бизнесмены, с которыми она встречалась, казались ей самодовольными и недостаточно интеллектуальными. Ей пришлось бы воспитывать их прежде чем они сами смогли воспитывать общество. Одна лишь мысль о таких перспективах была утомительной. Рэнд потеряла интерес к этой затее. Позднее она вспоминала кампанию 1940 года и ее последствия как трудный, изматывающий и темный период — ее собственный спуск в гранитный каньон, в попытке высечь из камня средства к существованию.

Положение еще более омрачалось тяжелыми вестями с родины. В сентябре 1941 вторгнувшиеся в Советский Союз нацисты начали продлившуюся девяносто дней осаду Ленинграда (так теперь назывался ее родной Санкт-Петербург), в процессе которой около миллиона человек погибло от ранений, болезней и голода. У Рэнд не было никакой возможности узнать, живы ли ее родители и сестры, могут ли они прокормить себя. В конце сентября, когда нацисты оккупировали столицу Украины Киев, солдаты вермахта учинили жестокую расправу над евреями в Бабьем Яру, убив почти тридцать четыре тысячи человек. В том же месяце нацисты начали строить газовые камеры в Аушвице. По миру постепенно расползалась новая идеологическая чума, и никто не знал, когда этому будет положен конец.

Рэнд чувствовала себя бессильной и беспомощной. Но даже в это тяжелое время она не теряла чувства юмора. «Если бы я была придерживалась коммунистических взглядов, то сейчас была бы голливудской миллионершей, с плавательным бассейном и собственным оркестром, который играл бы для меня «Интернационал», когда я пожелаю», — писала она знакомому бизнесмену. Все силы в этот период Рэнд бросила на то, чтобы как следует обеспечить себя финансами и вернуться к работе над «Источником». Так другие люди копят на отпуск.

И вот, из ниоткуда появился луч надежды. По словам Рэнд, она намеренно не рассказывала Миланду о том, что осталась без литературного агента, а также о том, что главы, которые он прочитал, пылятся у нее на столе. Она не хотела, чтобы он думал, будто она пребывает в отчаянии и молит о помощи. Но Миланд каким-то образом сам понял это — и настоял на том, что Рэнд должна познакомиться с его друзьями из издательских кругов. Одним из этих людей был молодой Арчибальд Огден, только что назначенный редактором в нью-йоркский офис расположенной в Индиане издательской корпорации Bobbs-Merrill. Ранее в том же году Bobbs-Merrill выпустили ставшую теперь классикой книгу-разоблачение под названием «Красное десятилетие: проникновение сталинистов в Америку», написанную бывшим московским корреспондентом United Press Юджином Лайонсом. Публикация этой книги вызвала настоящий ураган сердитых разговоров в левацких кругах. Это произвело впечатление на Рэнд. Миланд позвонил в редакцию, чтобы устроить ей встречу, и Айн, взяв с собой рукопись «Источника», отправилась в офис Bobbs-Merrill. Там ее встретил Арчибальд Огден.

Как и в случае с ее первой встречей с Сесилом Б. ДеМиллем, существует альтернативная версия этой истории. Мюриэл Холл, душеприказчица Изабель Патерсон, несколько десятилетий проработавшая редактором в Time и Life, вспоминает, что Патерсон с гордостью приписывала себе заслугу знакомства Рэнд с Арчибальдом Огденом в его офисе. «У Изабель были связи там, и она умела убеждать людей, — говорит Холл. — Она сказала Огдену, чтобы он выпустил эту книгу, и он это сделал. Не думаю, что Рэнд когда-либо упоминала об этом». Возможно, Рэнд просто не знала об участии Патерсон, а может быть, достоверны оба источника, и поддержку в публикации романа оказывали ей как Патерсон, так и Миланд. В любом случае, в письмах и интервью 1960 и 1961 годов Рэнд ни единым словом не упоминает о помощи со стороны своей подруги.

Огден позвонил Рэнд через несколько дней после того, как она передала ему рукопись. Он прочитал главы «Источника» и сообщил автору, что по его мнению это — «великолепное произведение, выдержанное в традиции настоящей литературы». Огден перечислил вещи, которые понравились ему больше всего: амбициозная тема, заложенные в персонажей символизм, блестящий стиль письма, героическая чувственность. Поскольку то были те самые качества, за которые Рэнд и хотела быть ценимой, комплименты Огдена она запомнила на всю жизнь и очень дорожила ими.

Огдену пришлось побороться за судьбу книги со своим начальником, президентом Bobbs-Merrill Д. Л. Чемберсом. Когда Чемберс телеграфом прислал ему из Индианаполиса приказ отклонить «Источник», Арчибальд телеграфировал в ответ: «Если эта книга вам не подходит, то и я, как редактор, вам не подхожу». Чемберс ответил: «Что ж, я не буду противиться такому энтузиазму. Подписывайте контракт. Но пусть это будет хорошая книга».

И вот, в декабре 1941 Арчибальд Огден во второй раз позвонил Айн Рэнд, чтобы сообщить ей о том, что ее книгу берут в работу. Было десять часов утра, но женщина еще не смыкала глаз — всю ночь она просидела, работая над очередным обзором для Paramount. Затаив дыхание, она выслушала редактора и повесила трубку. Потом она вышла из своей квартиры и отправилась в офис Paramount, чтобы доставить отчет. Миланд и Фрэнсис Хэзлитт, узнав о звонке из издательства, сердечно поздравили ее. Они пообещали, что будут продолжать оказывать ей всемерную поддержку — поскольку Огден не смог договориться со своим прижимистым боссом о выплате полной суммы аванса в 1200 долларов, который запрашивала Рэнд.

Дома в тот вечер она, вероятно, танцевала в гостиной с Фрэнком и Ником под свою любимую музыку — немецкий марш Marionetten um Mitternacht. Пластинку с записью этой музыки Рэнд привезла еще из Санкт-Петербурга — и брала с собой всякий раз, как ей приходилось перебираться с места на место. На протяжении всей своей взрослой жизни она включала ее в моменты счастья — после чего отдавалась чувствам, изображая, будто дирижирует оркестром в ритме зажигательного вальса. В такие моменты она также любила надевать смешные шляпы на своих любимцев — плюшевых львят Оскара и Освальда, которых О'Коннор подарил ей вскоре после свадьбы. Друзья часто отмечали, что пребывая в хорошем настроении, Рэнд могла позволить себе некоторые ребяческие выходки.

Десятого декабря 1941 года, спустя три дня после того, как японцы разгромили американскую военно-морскую базу в Перл-Харборе, тем самым втянув Соединенные Штаты во Вторую мировую войну, Айн Рэнд подписала контракт с Bobs-Merrill. Получив аванс в размере тысячи долларов, она пообещала, что допишет и сдаст «Источник» в течение года с небольшим. Отведенный издательством срок истекал 1 января 1943 года — и к этому времени Рэнд должна была написать еще две трети романа.

Глава 15
Последние приготовления

Позднее Рэнд говорила, что, несмотря на распростершуюся над планетой мрачную тень войны, теперь началось лучшее время в ее жизни. На момент, когда ей был определен крайний срок, главные части романа все еще не были написаны, и она не хотела ударить в грязь лицом перед новым издателем. Если бы это произошло, следующего шанса могло уже не быть никогда. Она засела за работу с многократно усиленным энтузиазмом, настроившись на рывок, который изменит культурный ландшафт Америки.

На протяжении всей своей жизни Рэнд демонстрировала завидную работоспособность, которой мало кто мог похвастаться. Однако это касалось исключительно интеллектуальной деятельности, в то время как свойственная ей еще в юности физическая инертность не покидала ее никогда. Она избегала физических упражнений, быстро набирала вес, и ей не хватало выносливости, чтобы работать столько, сколько она считала необходимым. В 1942, чтобы сделать свою деятельность еще более эффективной, Рэнд начала принимать амфетамины. Вероятнее всего, то был бензедрин, который, будучи относительно новым явлением на рынке, был легко доступен в виде пилюль, купить которые можно было по рецепту врача. В небольших дозах амфетамины могут повышать настроение и самооценку, придавать энергию и обострять умственную активность, подавлять аппетит и позволять в течение длительного времени обходиться без сна. Однако спустя некоторое время, или при неправильной дозировке, их применение приводит к перепадам настроения, неконтролируемым эмоциональным всплескам и паранойе. Впрочем, таким проявлениям Рэнд была подвержена и без помощи химии. В течение последних нескольких месяцев работы над романом препарат сыграл свою роль: в сочетании с несгибаемой волей к победе над обстоятельствами и возрожденной надеждой, прием амфетаминов позволял ей писать днем и ночью. Порой она и вовсе не ложилась спать — работала двое, а то и трое суток напролет и, вздремнув совсем немного, вновь принималась писать. Однажды она провела за работой тридцать часов подряд, прерываясь лишь для того, чтобы поесть — еду ей готовили Ник и Фрэнк.

Рэнд продолжала писать от руки и вслух читала написанное братьям О'Коннор, которые время от времени предлагали ей вставить в текст какие-либо американские выражения или идиомы. Потом она перепечатывала свои новые страницы на машинке, вставляя туда поправки, внесенные мужем и деверем. Также Айн часто консультировалась с Изабель Патерсон, в основном — по поводу произносимых ее героями монологов. В числе предложений внесенных Патерсон был совет исключить из произведения любые отсылки к фигурам Гитлера и Сталина, нацизму, фашизму — к любым проявлениям современной истории. «Тема твоей книги простирается намного шире, чем политика текущего момента», — сказала ей Патерсон. Это была замечательная рекомендация, и Рэнд воспользовалась ею не только в «Источнике», но также и в трехтомном романе «Атлант расправил плечи». Стоящая за пределами времени, почти мифологическая атмосфера этих книг, несомненно, является одной из причин их непреходящей популярности.

Неоценимую помощь в вычитке новых страниц по мере того, как они появлялись из ее печатной машинки, оказывал Ник О'Коннор. Когда рабочие часы подходили к концу, он садился рядом и обсуждал с ней то, что было сделано за день. Хоть она и дорожила понимающим отношением Фрэнка к ее взглядам и намерениям, Рэнд все же в большей степени ценила более тонкую реакцию Ника, который мог оценить большее количество нюансов сюжета, характеров персонажей, литературной техники и, что особенно важно, стиля. Понимание американских идиом все еще было одним из ее слабых мест. По словам подруги О'Конноров, Миллисенты Паттон, Ник утверждал, что он даже написал часть диалогов романа. Паттон добавляла, что Ник однажды показал ей несколько страниц со своими дополнениями. Его поправки в значительной степени касались юмора — самой Рэнд было трудно понять, что может гарантированно заставить американцев смеяться.

Четвертого июля 1942 она приступила к написанию четвертой, заключительной части «Источника». Она начинается с рассказа о юноше, который недавно закончил колледж и мечтает стать композитором. Юноша находится на территории прекрасного летнего курортного комплекса, расположенного в штате Пенсильвания. Этот комплекс еще не сдан в эксплуатацию, не обжит и выглядит просто потрясающе в своей первозданной красоте. Его спроектировал и построил Говард Рорк. Глядя на маленькие стеклянные домики, похожие на драгоценные камни, на сады, раскинувшиеся поверх каменных уступов, молодой человек понимает, что архитектура — это своего рода застывшая музыка, высеченная в камне, и это впечатление вдохновляет его на то, чтобы продолжать следовать собственному призванию — во многом это сродни тому, как сама Рэнд когда-то черпала вдохновение в творчестве Виктора Гюго. Рорк и его рабочие провели несколько месяцев, создавая этот курорт. Строительство финансировалось мошенниками, конечной целью которых был крах проекта. Однако после своего открытия, уже в первый сезон работы, курорт обрел феноменальный успех.

В этот момент она впервые подвергла книгу серьезным изменениям, которые отражали ее интеллектуальный рост. В финальной части романа, названной в честь Говарда Рорка, Рэнд намеревалась возвести этого персонажа на пьедестал и воздать ему почести. Воплощая в жизнь решение, придуманное ею несколько лет назад, Рэнд описывала создаваемый Рорком по заказу Китинга проект жилой застройки, получивший название Кортланд. Рорка привлекает проблема дешевого общественного жилья, но он понимает, что его никогда не выберут для создания такого проекта. Он позволяет Китингу использовать его дизайн — но лишь при том условии, что здание будут построено в точности так, как он его спроектировал. Однако — поскольку Кортланд является государственным проектом, много кто имеет право вносить в него коррективы. Здание строят, взяв за основу дизайн, разработанный Рорком, но добавляют к нему также ряд элементов, созданных другими архитекторами. Потрясенный этим, Рорк однажды ночью взрывает здание при помощи динамита. Доминик Франкон принимает его сторону и наконец готова любить его открыто.

Здесь Рэнд задействовала один из своих любимых сюжетных ходов: судебный процесс, во время которого читателю преподносятся критические и философские суждения. Изначально она планировала, что защиту Рорка в суде будет осуществлять специально для этого вызванный с заслуженного отдыха уважаемый адвокат. Но теперь, приближаясь к завершению романа, решила, что Рорк будет представлять свои интересы самостоятельно и сам за себя ходатайствовать. Это был прием в голливудском стиле, вводивший в этот, в основном весьма реалистичный роман, нотку неправдоподобности. Однако выдвижение Рорка на роль собственного защитника имело решающее значение для выражения вновь обретенного Рэнд восхищения по отношению к «среднему американцу». Среди тщательно отобранных присяжных, которым предстоит судить гениального архитектора, представлены как интеллектуалы, так и люди физического труда. В их число входят: «два представителя индустриальных концернов, два инженера, математик, водитель грузовика, каменщик, электрик, садовник и трое фабричных рабочих». Некоторые из них являются людьми исключительных достижений, но большинство — простые и безвестные труженики. Рэнд поясняет, что они — трудолюбивые люди, которые многое повидали в жизни. Если жюри присяжных прислушается к аргументам, которые выдвигает Рорк, значит, эти люди продемонстрируют свою способность распознать настоящий гений — и воздать ему по заслугам.

Однако первым делом им приходится выслушать изложение жизненной философии Рэнд. Рорк начинает с исторического экскурса, утверждая, что все важные достижения человечества были сделаны творцами, которые стояли особняком от общества и опережали свое время. Точно так же, как Рэнд подчеркивала в своем «Манифесте», Рорк объясняет присяжным, что творчество неразрывно связано с индивидуализмом: «Эту творческую способность нельзя отдать или получить, ее нельзя разделить с кем-нибудь или позаимствовать у кого-нибудь». Она принадлежит конкретному отдельному человеку». Он помещает правительственное вмешательство в его проект в плоскость глобального противостояния коллективизма и индивидуализма и повторяет мысль Рэнд о том, что добро проистекает из независимости, а зло — из зависимости. В этих рамках личное решение Рорка стоит превыше прав правительства, будущих жильцов или каких-либо еще заинтересованных сторон — потому что «целостность творческой работы человека имеет большее значение, чем любые благотворительные начинания».

Идя по стопам «Манифеста», речь Рорка, тем не менее, включает в себя и новую тему, которая стала одной из визитных карточек Рэнд, а именно — зло, присущее альтруизму. В первых рабочих заметках, касающихся этого романа, Рэнд подвергала нападкам христианскую этику, но теперь она обрушилась с критикой на альтруизм. В своей речи Рорк называет «секонд-хендеров» проповедниками альтруизма, который он определяет как «доктрину, требующую, чтобы человек жил ради других и ставил их интересы выше собственных». Истоки того, что Рэнд переключилась с христианства на альтруизм, неясны — но, думается, тут могли сыграть роль ее беседы с философски подкованной Изабель Патерсон. Вне зависимости от того, при каких обстоятельствах Рэнд подхватила этот термин, смысл, который она в него закладывала, отражает то, как трансформировались и конкретизировались в течение лет, идеи, с самого начала заложенные в философскую подоплеку романа. Ранее она видела в «секонд-хендерах» беспринципных карьеристов. Теперь, будучи переведенной в плоскость альтруизма, эта идея существенно расширилась, позволяя Рэнд поместить своих персонажей в значительно более масштабную философскую и нравственную вселенную. Изображении доктрины альтруизма в качестве злого начала явилось логическим продолжением ее апологии эгоизму и стало последним штрихом нравственного переворота, свершившегося в сердце романа «Источник».

Наряду с творчеством, речь Рорка также является одой разуму — еще одной теме, которая начала становиться важной для Рэнд. Здесь снова проявилось влияние Патерсон, которая постоянно разглагольствовала о важности логического мышления и тех опасностях, которые несет иррациональность. В «Манифесте» не упоминались рациональность или концепция разума, но речь Рорка восхваляет «рассуждающий ум» и «мыслительный процесс». В некоторых моментах Рорк отделяет мышление от творчества, в другие — сводит их вместе, говоря своей аудитории: «Кодекс творца построен из нужд рассуждающего разума, который позволяет человеку выживать». Он всегда возвращается к отправной точке, которая состоит в том, что права личности должны цениться выше, чем интересы общества.

Впечатленные выступлением Рорка, присяжные единогласно голосуют за то, чтобы оправдать подсудимого. Таким образом Рэнд вновь подтверждает свою веру в житейскую мудрость, свойственную свободным в своих суждениях независимым американцам. Несмотря на то, что ни один из присяжных не является творческим гением исторического масштаба, как Рорк, Рэнд ясно дает понять, что они могут разделить его славу — просто понимая и подтверждая принципы индивидуализма.

После описания судебного процесса Рэнд принялась наскоро сводить вместе сюжетные линии своей истории. На страницах, предшествующих суду, она весьма подробно описывает тяжелое испытание обрушившееся на Гайла Уинанда. Еще недавно ощущавший себя всемогущим магнатом, Уинанд унижен тем фактом, что ему не удается защитить Рорка при помощи своих таблоидов. Разрушив Кортланд, Рорк оказался под перекрестным огнем народного гнева, и читатели начали отказываться от изданий Уинанда после того, как тот принял сторону архитектора. На протяжении долгого времени Уинанд верил, что только он создает общественное мнение, но теперь он понял, что на самом деле общество является его хозяином, а не наоборот. И он отказывается от своих истинных убеждений, меняет курс на противоположный и начинает атаковать Рорка при помощи своей основной газеты, The Banner. Можно сказать, что его судьба наиболее трагична среди всех героев книги, поскольку, в отличие от Тухи и Китинга, Уинанд является «человеком, который мог бы стать» настоящим индивидуалистом — но не стал им. В заключительных сценах романа Уинанд заискивает перед Рорком, пытаясь добиться его расположения. Он даже когда заказывает проект и строительство здания для своей медиа-империи. Когда история подходит к концу, одинокий и опустошенный, Уинанд понимает, что его стремление к власти ничего ему не принесло.

Свою грандиозную рукопись Рэнд увенчала традиционным голливудским хэппи-эндом. Доминик — к этому моменту уже миссис Говард Рорк — прибывает на строительную площадку небоскреба Уинанда. Она поднимается на лифте по боковой стороне здания и смотрит вверх, чтобы увидеть «солнце, небо и фигуру

Говарда Рорка». Заключительные слова романа были напечатаны аккурат накануне установленного издателем дедлайна.

Но самое сложное было еще впереди. И Рэнд, и ее редактор Огден понимали, что рукопись чересчур длинна. Рэнд хотела сперва дописать роман — и лишь после этого начать его вычитывать и редактировать. На это у нее было всего несколько месяцев, поскольку Bobbs-Merrill намеревались издать «Источник» весной 1943. Отчаянно желавшая вновь вернуться на бумагу, Рэнд оставила в стороне свою обычную нелюбовь к редакционным советам и приняла ряд поправок, предложенных Огденом. Одной из самых значительных была смена названия книги. Рабочим названием, которое использовала Рэнд, было «Жизни из секонд-хенда». Когда Огден указал на то, что таким образом она скорее выводит на передний план своих злодеев, нежели героев, Рэнд согласилась с тем, что название следует заменить. Она предложила назвать роман «Исток» (*The Mainspring*), но книга с таким заглавием как раз недавно появилась на рынке. Словарь синонимов подсказал ей слово «Источник» (The Fountainhead), которое, стоит отметить, ни разу не встречается в тексте романа.

В течении этих последних безумных нескольких месяцев Рэнд также изменила образ Говарда Рорка и его биографию. В частности, она решила убрать из книги персонаж Весты Даннинг, в которую был влюблен Рорк до встречи с Доминик. Сцены общения Рорка с Вестой были в числе первых, написанных Рэнд в 1938. Близкий по духу к самым первым героям Рэнд, ранний Рорк был холоден и жестокосерден, демонстрируя подчеркнутое безразличие в своем обращении с Вестой. Вымарав эти сцены в начале 1943, Рэнд смягчила характер Рорка, сделав его менее мизантропичным и более героическим. Удаление линии Весты также сделало рукопись менее объемной, а характер Рорка — менее сложным, что позволило ему более резко выделиться в качестве идеализированной фигуры.

Но даже теперь отношения Рорка с женщинами оставались одной из наиболее проблемных частей книги. Зачастую, когда Рэнд изо всех сил пыталась изобразить вещи, замышляемые ею как нечто героическое, получалось описание персонажей, эмоционально холодных и состоящих друг с другом в отстраненных и деструктивных отношениях. Несмотря на то, что страсть, которую они питают друг к другу, является всепоглощающей, герои романа в некотором смысле по-настоящему друг с другом не связаны. Друзья лучше всего ощущают родство своих душ в тишине, поскольку им кажется, что в такие моменты они по-настоящему понимают друг друга. Любовники держат друг друга не за руки, а за запястья. И, наконец, в книге присутствует печально известная сцена изнасилования.

Как и в случае с пьесой «Ночью 16-го января», великая страсть в романе «Источник» начинается с насилия. Первые встречи Доминик и Рорка заряжены сексуальным напряжением. Они знакомятся во время работы Рорка в каньоне отца Доминик. Девушка просит, чтобы Рорк заменил мраморную плиту в ее спальне. Эту плиту она предварительно намеренно поцарапала. Заметив ее уловку, Рорк разбивает мрамор, после чего присылает для замены другого человека. В следующий раз она встречает Говарда, катаясь на лошади, и спрашивает, почему он сам не пришел устанавливать плиту. Возмущенная его ответом, Доминик бьет Рорка по лицу жокейским стеком. Спустя несколько дней архитектор влезает ночью в окно ее спальни и овладевает девушкой. Немного погодя автор подчеркивает: даже несмотря на то, что Доминик сопротивлялась, происходящее было для нее вещью желанной и приятной. Сама Рэнд давала противоречивые объяснения этой садомазохистской сцены. Это не было настоящим изнасилованием, настаивала она в разговоре с кем-то из своих почитателей, после чего назвала произошедшее между Рорком и Доминик «изнасилованием по приглашению». Рискованная для своего времени, сцена изнасилования стала одной из самых популярных и обсуждаемых частей книги.

Также Рэнд решила тщательно вычистить рукопись от остатков былого влияния философии Фридриха Ницше. В первой версии романа она предваряла каждую из четырех частей каким-нибудь афоризмом из его труда «По ту сторону добра и зла». Теперь она убрала эти эпиграфы, а также вымарала несколько прямых аллюзий на Ницше, присутствовавших в тексте романа. Но все же она не смогла удалить из «Источника» все то мстительное презрение, которым были пронизаны более ранние ее работы. Ее старый страх перед толпой особенно ярко проявляется в тех фрагментах романа, которые касаются Гайла Уинанда. Однажды ночью, обуреваемый отчаянием, он идет по улицам Нью-Йорка, и его горькие чувства обостряются, когда в ноздри газетного магната врываются запахи подземки, «множества людей, спрессованных, как сельди в бочке, так, что ни дохнуть, ни пошевелиться».

«Я тот, кто хотел власти, — размышляет Уинанд. — Но теперь я не властитель, я слуга безликих господ — этой женщины, стоящей, широко раздвинув жирные белые колени, на ступеньке старого дома, этого толстяка, с трудом вытаскивающего грузное пузатое тело из такси перед большим отелем, этого коротышки, потягивающего пиво перед стойкой бара, женщины, вытряхивающей запятнанный матрас из окна многоквартирного дома, таксиста, остановившегося на углу, дамы с орхидеями, напившейся в кафе на углу, беззубой женщины, торгующей жевательной резинкой, мужчины, прислонившегося к двери казино. Все они мои повелители». Его понимание собственного места в жизни идет рука об руку с отвращением по отношению к этим окружающим людям, которые «не могут ничего создать». Далее в тексте Рэнд пытается сбалансировать подобные описания путем позитивного изображения жюри присяжных — но ее презрительные проявления, все же, делают повествование более цветистым.

Контраст с прочими современными Рэнд произведениями, провозглашавшими торжество индивидуализма наглядно демонстрирует, насколько инновационным был «Источник». Элитизму и популизму всегда было очень сложно сосуществовать в сфере защиты нерегулируемого капитализма. Например, «Мемуары лишнего человека» Альберта Нока пронизаны высокомерным презрением к простому человеку. В то же самое время, противники Нового курса настаивали, что люди, если их оставить в покое, смогут достойным образом выстроить собственную судьбу. Они прославляли «забытых людей», простых работяг, которые строили декорации своей жизни без всякого вмешательства со стороны правительства. Приверженцы политики невмешательства пели осанну как элитным привилегиям, так и простому, самостоятельно обеспечивающему себя человеку.

В «Источнике» Рэнд сумела ловко обойти это противоречие и избежать фатального либертарианского элитизма в своей нравственной теории. При всем своем бахвальстве, эта теория выглядела достаточно успокаивающей. Рорк говорит присяжным: «Степень способности может варьироваться, но основной принцип остается неизменным; степень независимости человека, его инициативности и личной любви к своей работе определяет его талант как работника и его ценность как человека». Таким образом, к «элите», о которой говорит Рэнд, может присоединиться каждый — просто любя свою работу. Вместо того, чтобы говорить о богатстве, она говорит о независимости, обходя таким образом вопрос о принадлежности к некоему конкретному социальному классу.

Но даже не связывая либертарианскую идею с традиционно присущим ей элитизмом, «Источник» делает схожее заявление: гуманизм является не более чем орудием сил, рвущихся к власти. Такая идея не была чем-то новым для времени, видевшего рождение двух новых тоталитарных режимов. В вышедшем в 1940 году фильм Альфреда Хичкока «Иностранный корреспондент» лидер британской Партии мира показан немецким агентом, скрывающим свои дьявольские планы под ширмой пацифизма. Изабель Патерсон также поднимает этот вопрос в одной из глав своей знаменитой книги «Бог из машины», метко озаглавленной «Гуманитарий с гильотиной». Позднее Рэнд заявляла, что идею этой главы подсказала своей подруге именно она, но Патерсон решительно отрицала это. Нет никаких поводов сомневаться в том, что Патерсон действительно верила в нравственность своекорыстия до того, как познакомилась с Рэнд — поскольку такие взгляды вовсе не были редки среди сторонников политики невмешательства. Патерсон могла просто перефразировать Уильяма Грэма Самнера (который был скептически настроен по отношению к гуманизму), когда писала, что «Большую часть вреда в этом мире причиняют хорошие люди — и вовсе не в силу случайности, оплошности или бездействия. Это — результат их долгих и упорных намеренных действий, которые они предпринимают, руководствуясь высокими идеалами и во имя благих целей». Рэнд была не первым мыслителем, критиковавшим альтруизм или предполагавшим, что благородные намерения являются не более чем маскировкой для основных мотивов.

Рэнд также обошла стороной традиционный либертарианский скептицизм по отношению к благотворительности, чтобы атаковать базовую концепцию альтруизма как таковую. Такие авторы, как Патерсон или Самнер, подчеркивали, что милосердие не должно навязываться государством — однако поддерживали частную благотворительность на добровольной основе. Рэнд вступала в полемику с такой позицией, говоря своей аудитории: «Единственное добро, которое люди могут сделать друг для друга, и единственная приемлемая форма отношений между ними — это держать свои руки при себе». Вновь обращаясь к противостоянию активного и пассивного начал, Рэнд теперь обозначала основополагающее различие между зависимостью и независимостью как выбор между самопожертвованием и эгоизмом. В отличие от прочих либертарианцев, она не позволила проникнуть в свою теорию индвидуализма ни малейшим намекам «социальной концепции».

Приближаясь к окончанию проекта, Рэнд работала, пребывая в состоянии высочайшего интеллектуального напряжения, что во многом стало возможным, благодаря препарату, который она использовала. Она была поражена тем, насколько долго могла работать под воздействием бензедрина. За несколько месяцев она уменьшила объем произведения, переформулировала его философский подтекст и наконец-то окончательно отполировала характеры персонажей, живших в ее сознании почти десять лет. И все это Айн проделала, продолжая выполнять свою работу для Paramount. Но у бензедрина был и обратный эффект. К тому моменту, как подошла к концу работа над книгой, Рэнд была близка к нервному срыву. Врач строго-настрого наказал ей взять двухнедельный отпуск и отдохнуть от любых нагрузок.

Опустошенная, но счастливая, Рэнд отправилась в загородный дом Изабель Патерсон, прихватив с собой Фрэнка. Там она шокировала хозяйку, сообщив, что ждет продаж своего романа по меньшей мере стотысячным тиражом — иначе она будет считать, что затея провалилась. С ее стороны было несколько бестактно говорить такое Патерсон, автору восьми романов, продажи ни одного из которых не превысили нескольких тысяч. Несмотря на то, что Патерсон всегда оказывала поддержку творчеству Рэнд, она сильно сомневалась, что этот роман покажет хорошие результаты. «Источник» был не в ее вкусе — слишком много прилагательных, слишком много драмы. Изабель даже отказалась рецензировать эту книгу для Herald Tribune — от Рэнд такое решение она благоразумно скрыла.

Глава 16

«Источник» начинает бить

С New York Times Рэнд повезло больше — через месяц после выхода «Источника» это издание опубликовало на роман лучшую рецензию в ее карьере. В этой рецензии Рэнд назвали «автором великой силы». «Она обладает тонким и острым умом, а также способностью писать блестяще, прекрасно, проникновенно», — гласил текст обзора. Автор рецензии, Лорин Прюэтт, обратила внимание не только на стиль романа, она также хвалила его содержание, отмечая, что читателям придется освежить в памяти «несколько основных философских концепций нашего времени» и заявляя, что это «единственный написанный американской женщиной роман, наполненный идеями, который я могу вспомнить». Эти слова подхватил ряд изданий рангом поменьше. Рецензент из Питтсбурга написал, что «Источник», вероятно, сможет «изменить жизнь каждого, кто прочитает эту книгу», а Providence Journal написал, что «Всего с одной книгой Айн Рэнд заняла важную позицию среди американских романистов». Исключения составляли только более снобистские литературные издания, такие как Times Literary Supplement, где написали, что «мисс Рэнд может создавать только гаргулий, но не персонажей», и The Nation, где Диана Триллинг насмехалась над карикатурными, с ее точки зрения, характерами героев книги.

К лету «Источник» начал появляться в списках бестселлеров, куда его вывели как положительные рецензии в прессе, так и личные рекомендации, сделанные читателями в устном общении со своими знакомыми. Немалую роль в продвижении этой книги сыграла Изабель Патерсон. Даже несмотря на то, что она не стала писать на роман подруги развернутую рецензию, имя Рэнд нередко упоминалось в ее колонке. В те годы Патерсон находилась на вершине своей славы литературного критика, и даже такое ее внимание являлось для Рэнд весьма ценной поддержкой. Продажи продолжили расти и осенью, все больше приближаясь к ожиданиям Айн, но приводя в смятение всех остальных — включая даже ее издателя. Невзирая на рекомендацию Арчибальда Огдена, Bobbs-Merrill сперва выпустили лишь небольшой стартовый тираж, ожидая, что общий объем продаж составит не более десяти тысяч экземпляров. Но скоро им пришлось поднапрячься, чтобы предложение поспевало за спросом. К концу года было продано около пятидесяти тысяч экземпляров, а книга допечатывалась целых шесть раз. В принципе, то, что издатель не смог предвидеть такого успеха, легко понять. «Источник» — странная книга, длинная, мрачноватая, слегка сумбурная. Даже после осуществленной Рэнд финальной авторской правки в ней осталось порядка семисот страниц.

Что же нашли читатели на этих страницах? На самом базовом уровне «Источник» являет собой захватывающую историю, которая может прийтись по душе достаточно широкому кругу читателей. Заложенный автором в события книги символический подтекст делает архитектуру живой, волнующей и яркой. В одной из эффектных сцен романа Рэнд описывает бунтарский поступок Рорка, который помогает ему заполучить своего первого крупного клиента, Остина Хэллера. В тот момент, когда Хэллер рассматривает акварель с проектом заказанного им дома — который создан на основе идей Рорка, но с добавленными к ним предложениями других архитекторов — Рорк внезапно вмешивается, уничтожая акварель и демонстрируя, каким он изначально спроектировал этот дом.

«Рорк развернулся. Он оказался по другую сторону стола. Схватив рисунок, он стремительно выбросил вперед руку с карандашом, и тот зашелестел по бумаге, прочерчивая черные жирные линии поверх неприкосновенной акварели. Под этими линиями исчезли ионические колонны, исчезли фронтон, портик, шпиль, ставни, кирпичи. Выросли два каменных крыла, выплеснулись широкие окна, балкон разлетелся вдребезги, а над морем взмыла терраса.

Все это делалось, пока остальные соображали, что, собственно, происходит. Затем Снайт рванулся вперед, но Хэллер схватил его за руку и остановил. Рука Рорка продолжала сносить стены, расчленять, строить заново — яростными, размашистыми штрихами.

На долю секунды Рорк откинул голову и посмотрел через стол на Хэллера. Надобность представляться друг другу исчезла — взгляд, которым они обменялись, был равносилен рукопожатию. Рорк продолжал работать, а когда он отбросил карандаш, дом, в том виде, в каком он его спроектировал, предстал перед ними в паутине черных штрихов, как будто уже построенный. Все заняло не более пяти минут.

Снайт попытался вставить слово. Поскольку Хэллер молчал, Снайт решил наброситься на Рорка и закричал:

— Ты уволен! Черт тебя побери, убирайся отсюда! Ты уволен!

— Мы оба уволены, — сказал Остин Хэллер, подмигивая Рорку. — Пойдемте отсюда. Вы обедали? Сходим куда-нибудь. Я хочу с вами поговорить.

Рорк подошел к своему шкафчику и достал пальто и шляпу. Вся чертежная стала свидетелем беспрецедентного события, и работа прекратилась — все ждали, что будет дальше. Остин Хэллер взял рисунок, сложил его вчетверо, сгибая драгоценный ватман, и засунул в карман.

— Но, м-мистер Хэллер... — запинаясь, пролепетал Снайт, — позвольте, я все объясню... Если это то, что вам надо, то все прекрасно... мы переделаем рисунок... позвольте объяснить...

— В другой раз, — сказал Хэллер. — После. — Подойдя к дверям, он добавил: — Чек я вам пришлю».

Впечатленный этим честолюбивым поступком, Хэллер предлагает Рорку его первый крупный гонорар. Созданное Рэнд напряженное, драматичное описание ситуации оживляет этот момент, преподнося его во всей эмоциональной значимости. Как признавали даже задиры из Times Literary Supplement, роман обладал «удивительной читабельностью». За долгие годы, что она занималась литературным творчеством, Айн Рэнд сумела развить стремительный и захватывающий стиль, который постоянно подогревал читательский интерес.

Однако для множества читателей «Источник» был чем-то намного большим, нежели просто интересным чтивом. Книга породила множество восторженных отзывов, немалую часть которых Рэнд получила в виде писем от поклонников. В этих лихорадочных, на скорую руку написанных письмах читатели рассказывали о том, как книга повлияла на их жизни. Для многих «Источник» стал настоящим откровением. Как сказал Рэнд кто-то из читателей, «это было как проснуться в первый раз». Эта метафора пробуждения была одной из наиболее часто встречающихся в высказываниях читателей, желавших описать влияние творчества Рэнд на их мысли. Молодые люди были особенно благодарны ей за настоятельное утверждение, что к мечтам, стремлениям и голосу собственного «я» следует прислушиваться, невзирая на то, какими могут быть последствия. Некий восемнадцатилетний начинающий писатель вцепился в книгу как в спасательный круг: «Но теперь, когда я достигаю точки — а в последние дни я довольно часто ее достигаю — когда душевная боль просто не может стать еще сильнее... в такие моменты я перечитываю любой случайный фрагмент Вашего романа». Рэнд предвидела подобные отзывы и, конечно же, она всегда стремилась к тому, чтобы достучаться до самых потайных дверок в душах своих читателей. Вскоре после выхода романа она написала письмо своему другу Девитту Эмери, который в 1930-е годы возглавлял Американскую ассоциацию малого бизнеса. В этом послании она пишет: «Настало время понять — как это уже сделали красные — что распространение наших идей путем облечения их в художественную форму — великое оружие, потому что таким образом можно вызвать у публики эмоциональный и, что не менее важно, интеллектуальный отклик». Продажи «Источника» подтвердили ее правоту. Вместо того, чтобы начать продаваться хуже после того, как стихнет первый шквал рецензий, и постепенно стереться из памяти публики под напором более актуальных новинок, книга год от года набирала все большую популярность. Люди открывали роман, испытывали на себе его волшебную мощь, и настоятельно рекомендовали «Источник» всем своим друзьям.

Многие из наиболее преданных поклонников использовали характеры, созданные Рэнд, в качестве шаблонов для самооценки и саморазвития. Обеспокоенные тем, как резко Рэнд осуждала «секонд-хендеров», они присматривались к самим себе, чтобы понять: а не попадают ли и они в эту категорию. Один армейский лейтенант признался Рэнд: «Несмотря на то, что я во всем согласен с Рорком и восхищаюсь им, не думаю, что я смог бы попытаться быть таким же человеком, как он. Думаю, что я, все же, ближе к Гайлу Уинанду».

Другие люди были благодарны автору «Источника» за книгу, которая помогла им не превратиться в конформистов и не сломаться под давлением обстоятельств. Один из читателей сообщил Рэнд, что «был полностью подавлен и запуган — но книга помогла ему с этим справиться». Молодая женщина по очереди сравнивала себя с каждым из персонажей книги, в конце концов приходя к выводу: «Я — это я, и я живу тем, чего по-настоящему хочу». Заставляя читателей задуматься о том, похожи они или нет на определенных героев ее романа, Рэнд тем самым вдохновила многих из них сделать в жизни правильный выбор. Для ряда других людей книга была, скорее, приключением интеллектуального толка. Отказ Рэнд от традиционной морали и ее противоречивая теория эгоизма заставили многих читателей романа думать, спорить и дискутировать. Ее книга была особенно популярна среди солдат, для которых этот увесистый том стал как спасением от скуки, так и ответом на вопросы относительно причин участия Америки в войне. Как выразился один военнослужащий, дислоцированный в Техасе: «Хоть я и не полностью согласен со всеми теми гипотезами, которые в этой книге, все-таки, должен признать, что этот материал заслуживает очень серьезного внимания. Он предлагает вполне логически обоснованную информацию о движущих силах, стоящих за нынешним глобальным кризисом». Авторы нескольких писем рассказывали Рэнд, что ее книга стала хитом сезона в их военных частях и постоянно переходит с рук на руки. Армейский рядовой писал: «Роман «Источник» дал моему мозгу очень нужное упражнение», а литературная обозревательница из Бостона рассказывала: «Мы с мужем жили в мире «Источника» несколько недель, обсуждали его так и этак, перетряхивали книгу сверху донизу и выворачивали наизнанку». Даже тем, кто был не согласен с Рэнд, понравилось размышлять над вопросами, которые она подняла. Этот интеллектуальный азарт был вызван к жизни тем, насколько умело Рэнд закодировала философские и социологические идеи в ткани художественного сюжета. Многие люди, никогда до этого не читавшие трактатов по философии, этике или политике, взяв в руки этот роман, быстро обнаружили себя погруженными в мир идей.

Рэнд с самого начала стремилась сделать эмоциональную и интеллектуальную составляющие романа зеркальными отражениями друг друга. В идеале, полагала она, читатели будут переживать сильные чувства, связанные как с ее персонажами, так и с ее политическими взглядами. Подарив экземпляр «Источника» Девитту Эмери, она сказала: «Когда ты прочтешь эту книгу, то увидишь, каким изобличением Нового курса она является, что она сделает с «гуманитариями», и какой эффект она окажет на следующие выборы — несмотря даже на то, что я ни разу не упоминаю здесь Новый курс». Вера Рэнд в то, что художественный вымысел может повлечь за собой важные политические последствия, проистекала из ее российского происхождения, а также ее наблюдений за нью-йоркскими левыми. Еще когда антикоммунистов выдавливали из Ленинградского государственного университета, Рэнд поняла, что даже самые невинные, на первый взгляд, литературные труды могут иметь политический подтекст. Памятуя об этом, в свои первые годы в Соединенных Штатах она посылала своей семье американские романы для перевода на русский. Эти книги были для Розенбаумов важным источником дохода — но они должны были пройти советскую цензуру. Рэнд стала настоящим экспертом в выборе такой литературы, которая могла бы получить одобрение со стороны коммунистов. Но те же самые произведения, полагала она, постепенно отравляли американскую систему и в том, что Уэнделл Уилки потерпел поражение на выборах, имелась также и доля их вины. «Пропаганда Нового курса так сильно заразила людей идеями коллективизма, что они не могут даже понять, за что стоит мистер Уилки», — писала она. «Источник» должен был указать американцам путь к ценностям и идеалам, которые поддерживали индивидуализм, а не коллективизм.

Многие читатели поняли и с радостью приняли глубинный подтекст, заложенный в этой книге. В письме, адресованном Рэнд, некая женщина подвергала нападкам Управление по регулированию цен, структуру федерального правительства, которая была создана с целью урегулировать цены на товары и услуги после того, как началась война: «Я полагаю, вы с нарастающим ужасом смотрите на отцовскую заботу нашего правительства о бедных и нуждающихся. Я тоже — потому, что пытаясь выменять нашу свободу на социальное обеспечение, мы теряем и то, и другое».

Другая признавалась: «Моя ненависть к Рузвельту порой становится настоящей манией. Он борется практически за все, что я ненавижу. Достаточно очевидно, что ваши чувства на этот счет такие же, как у меня — или даже сильнее». Индивидуализм Рэнд выходил за рамки господствующих интеллектуальных течений ее времени, но он вторил общей викторианской идее о том, что зависимость порождает слабость или ведет к моральной деградации. «В Говарде Рорке я вновь открыл для себя понятие «личности», — сообщал пресвитерианский священник из Луизианы. — Той личности, которой я должен был быть, и в которую должен был верить — но которая потерялась где-то в тумане интеллектуальных, моральных и духовных заблуждений, порожденных в нездоровых джунглях проповедников, профессоров и нищеты Депрессии. Рэнд оказалась права, надеясь на то, что в Америке, все же, существует сильная антиправительственная традиция и почти инстинктивный страх перед бюрократизацией, государственным регулированием и централизацией власти. Даже несмотря на то, что ее роман продвигал в массы новую мораль, в политическом плане он апеллировал к мудрости старых традиций консерватизма.

Тем же, кто уже склонился к либертарианским ценностям, роман предлагал поразительный противовес традиционным идеям невмешательства. Ее намерение воплотилось в жизнь: «Источник» сделал индивидуализм живой и отчетливой целью, к которой следовало стремиться. То, как она подчеркивала творческую энергию, продуктивность и силу независимых личностей, оказало ободряющее воздействие на Джеймса Ингебритсена, который как раз демобилизовался из армии, когда прочитал «Источник» и «Воспоминания лишнего человека» Нока. Своему другу он объяснял концепцию «Источника» следующим образом: «Говард Рорк является ответом Ноку, он олицетворяет созидание, а не попытку сбежать, и это также является ответом на вызов того безумного мира, в котором мы живем». Вскоре после того, как он написал это письмо, Ингебритсен перебрался в Лос-Анджелес, где принял участие в создании организации Pamphleteers — одной из первых либертарианских групп, сформированных в послевоенную эпоху. Подобным образом журналист Джон Чемберлен нашел, что комбинация старого и нового помогает ему утвердиться в своих политических взглядах. Чемберлен читал книгу Рэнд параллельно с «Богом из машины» Изабель Патерсон и еще одной либертарианской книгой — «Открытие свободы» авторства Роуз Уайлдер Лейн (1943). Он отметил, что три этих автора «превратили ноковскую концепцию общественной власти в детализированную реальность»: «Эти книги дают понять, что если жизнь должна быть чем-то большим, нежели мышиная возня в борьбе за государственные подачки — то должна быть выработана новая форма отношения к человеку созидающему». В 1930-х Чемберлен был известен своими умеренными социалистическими взглядами — но после войны он стал одним из главных рупоров либертарианства, звучавшим со страниц Wall Street Journal, Life и Time.

«Источник» дал либертарианству новую энергию — и очень вовремя. В течение многих лет пребывавшие в состоянии полудремы группы противодействия Новому курсу в начале сороковых начали постепенно просыпаться. Эти организации мгновенно распознали в Рэнд родственную душу. Осенью 1943 она приняла участие в публичных дебатах, организованных одной из таких групп, Американской научно-экономической организацией. Ее оппонентом стал бывший редактор The Nation Освальд Гаррисон Уиллард, а на повестке дня стоял вопрос о том, что поможет стране обеспечить послевоенный прогресс — коллективизм или индивидуализм. Еще более широкое распространение идеи Рэнд получили после того, как сжатая версия ее «Манифеста» была опубликована в Reader's Digest под заголовком «Единственный путь в завтрашний день». Вскоре ставшее рупором набравшего популярность антикоммунистического движения, это издание помогло Рэнд обрести известность откровенно политизированного автора.

Тем не менее, она опасалась, что все еще не нашла «своего» читателя. Ее в особенности раздражала реклама «Источника», представлявшая роман в качестве эпической любовной истории, а не серьезной пищи для ума. Она отправила гневное письмо Арчибальду Огдену, в котором подробно описала причины своей неудовлетворенности. Незадолго до этого она предприняла самостоятельные действия, направленные на продвижение книги в качестве политического заявления. Как Рэнд объяснила Эмери, она хотела стать праворадикальным эквивалентом Джона Стейнбека: «Пускай теперь наши сторонники сделают мне «имя» — я должна посещать встречи, возглавлять движения и представлять собрания. Я могу стать настоящей находкой для наших так называемых реакционеров». Ключом к этому должно было стать продвижение «Источника» в качестве идеологического и политического произведения — продвижения, которым не стало заниматься издательство Bobbs-Merrill.

Для Рэнд было особенно важно подчеркнуть, что эти ее амбиции не носят личного характера. Проблема, объясняла она Эмери и нескольким другим адресатам, состояла в том, что на интеллектуальном поле в Америке выросла баррикада из идей «розовых», коллективистов и сторонников Нового курса, через которую другие точки зрения попросту не были слышны. Вот почему были столь важны такие книги, как «Источник»: если она станет «очень известной, это проложит путь другим авторам наших взглядов». Рэнд была убеждена, что люди их поддержат, и только интеллектуалы левого толка стояли на пути.

Необходимый толчок «Источнику», в конце концов, придал Голливуд. Идея создания фильма по этой книге была для Рэнд особенно соблазнительной. Роман продавался хорошо, но она все еще беспокоилась, что его может постичь такое же бесчестие, как «Мы — живые». Кинокартина могла бы сделать ее имя известным более широкой аудитории и обеспечить долгую жизнь своему литературному первоисточнику. Но первое предложение об экранизации, поступившее всего через три недели после публикации, она отвергла, полагая, что со временем ее книга приобретет большую ценность. Осенью 1943 ее новый агент сообщил о более выгодном предложении от Warner Brothers. Рэнд принялась торговаться. За почти двадцать лет в индустрии, она многому научилась. «Красная пешка», первый сценарий, который ей удалось продать, вскоре после этого удвоился в цене, принеся студии хорошую прибыль, от которой автору не перепало ни цента. Теперь Рэнд была настроена получить никак не меньше пятидесяти тысяч долларов — сказочную сумму, если учесть, что за два года до этого она танцевала от радости, получив жалкий аванс в одну тысячу. Warner Brothers пытались сбить цену, но Рэнд была непреклонна.

В ноябре сделка состоялась. Ничуть не меньше, чем деньги, радовала Айн заинтересованность студии в том, чтобы сценарий был написан ею самой. Впрочем, это означало, что ей и Фрэнку придется вернуться в Голливуд — а такая перспектива ее пугала.

Но все же, она понимала, что только личное присутствие на съемочной площадке может дать ей уверенность, что полнота ее замысла и суть содержащихся в книге идей будут реализованы на экране должным образом. Warner Brothers даже пообещали ей возможность консультировать съемочную группу фильма в процессе производства. После того, как контракт был подписан, Фрэнк и Изабель Патерсон посадили Рэнд в такси и отвезли в знаменитый магазин дизайнерской моды Saks Fifth Avenue. Там Фрэнк сказал своей жене: «Можешь купить себе любую шубу, но при условии, что это будет норка». Рэнд хотела спрятать деньги в кубышку и экономить каждый цент — такова уж была ее привычка. Но Фрэнк и Изабель лучше нее самой понимали, что теперь все будет по-другому. После стольких лет напряженной работы Рэнд наконец-то сделала себе имя.

Глава 17
Возвращение в Голливуд

В Голливуд Айн и Фрэнк приехали знаменитыми. «Источник» был главным хитом сезона, и город полнился слухами о том, кого выберут на главные роли. Кинозвезды принялись обхаживать Рэнд, надеясь, что она сможет повлиять на решение студии. Джоан Кроуфорд дала обед для О'Конноров и пришла на него одетая, как Доминик, в длинном белом платье и с аквамаринами. Warner Brothers предоставили Рэнд огромный офис с секретарем и еженедельную зарплату в 750 долларов. Контраст между прибытием Айн в США в качестве нищей эмигрантки без гроша в кармане и ее нынешним положением был потрясающим.

Но голливудская магия уже не действовала на нее. Рэнд постоянно жаловалась на «отвратительный калифорнийский солнцепек». Ее сердце принадлежало Нью-Йорку, и она надеялась, что пребывание в Калифорнии не будет слишком долгим. Она незамедлительно приступила к работе над сценарием «Источника» и закончила его за несколько недель. Однако блицкрига не получилось, поскольку производство фильма было заморожено в связи с войной. Рэнд пришлось настроиться на продолжительное пребывание в Калифорнии. Когда ее работа для Warner Brothers была закончена, она заключила пятилетний контракт на написание сценариев с независимым продюсером Хэлом Уоллисом. О'Конноры купили дом, который полностью удовлетворял вкусам их обоих — здание в стиле модерн, спроектированное Ричардом Нитрой и расположенной в Четсуорте, в часе езды от Голливуда. Дом из стали и бетона стоял на участке в тринадцать акров. В конечном итоге они прожили там семь лет.

За это время в мировоззрении Рэнд произошли две существенных перемены. Первой была переориентация ее образа мыслей на концепцию разума, которую она связывала с Аристотелем. Когда Рэнд приехала в Калифорнию, она работала над своей первой нехудожественной книгой — впоследствии этот проект был свернут ради ее третьего романа. Таким же образом, как «Источник» демонстрировал ее идеи относительно индивидуализма, эта следующая книга должна была выразить растущую склонность Рэнд к темам разума и рациональности. После трех лет в Калифорнии Рэнд поставила перед собой новую цель. Ранее мотивирующей силой ее творчества был индивидуализм — теперь же она говорила в интервью следующее: «Знаете ли вы, что целью моего личного философского крестового похода является не просто битва с коллективизмом либо же альтруизмом? Эти вещи являются всего лишь последствиями, эффектами — но не первопричинами. Теперь я вычислила главную причину, корень любого зла на земле — иррациональность».

Также Рэнд все отчетливее понимала, что существует ряд особенностей, отделяющих ее от общей массы либертарианцев или, как она теперь их называла, «реакционеров». Дело было в ее оппозиции по отношению к альтруизму, и, что еще более важно, в ее нежелании идти на компромисс с теми, кто защищал традиционные ценности. В 1943 году голос Рэнд был одним из немногих, выдвигавших убедительные аргументы в пользу капитализма и ограничения полномочий правительства. В последующие годы он стал частью большого хора — и такая роль ее не устраивала.

Вернувшись в Голливуд, Рэнд оказалась в водовороте политической активности, которая поделила киноиндустрию пополам. В Калифорнии уже проявлялись первые симптомы так называемой «красной угрозы», которая впоследствии охватила почти всю нацию. Все началось с проблем в области труда. В 1945, вскоре после ее возвращения, Конференция студийных профсоюзов запустила масштабную забастовку, охватившую всю киноиндустрию и вызвавшую постоянно подогреваемый конфликт, продлившийся почти два года. У ворот Warner Brothers начался полномасштабный бунт, попавший на первые полосы национальных газет и привлекший внимание Конгресса. Рэнд, находившаяся у себя в отдаленном Четсуорте, пропустила пик этих волнений. Однако вскоре она вступила в группу, сформированную для того, чтобы противостоять проникновению коммунистических идей в профсоюзы индустрии развлечений и всю эту индустрию в целом — Кинематографический альянс за сохранение американских идеалов. Группа была основана влиятельными в Голливуде людьми, включая Уолта Диснея, Джона Уэйна, а также режиссера «Источника» Кинга Видора. На первом собрании, в котором она приняла участие, Рэнд была удивлена тем, что ее единогласно избрали в исполнительный комитет.

Как она когда-то и мечтала, Рэнд стала возглавлять комитеты и вести вперед движения, переводя таким образом свою известность в политическую плоскость. Она также вошла в совет директоров Американской писательской ассоциации, союза литераторов, созданного для того, чтобы противостоять так называемому «Плану Кейна», который пытался внедрить в общественное сознание писатель и журналист Джеймс Кейн. Согласно его идеям, получившим поддержку Гильдии сценаристов и союза авторов, пишущих для радио, должен был быть создан новый властный орган, который владел бы всеми авторскими правами на всю писательскую продукцию. Рэнд и многие другие незамедлительно разглядели в этой схеме влияние коммунистических агентов. Американская писательская ассоциация отправила своих представителей на встречу Лиги авторов в Нью-Йорке, провела несколько собственных собраний и начала выпускать новостной дайджест. После того, как «план Кейна» с треском провалился, Американская писательская ассоциация попыталась расширить свою деятельность, начав защищать авторов, которые пострадали от политической дискриминации — но скоро эта деятельность прекратилась.

Что же на самом деле происходило в Голливуде в те годы, против каких вредных влияний выступала Айн Рэнд? Как и почему столь многие кинематографические сообщества поддались очарованию не просто левацких идей, но левацких идей в их наиболее тоталитарном проявлении в виде Американской коммунистической партии? На протяжении многих лет эти вопросы находились в американском обществе под негласным запретом. Лишь в 2006 году в США вышла книга авторства Рональда и Эллис Радошей «Красная звезда над Голливудом», в которой была предпринята попытка систематизации и анализа коммунистической деятельности в американской киностолице. Чем на самом деле занимались там коммунисты? Как они продвигали свою политическую программу и насколько эффективно у них это получалось? В то время как абсолютно все прочие исследователи этой темы подходят к ней однобоко, освещая исключительно деятельность Комитета по расследованию антиамериканской деятельности, Радоши рассматривают проблему с другой стороны, выводя на свет более разнообразный спектр свидетельств и предоставляя читателю расширенный объем информации. Начиная с последствий большевистской революции, он отслеживает нарастающее восхищение Голливуда русским радикализмом на протяжении 1930-х — когда индустрия находилась на стадии становления, и многие будущие звезды Голливуда, посетив Советский Союз, видели будущее, которое, как они считали, было приемлемым для всех — и, возвращались, чтобы воплотить это мнение в жизнь у себя дома. Во время Депрессии в Америке и становления фашизма в Европе многие люди, работавшие в сфере кино, попали под влияние этих «пророков» и присоединились к нарастающему урагану, связав свои судьбы с левацким политическим течением. Выдающиеся актеры, режиссеры и сценаристы объединились в народный фронт, состоявший как из либералов, так и из коммунистов, объединившихся на почве противостояния фашизму и поддержки демократов во главе с Франклином Делано Рузвельтом. Это единство было утрачено после того, как в августе 1939 Советский Союз заключил показавшийся американцам циничным пакт о ненападении с нацистской Германией. Но после того, как в июне 1941 Гитлер вторгся в СССР, и Союз вступил в войну, либерально-коммунистический альянс был восстановлен. Вновь провозгласив своей целью поддержку Рузвельта и борьбу с Гитлером и преподнося себя как предвестников будущего, коммунисты добились в столице американского кинематографа еще большего влияния, чем раньше. После того, как война закончилась — но ранее, чем в Голливуд заглянул Комитет по расследованию антиамериканской деятельности — нарастающее напряжение между Соединенными Штатами и Советским Союзом положило конец доверительным отношениям коммунистов с голливудскими либералами. Некоторые голливудские знаменитости — такие, например, как двукратные оскаровские лауреаты Оливия Де Хэвилленд и Мелвин Даглас — были сыты по горло постоянными интригами своих старых коллег и чувствовали себя обманутыми коммунистами, которые всегда продвигали в большей степени интересы Москвы, нежели Америки. Среди тех, кто не мог потерпеть присутствия коммунистов в святая святых американского шоу-бизнеса, была, разумеется, и Айн Рэнд.

В Лос-Анджелесе она стала кумиром консерваторов от мира бизнеса — таких, например, как Леонард Рид, глава лос-анджелесского отделения Торгово-промышленной палаты, который, вскоре прибытия Рэнд в Калифорнию, пригласил ее на обед вместе с несколькими коллегами. Истинным зачинщиком этого мероприятия был Раймонд Хойлс, издатель местной газеты Santa Ana Register. Хойлс раздал экземпляры «Источника» членам своей семьи, расхвалил книгу в своей колонке и начал переписываться с Рэнд, еще когда она жила в Нью-Йорке. Личная встреча не привела к установлению прочной дружбы между Хойлсом и Рэнд — возможно, потому, что издатель любил подкреплять свои высказывания о либертарианстве цитатами из Библии. Тем не менее, Хойлс продолжил оказывать ей поддержку на страницах принадлежавших ему шестнадцати газет, охватывавших семь западных и юго-западных штатов.

Гораздо большее впечатление на Рэнд произвел Уильям Маллендор, прямодушный менеджер из компании Con Edison. Маллендор обожал «Источник», а Рэнд, в свою очередь, воспринимала его как «крестоносца морали» — и единственного промышленника, который понимал, что «бизнесу нужна философия, и что эта проблема носит интеллектуальный характер». Именно Маллендор обратил Леонарда Рида в «философию свободы» — и под его опекой тот превратил свой, обычно сонный филиал Торгово-промышленной палаты в рупор либертарианства и один из интеллектуальных центров города, где проходили серии лекций и организовывались образовательные программы. Как отмечает один из историков, вступив на территорию, где царил идеологический вакуум, Рид в течение нескольких лет сумел задать тон в южно-калифорнийском бизнес-сообществе».

Деятельность Рида породила новые тренды, формировавшие социокультурный облик как региона, так и нации в целом. Война подходила к концу, экономика постепенно восстанавливалась — и консерваторы мира бизнеса принялись создавать организованную оппозицию политике Нового курса. Их основной мишенью были профсоюзы. Прокатившаяся по стране в 1945 волна забастовок давала возможность заявить о себе. Владельцы компаний утверждали, что профсоюзы обладают слишком большой властью и начинают становиться опасной, антидемократической силой. На государственном уровне трудовое законодательство, выводившее за пределы правового поля ряд приемов, используемых профсоюзами в их борьбе, приводило к возникновению очагов политической напряженности, особенно — в быстро растущем регионе «Солнечного пояса». В 1947 году Конгресс восьмидесятого созыва, в котором большинство составляли консерваторы, преодолел вето президента Трумэна на принятие закона Тафта-Хартли, отменявшего многие из полномочий, которые профсоюзам удалось получить за время правления Рузвельта. Этот закон поставил профсоюзы под контроль государства, обязав их ежегодно предоставлять в министерство труда сведения организационного и финансового характера. Руководители и активисты профсоюзов должны были под присягой заявить о непричастности к Коммунистической партии (это условие было отменено лишь в 1959 году). Существенному ограничению подверглось право на забастовки — незаконными были признаны политические забастовки и забастовки солидарности. При проведении экономической забастовки профсоюз был обязан предварительно (за шестьдесят дней) уведомить об этом предпринимателя и специальный административный орган — Федеральную службу по посредничеству и примирению. Судам было предоставлено право выносить решения о прекращении забастовок. Ограничениям подверглось и право рабочих на заключение коллективного договора на условии «закрытого цеха». Хойлс и Маллендор были символами этой новой воинственности руководящего звена, оба они занимали жесткую позицию, когда забастовки били по предприятиям, которыми они управляли.

Рид, Маллендор и Хойлс сразу распознали в Рэнд писателя, чье творчество поддерживало их антипрофсоюзную позицию. От их внимания не ускользнул тот факт, что главный антагонист «Источника», Элсворт Тухи, является профсоюзным активистом, главой Союза сотрудников корпорации Уинанда.

У этих двоих был небольшой побочный бизнес, издательство Pamphleteers Inc, занимавшееся выпуском материалов, поддерживающих идеи индивидуализма и свободной конкуренции в предпринимательстве. Когда Рэнд показала им экземпляр «Гимна», произведения, которое все еще не было издано в Соединенных Штатах, они решили опубликовать повесть в своей серии. Как и предполагали Рид с Маллендором, это произведение вызвало широкий резонанс в кругах бизнесменов и финансистов. Рэнд получала восхищенные письма из Национального экономического совета и движения «За свободу предпринимательства», а еще одна лос-анджелесская консервативная группа, «Духовная мобилизация», создала и выпустила в эфир радиопостановку на основе ее повести.

Глава 18
Долой конкурентов!

Еще одной настольной книгой консервативно настроенных бизнесменов была «Дорога к рабству» австрийского экономиста и философа Фридриха Августа фон Хайека. Изначально написанная для британской аудитории, эта книга неожиданно привлекла внимание американцев, а ее автора, когда он выступал с лекциями в Америке в 1944 году, встречали толпы восторженных поклонников. Заявления, которые делал Хайек, были схожи с утверждениями Рэнд периода ее активной политической деятельности после расставания с Уэнделлом Уилки. Теорию политики невмешательства он применял в более широком, международном масштабе, утверждая, что любое движение навстречу государственному регулированию экономики в конечном итоге приведет к полномасштабному социализму и диктатуре. Как и Рэнд, он предупреждал: «Те же силы, которые разрушили свободу в Германии, работают также и здесь». Он разделял ее недоверие к «всеобщему благу» и назвал одну из глав своей книги «Индивидуализм и коллективизм». Схожим был и тот прием, который встречали их книги: Хайека отвергали высоколобые интеллектуалы, но горячо приветствовали бизнесмены и прочие американцы, которых нервировали последствия Нового курса. Как «Источник», так и «Дорога к рабству» были даже выпущены в виде комиксов, что свидетельствовало об их широчайшей популярности.

«Дорога к рабству» позволила Хайеку построить выдающуюся карьеру интеллектуала и организатора, кульминацией которой стало присуждение ему в 1974 году Нобелевской премии в области экономики. Популярность книги привлекла внимание базировавшегося в Канзас-сити Фонда Уильяма Волкера, новой либертарианской организации, которая помогла Хайеку получить должность в Чикагском университете. За время войны в этом учебном заведении собрались сливки мира мыслителей свободного рынка, включая таких экономистов, как Фрэнк Найт, Генри Симмонс и Алан Директор. Прибытие Хайека стало высшей точкой этого процесса, хотя ему и не удалось попасть непосредственно на экономический факультет, и он стал сотрудником Комитета по общественному мнению, с зарплатой, выплачиваемой из средств Фонда Волкера. Но — безотносительно к тому, как он туда попал, оказавшись в Чикаго, Хайек быстро расширил рамки той деятельности, которой ранее занимались там Найт и Директор, и помог превратить университет в мощный центр рыночной экономики. Его наиболее успешной затеей было создание в 1947 году международного общества экономистов «Мон Пелерин». Хайек привлек внимание того же самого пула консервативных бизнесменов, на который изначально нацеливались Рид и Маллендор, когда создавали Pamphleteers, и он сумел создать организацию, которая навела мосты между миром бизнеса и миром науки.

Айн Рэнд поглядывала на Хайека косо. В письме к исповедовавшей либертарианские взгляды литературной обозревательнице Роуз Уайлдер Лейн, она назвала его «истинным ядом» и «примером нашего самого губительного врага». Проблему она видела в том, что считаясь консерватором, Хайек был готов, тем не менее, сыграть важную роль в спонсируемых правительством программах бесплатного здравоохранения, пособий по безработице и минимальной заработной платы. «Вот, где собака зарыта», — написала Рэнд на полях своего экземпляра «Дороги к рабству». Обращаясь к Лейн, она сравнивала его с прокоммунистически настроенным центристом, которые были наиболее эффективны в качестве пропагандистов, поскольку их никто не воспринимал как коммунистов.

Реакция Рэнд на Хайека проливает свет на важную разницу между ее либертарианством и классической либеральной традицией, которую представлял австриец. Несмотря на то, что два этих термина зачастую используются как синонимы, классические либералы обычно имеют более широкое понимание государственного невмешательства, нежели либертарианцы. Они считают недопустимыми социалистическое планирование и находящиеся в государственной собственности экономические предприятия — но до этого момента классические либералы могут соглашаться с весьма широким диапазоном действий государства. Хайек являлся спорной фигурой среди правых именно потому, что даже его поклонники полагали, что он зашел слишком далеко в поддержке действий правительства. В этом отношении критика Рэнд в адрес Хайека не являлась чем-то уникальным — но такая критика ставила ее очень далеко на правый край либертарианского спектра.

Но прочие ее нападки на австрийского экономиста выбивались из общего ряда. «Этот человек — дурак, не имеющий вовсе никакого представления о свободном обществе», — написала Рэнд на полях его бестселлера. Она атаковала Хайека по многим направлениям. Гневно реагировала, когда он обсуждал возможность того, что конкуренция или общество могут направляться или планироваться, а также в те моменты, когда он положительно отзывался о каких бы то ни было действиях правительства. Она не желала признать, что он мог быть прав: «Когда и где правительства получали свои полномочия навсегда?». Некоторые ее комментарии к труду Хайека были проникнуты отголосками того же разочарования, которое она испытала в либертарианцах, поддерживавших Уэнделла Уилки, которые недооценивали способность человека к творчеству и росту. Когда Хайек говорил о нуждах различных людей, конкурирующих в борьбе за имеющиеся ресурсы, Рэнд возражала: «Они не соревнуются за существующие ресурсы — они создают ресурсы. Здесь мы снова видим у него социалистский образ мыслей». Хайек на самом деле не понимал сути свободной конкуренции или капитализма, полагала Рэнд.

Рэнд также подвергала критике предложенное Хайеком определение индивидуализма, которому, как она считала, не хватало морального обоснования. Хайек, как она это видела, описывал индивидуализм как «уважение к человеку как таковому», и такой подход коренился в христианской морали, классической античности и философии эпохи Возрождения. Однако в следующий момент Хайек заявлял, что рамки деятельности и развития личности могут быть ограничены. Такое высказывание, равно как и его готовность мириться с некоторой частью государственных программ, возмущали Рэнд. Для нее это было ярким примером того, почему индивидуализму не удалось закрепиться в качестве политической идеологии: «У него нет настоящей базы, нет моральной основы. Вот почему так нужна моя книга». Хайек был удивлен утверждением Рэнд, что его индивидуализм не имеет под собой моральных оснований. Его работа была мотивирована глубоким чувством духовного кризиса, а что до организации экономистов, то члены общества «Мон Пелерин» были чрезвычайно чувствительны к вопросам морали. Хайек изначально собирался назвать свою группу «Обществом Эктона-Токвиля», в честь двух великих католических мыслителей.

Но Рэнд и Хайек имели очень разное понимание того, что такое мораль. В «Дороге к рабству» Хайек критиковал людей доброй воли и их тщательно оберегаемые высокие идеалы, настаивая, что западная цивилизация слишком лояльна по отношению к этическим допущениям, которые лежат в основе ее грядущего погружения в варварство. Но, как обнаружила Рэнд, это была всего лишь поверхностная критика альтруизма. Хайек также верил в то, что возрождение традиционной морали может спасти Запад, и он был весьма благодушно настроен по отношению к христианским ценностям (хотя и уклонялся от прямого ответа на вопрос о своих религиозных убеждениях). Она же, напротив, считала, что именно альтруизм как таковой поставил Европу на грань уничтожения. В конце второй главы Хайека Рэнд подвела итог своих размышлений: «Либералы девятнадцатого века совершили ошибку, поставив знак равенства между свободой и правами человека с одной стороны — и борьбой за права «нуждающихся», «бедных» и так далее. Они превратили это в альтруистическое движение. Но альтруизм — это коллективизм. Вот почему коллективистам удалось одержать верх над либералами». Разумным решением, в таком случае, стало бы поместить выработанные либерализмом девятнадцатого века принципы на новый нравственный базис, который избегал бы соприкосновений с альтруизмом. И такое решение имелось в руках у Рэнд: ее собственная система эгоизма, которую она сформулировала в «Источнике».

Более лояльно Рэнд относилась к идеям наставника Хайека, Людвига фон Мизеса, работы которого она также читала в то время. Как разъясняла она Леонарду Риду, Мизес совершал ошибки в том, что касалось вопросов морали и «сбивался на противоречия и никчемную бессмыслицу», когда речь заходила об этике.

Однако, по крайней мере, он был «по большей части безупречен» в области экономики. В отличие от Хайека, Мизес не был склонен идти на политические компромиссы, которые ограничивали свободный рынок. Как и Рэнд, он признавал капитализм истиной в последней инстанции, и за это она была готова простить его неспособность понять истинную суть альтруизма и отказаться от этого направления.

Свое несогласие с Хайеком и Мизесом Рэнд намеревалась выразить в небольшой нехудожественной работе «Моральный фундамент индивидуализма». Сперва она предложила издательству Bobbs-Merrill выпустить этот проект в качестве рекламного буклета для романа «Источник», но вскоре ее амбиции возросли. В первых набросках она вновь обращалась к нескольким концепциям из созданного ею в 1941 году «Манифеста индивидуализма», включая теорию об активном и пассивном человеке. Однако, как показывает название, между двумя этими работами имелась существенная разница. Там, где «Манифест» обходил стороной вопросы морали в пользу подчеркивания опасностей тоталитаризма, теперь Рэнд хотела затеять процесс против альтруизма, который она называла «духовным каннибализмом». Она подчеркивала, что ее читатели могут выбирать между двумя альтернативами: «Независимость человека от других людей — это принцип жизни. Зависимость же его от людей является принципом смерти». Это была дилемма, которую она воплотила в жизнь в образах Говарда Рорка и Питера Китинга. Нынешняя задача состояла в том, чтобы объяснить это простыми словами, переведя дискуссию в область защиты капиталистической системы.

Сперва она написала сжатую версию, которая была озаглавлена «Единственный путь в завтрашний день» и под этим названием опубликована в Reader's Digest. Рэнд считала это эссе «сургучом», который должен был скрепить широкий союз интеллектуалов, принадлежащих к старой школе политической мысли правого крыла и поддерживающих капитализм. В реальности такой союз никогда не состоялся, в первую очередь потому, что взгляды всех этих людей серьезно отличались друг от друга. Несмотря на то, что Рэнд разделяла многие взгляды, которые исповедовали ее политически ориентированные современники, она зачастую была разочарована свойственными им цинизмом, субъективизмом и мистицизмом.

Глава 19
Садовник Фрэнк
и его цветы

Как оказалось, создание «Морального фундамента индивидуализма» было намного более сложным делом, нежели предполагала Рэнд. Во-первых, «Источник» и так прекрасно продавался, не нуждаясь в какой-то особенной помощи. Во время войны Bobbs-Merrill, как и большинство американских издателей, были ограничены квотой на бумагу и не могли удовлетворить спрос на огромный роман Рэнд до тех пор, покуда не заключили договор субаренды с компанией Blakiston — маленьким издательством с большой квотой на бумагу. Blakiston выпустили свою собственную серию рекламных проспектов, подчеркивавших основные моменты книги, и это наконец удовлетворило Рэнд. В течение 1945 года «Источник» продался стотысячным тиражом и наконец-то прорвался в топ бестселлеров Нью-Йорка, что стало важной вехой, о которой Рэнд давно мечтала. И то и другое было заметным достижением для книги, впервые изданной всего два года назад. Год увенчался выпуском комикс-версии романа «Источник», которая была напечатана в газетах по всей стране. С каждой порцией хороших новостей желание Рэнд написать еще одну книгу с целью повышения популярности шло на убыль.

Кроме того, ее уже увлекла идея нового романа. Как и в случае с «Источником», вдохновение пришло мгновенно. В Нью-Йорке Рэнд и Изабель Патерсон беседовали о текущих событиях и о том, что Рэнд должна непременно распространить свои идеи как можно шире. Но Рэнд была возмущена предположением, что она обязана писать для всех и каждого. Возможно, думая в этот момент о шагавшем по стране воинственном трудовом движении, она спросила Патерсон: «Что, если я устрою забастовку?». И с этого момента в ее сознании незамедлительно начала раскручиваться новая история. Что, если творцы всего мира объявят забастовку — как сделал это ее отец в России? Что случится после этого? Это было развитие того конфликта, который Рэнд прописала в образе Доминик. Она принялась лелеять эту новую идею, разрабатывая теорию «всеобщей забастовки».

Ее работа сценариста, однако, оставляла Айн очень мало времени для развития каких-либо иных проектов. Она была первым автором, которого нанял продюсер Warner Brothers Хэл Уоллис — и он стремился как можно скорее задействовать ее талант и получить отдачу. Поскольку Рэнд жила довольно далеко от Голливуда, а расходы на транспорт все еще имели для нее значение, Уоллис позволил ей работать дома, приезжая только когда было необходимо совместное обсуждение сценариев. Как некогда Сесил Б. ДеМилль, он привлек ее к переработке историй, правами на которые владел. Ее первые задания — «Любовные письма» (Love Letters) и «Ты пришел» (You Came Along) — дошли до экрана и стали успешными фильмами в 1945. Потом Уоллис попросил ее придумать какие-нибудь идеи для фильма об атомной бомбе. Рэнд начала тщательное изучение проекта «Лос Аламос», и даже получила продолжительную аудиенцию у руководителя проекта «Манхэттен», ученого-атомщика Джулиуса Роберта Оппенгеймера. Фильм так и не был снят — но встреча с Оппенгеймером помогла Рэнд в создании одного из персонажей ее развивающегося романа, ученого Роберта Стэдлера.

Покуда Рэнд занималась работой и налаживанием связей, Фрэнк расцветал на калифорнийском солнышке. Покупка поместья в Четсуорте была его решением, поскольку для Айн не имело особенного значения, где жить. Как только снизились цены на бензин, Фрэнк, тщательно изучив местный рынок понял, что в послевоенные годы стоимость недвижимости на окраинах Лос-Анджелеса будет только расти. В свете этого открытия отдаленное ранчо было весьма выгодным приобретением — правильно рассчитал он. Дом, ранее принадлежавший режиссеру Джозефу фон Штернбергу и актрисе Марлен Дитрих, был экстраординарным по любым меркам. Кабинет Рэнд располагался на первом этаже, и в нем были стеклянные двери, ведшие в уединенный внутренний дворик. Главная спальня располагалась на верхнем этаже. Рядом находились отделанная зеркалами ванная комната и бассейн, который Фрэнк наполнил экзотическими рыбами. Выкрашенная в синий цвет открытая двухэтажная гостиная пленяла глаз своим мягким уютом. В ней стоял большой филодендрон, листья которого Фрэнк тщательно полировал. По дому свободно летали птицы, а снаружи располагался просторный двор, вмещавший до двухсот человек. Дом был окружен рвом, в котором плавали серебряные караси, и кольцом японских гиацинтов. «Простой по форме, динамичный в цвете... спроектированный для солнца, стали и неба», — так писало издание House and Garden в четырехстраничном материале, посвященном дому, который купили Айн и Фрэнк.

Этот дом значил для Фрэнка больше, чем вложенные в него деньги. Обнаружив в себе задатки почтенного фермера, он разбил на своей земле пышные сады и вырастил стаю павлинов. В истинно индивидуалистской манере эти птицы не были помещены в клетки, а свободно разгуливали по всему поместью. Увлечение Фрэнка сельским хозяйством вскоре выявило в нем настоящий талант к садоводству. Поля наполнились бамбуком, каштанами, гранатовыми деревьями и кустами ежевики. В теплице он выращивал дельфиниумы и гладиолусы — и за несколько лет создал два новых гибрида, один из которых получил название «Губная помада», а второй был назван «Хэллоуином». Фрэнк нанял небольшой штат японских садовников и в разгар сезона открывал придорожный киоск для продажи излишков. После того, как один из работников научил его искусству флористики, Фрэнк начал продавать гладиолусы лос-анджелесским гостиницам. Он больше не находился в тени Рэнд, и его таланты вызывали восхищение у соседей и покупателей.

Вдали от посторонних глаз, однако, он продолжал почтительно повиноваться Айн. Глубоко погруженная в работу, она часто пугалась, обнаружив, что он тихо проскользнул в дом, чтобы полить цветы или принести свежий урожай. По ее просьбе он согласился повесить на свою обувь маленькие колокольчики — чтобы она слышала, как он приходит и уходит. Она работала у себя в кабинете, при плотно закрытой двери, наказав, чтобы ее не беспокоили. Несколько раз в неделю к ней являлась за инструкциями секретарша. Дом был достаточно просторным, чтобы вместить постоянно проживавших в нем слуг — обычно это была семейная пара, поделившая между собой обязанности по уходу за домом и двором.

Несмотря на свою вновь обретенную независимость, Фрэнк оставался для Рэнд внимательным супругом и незаменимым помощником. Она не умела водить машину — поэтому, когда того требовали дела, он возил ее в Голливуд. Еще более важной была его роль в качестве миротворца и посредника между ней и обществом. О'Конноры часто приглашали друзей к себе домой, и когда разговоры затягивались на всю ночь, Фрэнк улучал момент, чтобы тихонько улизнуть — а когда Рэнд принимала голливудских консерваторов, он оставался в ее тени, играя роль приветливого, но молчаливого хозяина. Однако в моменты, когда обстановка становилась чересчур напряженной, Фрэнк выходил из тени, чтобы взять ситуацию в свои руки. Однажды вечером в гости к ним приехали крестная дочь О'Коннора, Розали Уилсон, и ее мать Милли. В детстве Розали некоторое время жила у О'Конноров в Голливуде, пока ее родители разводились. Во время энергичной политической дискуссии Милли шокировала присутствующих следующей фразой: «Я не сильно интересуюсь Гитлером, но я согласна с ним в том, что он должен был сжечь всех этих евреев». Позднее Розали вспоминала воцарившуюся в комнате тишину, казавшуюся ей бесконечной. Потом Рэнд сказала — с весьма характерной интонацией: «Что ж, Милли, полагаю, вы не знали этого, но я — еврейка». Тишина продолжалась и покуда Фрэнк провожал Уилсонов к их машине. Со слезами на глазах склонившись над окном автомобиля, он в последний раз сжал плечо Розали.

Иногда Фрэнку, все же, удавалось спасти отношения, оказавшиеся на грани катастрофы. Новая знакомая О'Конноров, Рут Биб Хилл, однажды вызвала гнев Рэнд, упомянув о том, что она заучивала наизусть «Государство» Платона как часть сценической постановки. Хилл не знала, что Рэнд считала Платона крестным отцом коммунизма (это мнение разделяла также Изабель Патерсон). Однако она могла понять, что сказала что-то не так, поскольку сразу «воцарилась холодная тишина, как если бы комнату заморозили». Фрэнк быстро пришел на помощь Хилл. Он подхватил ее с пола, где она сидела, усадил в кресло и укрыл одеялом. «Рут сейчас вспомнила о своих днях в колледже, когда ей, вероятно, приходилось заучивать множество разных вещей, — сказал он Айн. — Как насчет кофе?». Для Хилл этот инцидент стал предупреждением о капризном характере Рэнд — а также дал ей важную информацию об особенностях семейной жизни О'Конноров. Несмотря на то, что он казался пассивным придатком к своей более яркой жене, Хилл увидела в Фрэнке своеобразный «якорь», сдерживавший яростные порывы Рэнд. Его сдержанность была жизненно важным противовесом для переменчивого настроения и огненного темперамента Рэнд.

Некоторым, впрочем, казалось, что Рэнд тяготится узами брака. Ассистент Хэла Уоллиса, Джек Банги, видел в ней едва сдерживаемую чувственность. «Ее лицо было очень сексуальным, — вспоминал он. — Прекрасные глаза, черные волосы и очень красивые губы, очень видные губы». Хоть ей никогда и не нравилось, как она выглядит, Рэнд, все же, знала, как представить себя в выгодном свете. Бензедрин помог ей избавиться от лишнего веса, и она начала носить каблуки на платформе, чтобы увеличить свой рост. В свет Айн выходила в подчеркивающих достоинства ее фигуры платьях от Адриана, голливудского модельера, который был в почете среди кинозвезд. Рэнд поддерживала близкие, кокетливые отношения со своим боссом Уоллисом, веселясь и поддразнивая его, когда они вдвоем обсуждали ее сценарии. Банги, который в течение нескольких месяцев делил кров с О'Коннорами, когда у него возникли проблемы с жилплощадью, отмечал ее расположение по отношению к целому ряду молодых мужчин, которые обращались к ней за советом. Наиболее видным среди них был начинающий сценарист Альберт Маннхаймер, которого Банги считал любовником Рэнд.

Беспокойный и напряженный, Маннхаймер был частым гостем в доме О'Конноров. Он никак не мог оправиться после самоубийства бывшей девушки, которая покончила с собой в его квартире после жаркой ссоры. Снедаемый чувством вины из-за ее смерти, Альберт заметно оживился, когда Рэнд стала настаивать, что он ни в чем не виноват. Они заметно сблизились. Она прозвала его «Пушистиком», а он приносил ей экстравагантные подарки — в том числе огромную бутыль парфюма от Chanel. Временами чувства Маннхаймера к ней становились сильнее. «Я люблю тебя, Айн, так как никого никогда не любил прежде и никогда не полюблю снова», — сообщил он ей в на ходу сочиненном письме после одного из своих визитов. Пытаясь подобрать образы для описания своих отношений с ней, он сравнивал эти чувства с теми, которые испытывают ученый, сумевший открыть что-то новое, или писатель, только что создавший прекрасную фразу и наслаждающийся этим. Было невозможно оставаться подавленным, находясь рядом с ней, писал он, называя ее «самым совершенным человеческим существом» из всех, кого он знал. Хоть Рэнд и не препятствовала таким признаниям, ее ответные письма к Маннхаймеру были полны, скорее, советов, нежели затаенной страсти. В начале пятидесятых их дороги и вовсе разошлись.

В ту пору вокруг Рэнд вращались и другие молодые мужчины, в том числе — в том числе исключенный из Гарварда Таддеус Эшби, позднее ставший редактором либертарианского магазина Faith and Freedom. Как и Маннхаймер, Эшби пользовался расположением Рэнд в течение нескольких месяцев. Она давала ему советы насчет его писательской карьеры, вела с ним продолжительные философские разговоры и несколько раз предлагала ему поселиться на ранчо. В конце концов О'Конноры узнали, что Эшби сфальсифицировал некоторые подробности своего прошлого, и порвали с ним. Несмотря на то, что дружба Рэнд и Эшби носила платонический характер, мужчина, все же, ощущал, что под поверхностью их отношений бежит явный ток сексуальности. О чем-то подобном сообщал и еще один молодой человек — Эван Райт, занимавшийся для Рэнд редакторской работой.

Фрэнк был незаменим для счастья Рэнд — но, вместе с тем, он не мог полностью удовлетворить ее. Их отношения были возможны, благодаря его нежеланию участвовать с ней в интеллектуальных баталиях, поскольку она никогда не потерпела бы от своего мужа какого-либо несогласия. Однако, поскольку к спорам и диспутам тяготела она сама, нелюбовь Фрэнка к этим занятиям ей приходилось компенсировать, общаясь с другими людьми. Позднее она признавалась друзьям, что в течение их лет в Калифорнии подумывала о разводе. Фрэнк, со своей стороны, находил для себя в их различиях удобное укрытие. Когда Рэнд сказала друзьям, что Фрэнк — «серый кардинал», скрывающийся за троном, он пошутил в ответ: «Порой мне кажется, что я — сам трон, таким уж местом на мне сидят». Фрэнк хорошо понимал суть компромиссов, на которые ему пришлось пойти. Доходы Рэнд позволяли ему спокойно работать на земле, почти не беспокоясь о финансах. В ответ он делал все, что было необходимо, дабы она продолжала чувствовать себя счастливой. При взгляде со стороны могло показаться, что он полностью зависит от нее. Но, как поняла Рут Хилл, Айн также нуждалась в нем.

Глава 20
За кулисами экономики

Каким бы скверным ни было отношение Рэнд к Калифорнии, а в интеллектуальном плане годы, проведенные здесь, были для нее очень насыщенными. Когда, в июне 1945, у нее появилась первая возможность сделать настоящий перерыв в сценарной работе, она с радостью набросилась на перспективу продолжить добиваться своих собственных целей. Ранее в том году она начала делать первые наброски для романа «Забастовка» (который впоследствии вырос в трехтомник «Атлант расправил плечи»), но сейчас ее интересы снова вернулись в область нехудожественной литературы. В день своего последнего рабочего совещания с Уоллисом она задержалась в Голливуде, чтобы купить пять вечерних халатов и огромный том с трудами Аристотеля. Покупка этой книги являлась выражением ее растущих планов относительно «Морального фундамента индивидуализма». Как Рэнд сказала Патерсон, она «поняла, что эта книга должна быть намного, намного большим, нежели просто нехудожественное переложение идей, что были выражены в «Источнике». Она должна начинать с самого начала — с самых основ бытия». Она признавалась Патерсон, что сделать это было намного труднее, чем она ожидала.

То, что Рэнд обратилась к Аристотелю, являлось отражением как раз этого ее чувства, что индивидуализм в качестве политической философии должен быть выстроен с самых основ. Подъем коммунизма и фашизма убедил ее в том, что либеральная идея девятнадцатого века — как она писала на полях «Дороги к рабству» — с треском провалилась. Ощущение, что традиционные, устоявшиеся идеологии не оправдали себя и потерпели фиаско, к тому времени широко распространилось в обществе. Расцвет тоталитаризма послужил спусковым крючком для кризиса в либеральной политической теории, поскольку он поставил под сомнение постулат о стремлении человека к прогрессу и рациональности, которого давно прочно придерживалась эта теория. Когда обострились разногласия между Соединенными Штатами и Россией, интеллектуалы, представлявшие весь политический спектр, старались создать фундамент, который смог бы укрепить и поддержать американскую демократию в ее борьбе с советским коммунизмом. Неожиданная популярность протестантского теолога Рейнгольда Нибура, который акцентировал внимание на теме первородного греха, стала отражением лихорадочного поиска смысла жизни, характеризовавшего послевоенную эру. Другие обратились к Аристотелю, идеи которого были привлекательны для многих, как для религиозных, так и для светских мыслителей. Католики уже давно на все лады расхваливали мудрость томистской философии[1], предлагая ее в качестве релятивизму и натурализму, которые они обвиняли в крахе западной цивилизации. Одним из рупоров такого подхода стал президент Чикагского университета Роберт Хатчинс, который десятилетием ранее открыл в философии Аристотеля мощный ресурс для разработки громких политических идей. Рэнд также с головой ушла в древнюю философию, найдя в ней антидот от современных политических болезней.

Вернувшись к углубленному изучению философии, Рэнд обратилась к Патерсон, чтобы та помогла ей в этом разобраться. В Нью-Йорке Патерсон напыщенно отвергала идеи Канта, Гегеля и Маркса, цитируя вместо них Аристотеля. Теперь, читая Аристотеля и Платона, Рэнд писала Патерсон следующее: «Я все время думаю о тебе — о том, что ты говорила про них», а ее первые наброски для проекта были полны отсылок к идеям и мнениям Изабель. Как Патерсон, так и Рэнд, выступали против идеи о том, что человек, как и животные, находится под контролем инстинктов и подсознательных мотивов. Вместо этого они представляли природу человека как нечто рациональное, добровольное и обусловленное свободным волеизъявлением. «Человек не совершает по отношению к себе подобным действий, ведомых чистым инстинктом, как это делают животные», — писала Патерсон

---

[1] Томизм (или Фомизм от лат. Thomas — Фома) — «ведущее направление в католической мысли», основанное на учении Фомы Аквинского (XIII век).

в одном из своих писем к Рэнд. Она также утверждала, что любые философские построения в защиту свободы должны брать начало в человеческой жизни. Говоря о других авторах, которые писали на тему свободы, она отмечала: «Проблема обычно заключается в том, что люди оказываются неспособны или сознательно отказываются признать, что начинать необходимо с простого факта физического существования и необходимых условий физического существования на этой земле». Вернувшись к нехудожественным литературным трудам, Рэнд схожим образом критиковала представление об инстинктивной природе человека и утверждала, что мораль, помимо всего прочего, должна быть практичной.

Ее литературные труды теперь выражали новый акцент на рациональности, выросший из ее изучения Аристотеля. В качестве первого шага она рассмотрела с критической точки зрения свои более ранние работы и поняла, что их следует перестроить таким образом, чтобы они давали как можно более всестороннюю информацию о разуме как основополагающей способности человека. Идея о том, что разум является наиболее важным качеством человечества, а точнее, лежит в самой его основе, в ее первых зарисовках было второстепенной темой. Теперь она хотела выдвинуть эту тему на передний план и поместить ее в центр своего новейшего исследования. Она продолжала делать заимствования из своего раннего материала — но с одним важным изменением. Там, где «Манифест индивидуализма» провозглашал торжество способности к творчеству в качестве добродетели, свойственной лишь отдельным людям — вещи, которую невозможно украсть, позаимствовать или, наоборот, навязать — теперь Рэнд сделала точно такое же заявление относительно способности рационально мыслить. К середине июля она свела воедино свои идеи о нравственности, индивидуализме и рациональности: «Моральные качества не являются чем-то обособленным, существующим в отрыве от способности к рациональности, напротив — они напрямую связаны с ней и проистекают из нее». К августу она написала отдельный фрагмент, получивший название «Способность к рациональности».

Ее нынешнее подчеркнутое внимание к вопросам разума разбудило дремавшие в ее мыслях тенденции. В июле она обнаружила «еще одну прореху в альтруизме». Если товары в коллективистском обществе должны распределяться равномерно, то нужно сперва определить — производит ли их каждый член общества в одном и том же количестве, или же результаты труда разных людей не являются равными. Если верно второе, то получается, что коллективизм основан на эксплуатации более продуктивной части общества, «и это одна из основных причин, по которым люди защищают альтруизм и коллективизм — руководствуясь паразитическими мотивами». Рэнд пыталась сопротивляться последствиям такого заключения и вернуться к эгалитаризму «Источника». «Нравственным человеком не обязательно является самый умный — но тот, кто самостоятельно развил ту степень ума, которой он обладает, — утверждала она. — Все люди свободны и равны, вне зависимости от их естественной одаренности». Но все же, ход ее мыслей лежал в направлении элитизма раннего либертарианства. Время от времени старые и новые воззрения смешивались — например, когда она задавалась вопросом, может ли способность к разумной деятельности являться «доминирующей характеристикой самых выдающихся индивидов, признаком Супермена».

То, как настойчиво Рэнд пыталась интегрировать тему разума в свои более ранние идеи, демонстрировало ее сильное стремление быть последовательной. Она трудилась над тем, чтобы дать определение разума как понятия, неразрывно связанного с индивидуальностью, утверждая: «Разумная деятельность является неотъемлемым атрибутом личности». Люди могут делиться друг с другом результатами своих размышлений, но не самим мыслительным процессом — утверждала она. И поскольку выживание человека зависит от его собственных мыслей, люди должны оставаться свободными. Рациональность, таким образом, привязывалась к свободному от государственного вмешательства капитализму, единственной экономической системе, которая декларировала в качестве одной из своих основополагающих ценностей максимальную личную свободу.

Помещение рациональности в центр ее философии привело также к изменению базовых основ этики Рэнд. В ее прежних работах независимость рассматривалась в качестве основного критерия ценности человеческой жизни. Теперь же она писала: «Все действия, основанные на природе человека как рационального существа, проистекающие из этой природы и следующие ей, являются благом. Любые действия, противостоящие ей, являются злом». Рэнд видела необходимость в постановке знака равенства между моральным и рациональным. «Другими словами, — писала она, — разумный человек является моральным человеком, если он поступает как разумный человек, то есть — в соответствии с природой своей рациональности». Даже эгоизм, бывший некогда ее основным стандартом морали, начал отступать в тень перед рациональностью.

После нескольких месяцев напряженной работы над «Моральным фундаментом индивидуализма» Айн и Фрэнк впервые отправились обратно в Нью-Йорк. Она намеревалась навестить Изабель Патерсон и вновь очутиться в либертарианском мире Восточного Побережья. Это паломничество Рэнд было частью бесконечного «броуновского движения», в котором пребывали консервативные круги востока и запада США. Некоторое время назад в Калифорнию приезжал Генри Хезлитт — муж ее бывшей начальницы со студии Paramount, Фрэнсис Хезлитт. Теперь, когда она была в Нью-Йорке, Хезлитт представил ее Людвигу фон Мизесу, который недавно прибыл в Соединенные Штаты. Мизес, джентльмен старой школы, который совсем не ожидал, что женщины могут быть интеллектуальны, был особенно впечатлен интересом Рэнд к экономике. Он отнесся к роману «Источник» как к важному вкладу в это дело, и сказал Генри Хезлитту, что Рэнд — самый отважный человек в Америке. Оставшись равнодушной к сексизму Мизеса, Рэнд с благодарностью приняла его комплимент.

На обратном пути из Нью-Йорка в Калифорнию Рэнд исполнила свою давнюю мечту, посетив знаменитую летнюю резиденцию Фрэнка Ллойда Райта, Талиесин. То, что отношение Райта к Рэнд изменилось в лучшую сторону, было одним из самых милых ее сердцу плодов, которые принес роман «Источник». Для него было невозможно игнорировать роман, поскольку очень многие читатели сразу заметили параллель между Рорком и Райтом. Хоть Райт был и не лучшего мнения о книге, но все же в 1944 году он послал Рэнд одобрительное письмо, сказав ей: «Мысль, заложенная в основе этой книги, является по-настоящему великой». Рэнд была очень взволнована этим, и снова настояла на встрече, сказав Райту, что она хотела бы заказать ему дом. Предвидя возвращение на Восточное побережье, она сказала архитектору, что строить предстоит в Коннектикуте. Пообщавшись со своим кумиром поближе, Рэнд пришла к выводу, что в профессиональном плане, он, конечно, очень похож на Говарда Рорка, но в личном — скорее на Питера Китинга. Ее собственный «дом от Райта» так и не был построен. Хоть ей и понравился дизайн, гонорар, который запросил этот легендарный архитектор, был намного больше даже ее финансовых возможностей.

Вернувшись в Калифорнию и возобновив свою работу для Уоллиса, Рэнд внимательно следила за политическими событиями на правом фланге. Свои надежды относительно политических перемен она почти полностью возлагала на Леонарда Рида, который в 1946 переехал в Нью-Йорк и вскоре после этого создал Фонд экономического образования (ФЭО). Самая успешная из либертарианских организаций послевоенных лет, ФЭО быстро заменил собой разрозненные усилия множества мелких организаций, противостоявших Новому курсу. Он хорошо финансировался, имея поддержку ряда влиятельных корпораций — в том числе таких, как Chrysler, General Motors, Monsanto, Montgomery Ward и U.S. Steel, а также получил очень крупное пожертвование от Фонда Волкера. Столь быстрый старт организации не в последнюю очередь стал возможен, благодаря личному обаянию Рида. Вооруженный солидным каталогом карточек Rolodex и приветливой манерой общения, Рид внушал доверие как людям бизнеса, так и представителям интеллектуальной прослойки. Даже желчная Патерсон признавала его «хорошим парнем». Штаб-квартирой новой организации стал особняк в Вестчестере, на расстоянии небольшой поездки от Нью-Йорка. ФЭО занимался организацией семинаров с участием либертарианских профессоров и заказывал работы об идеалах свободного рынка.

В год основания своего Фонда Рид усердно обхаживал Рэнд. Ее работа для Pamphleteers была очень успешна, и Рид очень надеялся, что их сотрудничество продолжится также и в рамках ФЭО. В 1946 году он рассказывал ей, как, въехав в новую резиденцию ФЭО, планировал повесить на стену листочки бумаги с подходящими цитатами: «Я начал думать: что повесить над камином в моем собственном кабинете. И вот я вернулся домой, обул свои тапочки, выпил хорошую порцию мартини и принялся читать речь Рорка, чтобы выбрать наиболее подходящие цитаты». В другой раз он благодарил Рэнд за ее похвалу в его адрес: «Ваши замечания по поводу моей речи безмерно радуют меня. Раз я получил такое одобрение от вас — значит, я действительно чего-то стою». Рид уговорил Рэнд стать своего рода «серой кардинальшей» ФЭО, попросив ее вычитывать материалы, которые он собирался публиковать — чтобы удостовериться в том, что они идеологически выверены. Рэнд была в восторге от возможности влиять на деятельность новой организации.

С самого начала она подтолкнула Рида занять позицию, которая являлась зеркальным отражением ее собственной. Она в особенности настаивала на том, чтобы Рид продвигал ее взгляды на вопросы морали. Он должен был разъяснить обществу, что доход и личный достаток являются «истинными и надлежащими мотивами капиталиста» и в этом качестве их следует отстаивать. В противном случае, если базовые мотивы капитализма «будут объявлены аморальными, вслед за этим становится аморальной и вся система — и мотор системы, закашлявшись останавливается навсегда». Но Рид был от природы более осторожен. Он придерживался не столь радикальных взглядов, и его круг общения был несколько шире. Однажды он сказал Рэнд: «На прошлой неделе я завтракал с исполнительным директором крупнейшего в стране сервисного холдинга и редактором финансового отдела Journal American. Их считают реакционерами, но каждый из этих джентльменов сам страдает от действий правительства в финансовом плане, из-за государственного контроля арендной платы. Это типичный случай». Имея своей целью обретение как можно более широкой популярности в массах, Рид назвал свою организацию Фондом экономического образования, вместо того, чтобы, как настаивала Рэнд, включать в ее название хлесткое слово «индивидуализм». Несмотря на то, что Рэнд была, в основном, довольна действиями Рида, она не видела ничего, кроме отступничества, там, где другие видели необходимые компромиссы с экономическими и политическими реалиями. Несмотря на то, что поначалу их сотрудничество было очень продуктивным, подходы Рэнд и Рида к политическому активизму существенно отличались друг от друга.

Разрыв начал усиливаться, когда ФЭО выпустил инаугурационный буклет «Крыши или потолки?» авторства молодых экономистов из университета Миннесоты, Милтона Фридмана и Джорджа Стиглера. Как и в случае с Хайеком, реакция Рэнд на Фридмана подчеркивала различия между ней и другим знаменитым либертарианцем. Работа под названием «Крыши или потолки?» была написана в период, когда политико-экономические воззрения Фридмана изменились, перейдя от точки зрения, которую он определял как «полностью кейнсианскую», к позициям либертарианства. Фридман в течение долгого времени выступал против контроля арендной платы, считая эту меру неэффективной. Он и Стиглер предполагали, что, вмешиваясь в работу свободного рынка, арендный контроль убивает стимулы к расширению жилищного фонда и совершенствованию существующих строений. Поэтому, вместо того, чтобы решать проблему с нехваткой жилья, он, скорее, лишь усугубляет ее. Однако Фридман и Стиглер не задавались вопросом, какие мотивы могут лежать в основе регулирования арендной платы, и даже позиционировали себя в качестве людей, «которые хотели бы видеть вокруг даже больше равенства, чем есть в настоящее время». Проблему с контролем аренды они видели только в том, что этой мере не удалось достичь заявленных политических целей.

Этот беспристрастный тон не мог не привести в ярость Рэнд, которая рассматривала «Крыши или потолки?» сквозь призму своего опыта жизни в Советской России. Ее особенно беспокоило то, в каком значении Фридман и Стиглер использовали слово «нормирование». Она не знала, что такое использование этого термина было общепринятым в экономических кругах — и отчетливо вспоминала голодные дни в Петрограде, когда это слово также звучало отовсюду. «Неужели вы действительно думаете, что называть систему свободного ценообразования «системой нормирования» — нечто безобидное?» — вопрошала она в сердитом письме к Маллендору, который являлся членом попечительского совета ФЭО. Она была убеждена, что авторы брошюры пытаются внедрить это слово в сознание своей аудитории, сделать так, чтобы оно перестало внушать опасения, и таким образом убедить американцев смириться с постоянным и тотальным нормированием. Полностью сфокусировавшись на скрытых от постороннего глаза возможных последствиях, которые может вызвать эта работа, Рэнд рассматривала явное выступление авторов против контроля арендной платы как «обычную показуху — слабую, неэффективную, безрезультатную и неубедительную».

Более того — Рэнд полагала, что Фридман и Стиглер были неискренни, когда выступали против государственного регулирования ренты, поскольку они не смогли (или вовсе не были намерены) привести никаких моральных принципов в защиту своей позиции. А когда они, все же, затрагивали тему морали, то вполне дружелюбно рассуждали о равенстве и гуманизме. «Ни одного слова о неотъемлемых правах арендодателей и собственников! — кипятилась она, обращаясь к Маллендору. — Ни одного слова о каких бы то ни было принципах! Только вопрос целесообразности — и гуманистская забота о тех, кто не может найти себе жилья!». В дополнение к своему восьмистраничному письму к Маллендору (которое изобиловало восклицательными знаками и фразами, написанными заглавными буквами), Рэнд также послала короткую записку Риду. Она называла брошюру «наиболее пагубной вещью, когда-либо выпущенной организацией, причисляющей себя к консервативным кругам» и сказала, что больше не хочет, чтобы ее имя было связано с ФЭО. В разговоре с Роуз Уайлдер Лейн она описала этот инцидент как «сокрушительное разочарование», добавив: «Ужасно тяжело видеть, как угасает последний огонек надежды».

Ирония заключалась в том, что Риду и самому не слишком нравилось содержание этого буклета. Перед публикацией он до хрипоты спорил с авторами по поводу нескольких фрагментов. Самым болезненным местом было их отношение к равенству как к общественному благу. После того, как Фридман и Стиглер отказались изменить свой текст, Рид вставил в него критическую сноску, гласившую: «Даже с точки зрения тех, кто ставит равенство выше справедливости и свободы, государственный контроль арендной платы выглядит несусветной глупостью». То, что он согласился дать зеленый свет работе, которая ему не нравилась, иллюстрирует нехватку либертарианских интеллектуальных ресурсов в то время. Того, что два экономиста, имевших законные академические должности, публично выступили против контроля аренды, оказалось для них достаточно, чтобы получить поддержку ФЭО. Однако, весь этот эпизод в целом был довольно проблематичен. Мало того, что буклет вызвал ярость Айн Рэнд, он еще и отпугнул самих Фридмана и Стиглера, которые были глубоко оскорблены ремаркой Рида, сделанной словно бы от их собственного имени. На протяжении многих лет они отказывались от какого бы то ни было сотрудничества с ФЭО или Ридом, пока не восстановили отношения, благодаря своим обоюдным связям с обществом «Мон Пелерин». Рэнд, со своей стороны, воспринимала как предательство неспособность Рида понять принципы, которые лежали в основе их работы и была глубоко задета тем, что он нарушил их соглашение и не дал ей вычитать работу Фридмана и Стиглера.

Несколькими неделями позже Рид подлил масла в огонь, когда прислал Рэнд ворох анонимных комментариев к ее статье «Учебник американизма». Рэнд написала эту вещь для The Vigil, официального издания Кинематографического альянса за сохранение американских идеалов. Это была очень небольшая статья, ставшая ее первой публикацией на тему права. Написанная в стиле катехизиса, статья определяла право как «ограничение независимых действий». Рэнд выступала в защиту естественных прав, которые «были даны человеку по факту его рождения человеком — а не по воле общества». Основным моментом «Учебника» являлся так называемый «принцип неприменения силы» — идея о том, что ни один человек не имеет права применять физическую силу против другого человека» (чтобы выделить эту фразу, она написала ее заглавными буквами). Упоминание о данном принципе можно увидеть в трудах самых разных мыслителей: Фомы Аквинского, Джона Локка и Герберта Спенсера. Поместив его в центр своей теории естественного права, Рэнд вдохнула в старую идею новую жизнь.

По ее просьбе Рид распространил «Учебник американизма» среди сотрудников ФЭО и некоторых спонсоров. По его словам, все эти люди «стояли очень высоко в финансовой и академической жизни страны». Принцип неприменения силы был особенно привлекателен для самого Рида. Но большинство его товарищей по ФЭО не разделяли этого энтузиазма. В статье Рэнд не привела никаких аргументов в защиту своих базовых предпосылок, поэтому большую часть написанного ею читатели восприняли как голословные утверждения (точно так же, как сама она отнеслась к «Крышам или потолкам» Фридмана и Стиглера). «Ее утверждение, что эти права даны человеку по праву рождения, представляются мне нелогичным», — писал один из них, добавляя: «Если мисс Рэнд хочет выглядеть по-настоящему убедительной, ей следовало бы избавиться от религиозной подоплеки». Еще один респондент сообщил, что на него произвели благоприятное впечатление цели, которых она попыталась достичь — но логическое обоснование, которое она при этом использовала, показалось ему неубедительным». Эти читатели полагали, что основной вопрос, который Рэнд подняла в статье, остался неотвеченным: «Почему человек не имеет права применять физическую силу?». Из тринадцати человек, прочитавших статью, только четверо высказались о ней одобрительным образом.

Рэнд, которая видела себя в рамках ФЭО великой просветительницей, оказалась совершенно не готова к подобной критике. Она была в ярости, когда говорила Риду, что его действия опорочили ее доброе имя и нанесли самый серьезный удар по ее профессиональной репутации. Ее особенно возмутил тот факт, что читатели из ФЭО восприняли ее работу таким образом, будто она искала финансовой поддержки. Рэнд сказала Риду: «Я не предлагаю свои книги издателям для предварительного рассмотрения, чтобы они вынесли вердикт, должна ли я писать эти книги — и, казалось бы, мой профессиональный статус не позволяет думать обо мне, как об авторе, который ищет финансовой поддержки фонда». Мало того, что Рид недооценивал ее роль в качестве теневого руководителя ФЭО, теперь он еще и низвел ее статус от учительского к ученическому, «размазав» ее репутацию. Рэнд потребовала извиниться и назвать имена людей, написавших комментарии к ее работе. Рид отказался делать и то и другое. Их отношения больше никогда не были восстановлены.

Глава 21
Вращаясь в творческих кругах...

Разрыв с Ридом заставил ее сильнее сблизиться с журналисткой Роуз Уайлдер Лейн, о которой узнала от Изабель Патерсон. Вскоре после того, как Рэнд уехала в Калифорнию, они с Лейн начали переписываться, но никогда не встречались лично. Лейн была дочерью известной детской писательницы Лоры Ингэлз Уайлдер. Несмотря на то, что этот факт не был известен широкой общественности, Лейн по существу являлась соавтором знаменитой серии книг «Маленький домик в прериях». Она осторожно вплетала свои либертарианские взгляды в эти ностальгические книги, насыщая монологи персонажей размышлениями о свободе и ограничении полномочий правительства, а после смерти матери — удаляя из них принадлежащие ее перу фрагменты, повествующие о государственной благотворительности. В 1943 Лейн выпустила книгу «Открытие свободы», являвшую собой исторически обоснованную апологию индивидуализма.

Как Патерсон и Рэнд, Лейн не была склонна к компромиссам любого рода. Как вспоминал кто-то из друзей, «Роуз любила порассуждать о дохлых крысах. Представьте себе, что вы испекли великолепный, сочный вишневый пирог — и когда вы начинаете резать его на части, внутри пирога обнаруживается дохлая крыса. Так вот, она считала, что поддержка сенатором Робертом Тафтом государственной программы помощи образованию была как раз такой дохлой крысой». Соответственно, Лейн с пониманием отнеслась к гневу Рэнд. Она сказала ей, что проблема с Ридом объясняется просто: «Он не обладает абстрактным мышлением». Лейн перечислила многочисленные интеллектуальные недостатки, которыми, по ее мнению, обладал Рид, но отметила, что злиться на него не стоит, как не стоит злиться на неразумное дитя.

В отличие от Патерсон и Рэнд, которые предпочитали живое общение лицом к лицу, Лейн была домоседкой, распространявшей свое влияние через сеть корреспондентов. Она была культовой фигурой для Джаспера Крейна, богатого и высокопоставленного сотрудника корпорации DuPont, который спонсировал многие либертарианские мероприятия, а также обменивался насыщенными философскими письмами с Фрэнком Мейером, впоследствии — редактором National Review. В течение многих лет Лейн работала в Фонде Волкера, где она занималась оценкой идеологической пригодности потенциальных соискателей. После смерти Альберта Джея Нока она приняла на себя обязанности редактора книжного обозрения (Review of books), выпускавшегося Национальным экономическим советом. В либертарианском мире Лейн представляла собой силу, с которой нельзя было не считаться. Фактически, она играла ту самую роль, которой для себя желала Рэнд: учительницы и советницы, к которой каждый был рад обратиться за суждением или поддержкой.

Рэнд четко осознавала, что книжные обзоры Лейн могут повлиять на ее репутацию. В конце 1945 она выступила инициатором их переписки, написав Лейн благодарственное письмо за положительное упоминание «Источника» на страницах Review of Books. Первое письмо Рэнд было вежливым и даже отчасти заискивающим. Она признавала Лейн как равную себе в интеллектуальном плане, говоря ей: «Это такое редкое удовольствие сегодня — читать по-настоящему умные рецензии на книги». В следующем году Рэнд послала Лейн свою статью «Учебник американизма», после чего тепло отозвалась о нескольких поправках, которые та предложила.

Как и в общении с Изабель Патерсон, Рэнд проверяла на Лейн возникающие у нее теории — в особенности свое определение права. Лейн заинтересовалась теорией Рэнд о естественном праве, поскольку не была уверена, что сама как следует разбирается в этом вопросе. Если права человека не являются чем-то материальным, сродни электрону — то они должны быть чем-то нравственным или духовным, писала она. Но как, в таком случае, они могли уцелеть в физическом мире, учитывая тот факт, что «каждый человек довольно легко может убить любого другого»? Она пыталась найти такое обоснование понятия права, в котором не было бы излишнего дуализма. Теория права, сконструированная

Рэнд — или, по меньшей мере, то краткое ее изложение, которое присутствовало в статье «Учебник американизма» — пускай и не решала этой проблемы, но хотя бы позволяла Лейн насладиться интеллектуальными изысканиями на тему, которая была ей интересна. «Я просто недотепа, которая пытается думать», — признавалась она. Идеи Рэнд подстегивали ее мыслительный процесс, но не давали окончательного ответа. Однако, между ними, все же, существовало достаточно точек соприкосновения для того, чтобы их переписка оставалась продуктивной. Поначалу хватало и того, что обе женщины полагали, что права личности должны быть четко и недвусмысленно защищены.

Однако довольно скоро между ними начали возникать серьезные разногласия, по мере того, как индивидуализм Рэнд сталкивался с холистическими взглядами на мир, которые исповедовала Лейн. Так, комментируя одну из книжных рецензий авторства Лейн, Рэнд подвергла критике ее призыв «возлюбить ближнего своего как самого себя», а также внимание к теме совместных усилий. Она предупредила Рэнд, что и то и другое может быть расценено как поддержка коллективизма. За этим последовала продолжительная дискуссия об индивидуализме, коллективизме и сотрудничестве. Лейн считала, что помогать другим — действие, вполне естественное для человека, приводя в пример тушение пожара в доме соседа. Она спросила Рэнд, есть ли существенная разница между взаимовыгодным сотрудничеством или коллективизмом. «Я полагаю, что в одиночку человек просто не сможет выжить на этой планете», — писала Роуз. Отвечая на это, Рэнд подчеркивала, что, несмотря на то, что люди могут предпочесть пойти по пути взаимопомощи, они вовсе не обязаны этого делать — и поэтому никогда не должны помогать кому-либо в ущерб самим себе. Она напомнила, что утверждение о том, что люди должны помогать другим в нужде, лежало в основе политики Нового курса, когда государство объявляло одну тревогу за другой. Она успешно противостояла логике Лейн, приведя примеры гипотетических ситуаций, в которых с точки зрения морали предпочтительнее было бы не помогать своему ближнему (например, когда горит чей-то дом). Но помимо логики ответ Рэнд основывался еще и на ее собственном уникальном видении мира. «Судьба каждого человека принадлежит, по сути, ему самому», — писала она Лейн.

Но этого было недостаточно, чтобы переубедить собеседницу. «Быть может, я в чем-то и коллективистка», — сказала она Рэнд — но при этом не могла просто так поверить, что в основе всей человеческой деятельности лежит или должно лежать исключительно своекорыстие. Если бы это было так — спрашивала Лейн — то почему же она сама выступает против программы социального обеспечения? Лейн была противницей этой системы, потому что видела в ней вред для общества в целом. И это, с ее точки зрения, было благородным мотивом. Но выступать против программы социального обеспечения, руководствуясь таким мотивом, а не собственной корыстью, не являлось, по мнению Лейн, чем-то неприемлемым. Она также отвергала свойственное Рэнд атомистическое видение мира, вспоминая свое трудное детство, чтобы проиллюстрировать зависимость людей друг от друга. Она рассказывала об эпидемии тифа в ее маленьком городке в прериях: «Люди там помогали друг другу, иначе и быть не могло... Просто брали и помогали друг другу. Если кто-то заболевал, окружающие заботились о нем, до тех пор, покуда это имело смысл. Это было именно то, что люди называют совместным выживанием или добрососедством. Ненормальным я бы посчитала, если бы всего этого там не было!». Исходя из этих воспоминаний, она приходила к выводу, что взаимное обязательство людей помогать друг другу, все-таки, существует. Лейн рассматривала благотворительность, как нечто, естественным образом процветающее в человеческих сообществах. Что ее беспокоило — так это то, что такие государственные программы, как социальное обеспечение, пытались внедрить определенные моральные принципы в жизнь практически насильственным образом. Против лежащих в основе этих программ моральных принципов она ничего не имела. Но именно против таких моральных принципов всегда выступала Рэнд.

В одном из своих писем к Лейн Рэнд сумела объяснить, в чем заключалось их отличие друг от друга, и чем оно было обусловлено. Обе женщины соглашались с тем, что они исходят из разных предпосылок. Рэнд сказала ей: «Именно поэтому я собираюсь когда-нибудь написать книгу, в которой изложу свои взгляды, начиная с самых основ мироздания». Благодаря их переписке стало ясно, что Рэнд и Лейн имеют разное понимание человеческой природы — как на индивидуальном, так и на общественном уровне. Но эти различия не были очевидны, поскольку Рэнд еще не полностью сформулировала суть своей моральной и политической философии. Например, она сказала Лейн следующее: «Сейчас, конечно, я не верю в то, что какие бы то ни было человеческие действия могут быть обусловлены инстинктами (не хочу приводить здесь обоснования такого мнения — поскольку это означало бы написать целый трактат о человеческой природе)». Изабель Патерсон разделяла с ней такое мнение, но Роуз Уайлдер Лейн — нет. Не имевшие под собой солидной «доказательной базы» идеи Рэнд представлялись ей утверждениями сомнительного толка. Рэнд понимала это, осознавая, что ее письма к Лейн являются недостаточным инструментом для того, чтобы донести свою философию до собеседника в полном объеме. «Знаешь, о чем я пишу тебе в этих письмах? — спросила она однажды. — Это тема моего нового романа. Здесь только поверхностное, частичное ее изложения — поскольку этот предмет чрезвычайно сложен. Если сейчас я говорю об этом недостаточно ясно — ты увидишь, что у меня получится намного лучше, когда я полностью разверну эту тему в своем романе».

Как дает понять это письмо Рэнд, она решила отказаться от продолжения работы над «Моральным фундаментом индивидуализма» и обратиться вместо этого к другой книге — которая стала впоследствии трехтомником «Атлант расправил плечи». Поворотный момент наступил весной 1946, когда Рэнд поругалась с Уоллисом из-за его решения продать другой проект фильма об атомной бомбе, в работе над которым она была занята. Разочарованная тем, что вся ее деятельность в этом направлении оказалась в итоге бесполезной, Рэнд уговорила Уоллиса дать ей целый год отпуска, чтобы она смогла приступить к работе над романом. Подолгу прогуливаясь по ранчо, она планировала структуру книги и представляла себе, какими будут основные персонажи. К августу у нее имелся подробный конспект. В сентябре она начала писать.

Работая над этой книгой, Рэнд стремилась радикально изменить свой авторский дискурс, глубоко вникая в диалектические взаимоотношения между персонажами и общественными структурами, а также в являющийся результатом этих взаимодействий непрерывный процесс количественно-качественных изменений в обществе. Ход повествования должен был затронуть все уровни: жизни отдельных людей, американское общество в целом, мир и мировую историю. Речь уже не шла об «активных» или «пассивных» людях, творцах и потребителях. Скорее, эта история должна была стать картиной, изображающей сразу все, как написала Рэнд в своем дневнике. По словам писательницы, «Атлант расправил плечи» стал для нее гораздо более «социальным» романом, нежели был «Источник». Первым и главным образом эта книга должна была на той группе отношений, которая составляет глобальную совокупность человеческого общества:

«Именно эти взаимосвязи должны теперь стать основной темой произведения. Таким образом, личное отходит на второй план. То есть, личное теперь необходимо лишь для того, чтобы иллюстрировать и подчеркивать взаимоотношения в обществе. В «Источнике» я показала, что Рорк движет мир вперед — в то время как Китинги подъедают с его стола и ненавидят его за это, а Элсворты Тухи сознательно пытаются уничтожить его. Но тогда центральной темой произведения являлся сам Рорк — а не система его взаимоотношений с миром. На этот раз в центре сюжета будет стоять система взаимоотношений.

Говоря другими словами, я должна продемонстрировать читателю, каким конкретным образом творцы заставляют двигаться мир, подробно проиллюстрировать для него этот процесс. Также я должна четко показать, каким образом секонд-хендеры паразитируют на творцах: как в духовном плане, так и (что особенно важно) в материальном (здесь нужно сконцентрироваться на конкретных, материальных моментах — но нельзя ни на миг забывать о том, что материальное проистекает из духовного)».

Эти отношения роман «Атлант расправил плечи» исследует в каждом из измерений человеческой жизни. Рэнд прослеживает взаимосвязи между политэкономией и сексом, образованием и искусством, метафизикой и психологией, деньгами и моральными ценностями. Особое внимание она уделяет объединению материальной и духовной сфер, показывая на конкретных обособленных примерах, как отдельные творческие личности двигают мир вперед, а другие люди существуют за счет созданного этими творцами. Она пытается показать общественную значимость акта творчества путем демонстрации того, что может произойти, если люди умственного труда, которым принадлежит основная заслуга в развитии цивилизации, вдруг объявят забастовку.

Но никакой пересказ «Атланта» не сможет передать всех его нюансов. На страницах этой книги читателя встречает огромное количество как положительных, так и отрицательных персонажей — но у него есть и центральная сюжетная линия, повествующая о деяниях промышленников Дэгни Таггарт и Хэнка Реардена, которые пытаются поддерживать свои предприятия на плаву в то время, как глобальная экономика становится все менее дееспособной из-за масштабного правительственного вмешательства и нарастающей социальной напряженности, переходящей в настоящий хаос. Экономический крах, вызванный ростом государственнических настроений, усугубляется так называемым «заговором бездействия». По мере того, как государство становится все более назойливым, творческие мыслители, представляющие самые разные профессии, начинают исчезать один за другим. Они тайно объединяются под руководством Джона Голта, блестящего изобретателя, который возглавляет «забастовку людей разума». Все эти люди бросают свои предприятия, оставляя ни с чем государство, которое больше ничего не может с них получить. Они удаляются из общества, чтобы создать капиталистическую утопию в горах Колорадо, в местечке, получившем название Ущелье Голта.

Проходит довольно много времени прежде чем Дэгни Таггарт начинает понимать, что она сражается за поддержание жизнеспособности своей трансконтинентальной железной дороги в паразитическом обществе, которое медленно пожирает ее. В час, когда мир движется к катастрофе, лидер правительства Соединенных Штатов выходит в эфир, чтобы призвать к спокойствию. Но Голт, при помощи специально разработанного оборудования, прерывает трансляцию и объясняет, в чем заключаются причины заката цивилизации. Его речь затрагивает почти все основные направления философии и являет собой квинтэссенцию объективистского мировоззрения Рэнд. Голт также обращается к оставшимся в строю производителям, предлагая им прекратить совершать самопожертвование во имя окружающего их общества паразитов и присоединиться к организованной им забастовке. Состоявшись, эта забастовка останавливает мотор планеты, а люди, обладающие творческими способностями, начинают жить в мире, где они диктуют свои собственные условия — и перестраивают общество, делая его по-настоящему человеческим.

Творческий процесс был прерван плохими новостями с родной земли. На протяжении шести лет, с тех пор, как Розенбаумам было отказано в разрешении на выезд из СССР, Рэнд не поддерживала связь со своей семьей. По окончании войны она попыталась вновь наладить контакт и отправить в Ленинград две посылки с продуктами и подарками. Но практически сразу же она получила письмо от Марии Страшновой, которая ее первой учительницей английского языка и близким другом семьи Розенбаум. Страшнова, находившаяся в лагере для беженцев в Австрии, писала, что не знает ничего о судьбе Наташи или Норы — но сообщила Рэнд, что ее родители, Зиновий Захарович и Анна Борисовна Розенбаум, умерли несколькими годами раньше, во время ленинградской блокады. «Теперь ты осталась единственной ниточкой, связывающей меня с прошлым», — написала ей в ответ Айн. Она настояла на том, чтобы Страшнова приехала к ней в Америку, пообещав, что оплатит все расходы и будет содержать ее по прибытии. Когда Мария действительно приехала в Калифорнию — во многом благодаря беспрестанным уговорам Рэнд — она жила на ранчо у О'Конноров около года.

Новости, поступавшие из России, усиливали антикоммунистические настроения Айн Рэнд. Она продолжила свою работу для Кинематографического альянса за сохранение американских идеалов, написав еще одну статью для The Vigil. На этот раз она избегла темы политических теорий и вместо этого сосредоточилась на практических мерах, которые голливудские студии должны предпринять, чтобы искоренить коммунистическое влияние. Тем не менее, статья «Путеводитель по кино для американцев», которую позднее повторно опубликовал консервативный журнал Plain Talk, в значительной выражала ее политические взгляды. В «Путеводителе» Рэнд изображала голливудских коммунистов этакими «Элсвортами Тухи», осторожно протаскивающими в невинные киноистории маленькие кусочки пропаганды, которые можно встретить то тут, то там. Чтобы сопротивляться этому процессу, кинопродюсеры и сценаристы должны понять, что политические идеи вытекают из моральных предпосылок, говорила Рэнд. После этого утверждения, однако, она воздержалась от радикальных заявлений, ограничившись тем, что перечислила тринадцать способов сохранять выпускаемые в Голливуде фильмы свободными от коммунистических оттенков. Она призывала кинематографистов избегать в своей работе высмеивания или показа в негативном свете системы свободного предпринимательства, промышленников, богатства или получения прибыли. Фильмы должны прославлять успех и избегать позитивного изображения неудачников или коллективистов. Также в процессе создания кинокартин следует быть очень осторожными, изображая современные события или критикуя американские политические институты.

«Влияние коммунистов в Голливуде существует не благодаря их собственной власти, но из-за бездумной беспечности тех, кто заявляет, что противостоит им, — писала Рэнд. — Опасные элементы «красной» пропаганды присутствуют в фильмах, созданных невиновными людьми — часто верными национальным идеалам американцами — которые сами осуждают распространение коммунизма в мире и недоумевают по поводу того, почему он распространяется. Если вы хотите защитить ваши фильмы от использования в прокоммунистических целях, первая вещь, которую нужно сделать — это отбросить заблуждение, что политическая пропаганда состоит из одних лишь политических лозунгов.

Политика не является некоей самостоятельной «вещью в себе». Политические идеи не возникают из ниоткуда. Они являют собой результат тех моральных предпосылок, которые люди для себя приняли. То, что люди считают хорошими, правильными и достойными человеческими поступками, неизменно будет определять их политические мнения. Если люди считают, что любые самостоятельные действия порочны, то они будут голосовать за любые меры, позволяющие контролировать людей и ограничивать их свободу. Если люди посчитают, что американская система несправедлива, они будут поддерживать тех, кто ее уничтожит.

Намерение коммунистов, действующих в Голливуде, не является производство политических картин, открыто выступающих в защиту коммунизма. Их цель состоит в том, чтобы проникать в фильмы, не связанные с политикой — путем представления небольших, якобы случайных фрагментов пропаганды в совершенно невинные истории — и таким образом на подсознательном уровне заставлять людей принимать базовые установки коллективизма как нечто положительное.

Конечно, мало кто, благодаря этому, незамедлительно отбросит прежние идеалы и превратится в коммуниста. Но постоянный поток намеков, подтекстов, отсылок и предположений, который обрушивается на зрителей с экрана, в конце концов сработает как капли воды, которые в течение длительного времени падают на камень. Камнем, который они пытаются проточить, является американизм».

Статья «Путеводитель по кино для американцев» привлекла внимание Комитета по расследованию антиамериканской деятельности (КРАД), который предпринял расследование предполагаемого коммунистического заговора в киноиндустрии. Эта организация начала разыскивать скрытых коммунистов еще в 1938, а в послевоенные годы ее деятельность существенно набрала обороты. В 1947 КРАД начал свое первое расследование высокого уровня, обратив внимание на политические объединения среди знаменитых актеров, режиссеров и сценаристов.

Рэнд была рада помочь. По просьбе руководства КРАД она отправилась в Вашингтон, где давала показания в качестве свидетеля. В отличие от большинства других свидетелей, которые были вызваны, чтобы быть допрошенными по поводу их коммунистического прошлого, Рэнд пошла на это очень охотно. Коротко рассказав о тяготах советской жизни, она обрушилась с критикой на фильм «Песнь о России» — приторную романтическую историю 1944 года, снятую на волне американского военного союзничества с Советским Союзом. Ее показания получили широкую известность — особенно фраза, в которой она утверждала, что фильм является пропагандистским, поскольку в нем показано слишком много улыбающихся русских. «Разве люди в России перестали улыбаться?», — спросил один из конгрессменов. «Ну, если вы спрашиваете меня в буквальном смысле, то в основном да», — ответила Рэнд, вызвав смех аудитории.

Рэнд не понимала, что «Песнь о России» является не коммунистической пропагандой — а внутренней американской пропагандой, посвященной военному союзнику США. Когда представитель штата Джорджия, Джон Стивенс Бойд, напрямую спросил ее об этом, Рэнд выглядела смущенной, спросив его в ответ: «Какое отношение ложь о России имеет к военным действиям?». Позднее она утверждала: «Я не считаю, что американскому народу нужно лгать — в публичном или индивидуальном порядке. Почему бы не рассказать американцам правду? Почему не рассказать, что российская власть является диктатурой — но были причины, чтобы объединиться с ней, чтобы вместе уничтожить Гитлера и других диктаторов?». Рэнд была по-настоящему одержима вопросом честности в политике — но, поскольку она не смогла понять истинного контекста фильма «Песнь о России», ее показания не особо помогли в деле выявления коммунистического влияния в американских фильмах. Комитет более не был заинтересован в участии Рэнд в процессе и не стал вызывать ее на второй день слушателей, когда в том же контексте рассматривался фильм «Лучшие годы нашей жизни» (1946).

Оглядываясь назад, Рэнд испытывала смешанные чувства по поводу своего участия в этом процессе. Она была обеспокоена тем, насколько правительственное вмешательство в политические воззрения американцев допустимо с нравственной точки зрения. Но в личных заметках она убеждала себя, что предметом расследования КРАД являлось потенциальное членство некоторых людей в Коммунистической партии, а не сама их вера в коммунистические идеалы. Ее не заботил тот факт, что случайные попутчики, уличенные в симпатиях к коммунизму, могут стать жертвами «охоты на ведьм». Рэнд больше волновала неэффективность всего мероприятия, которое выглядело скорее каким-то фарсом, нежели серьезным расследованием. Более того — оно нанесло болезненный удар по репутации некоторых заинтересованных лиц. Слушания вызвали обратную реакцию, и люди, свидетельствовавшие против голливудских коммунистов попали в черный список. Многие друзья Рэнд из консервативных кругов — в том числе Альберт Маннхаймер — столкнулись с огромными трудностями, пытаясь найти работу в индустрии.

После краткого визита в Вашингтон Айн продолжила окучивать Нью-Йорк, где она запланировала широкий спектр литературной деятельности. Ее главной целью было исследование, необходимое для создания романа «Атлант расправил плечи». По мере того, как в ее сознании развивался сюжет, Рэнд все больше понимала, что центральную роль в ее истории предстоит играть кровеносным сосудам современной индустриальной экономики — железным дорогам и стали. Как и в случае с «Источником», она провела кропотливое исследование материальной части, чтобы произведение выглядело правдоподобным. Основную информацию ей предоставили сотрудники Центральной железной дороги Нью-Йорка. Рэнд замучила вопросами вице-президента по операциям и посетила с экскурсией Центральный вокзал Нью-Йорка, а также его подземные коммуникации. Кульминацией стала поездка на поезде в Олбани, во время которой ей разрешили ехать в кабине машиниста. В эмоциональном письме к Патерсон она рассказывала, как на короткий отрезок времени ей даже позволили управлять поездом. В Чикаго Рэнд провела еще один ряд встреч — на этот раз с руководителями сталелитейной компании Kaiser Steel и посетила ее гигантские заводы.

Глава 22
Война интеллектов

Визит Рэнд в Нью-Йорк также вновь активизировал ее отношения с Патерсон — отношения, которые знали взлеты и падения. Поначалу казалось, что их долгая дружба легко переживет переезд Рэнд в Калифорнию. Они с легкостью перенесли свои разговоры на бумагу, отправляя друг другу длинные письма, в которых развивали продолжительные дискуссии на интеллектуальные темы. Патерсон снабжала Рэнд информацией о событиях, происходивших в либертарианском мире Нью-Йорка, рассказывала о своих встречах с Гербертом Гувером и исполнительным директором DuPont Джаспером Крейном. Письма были проникнуты душевной теплотой — в одних из них Патерсон утешала Рэнд насчет проблем с издателями, давала советы по поводу того, как строить отношения с женами ее друзей-мужчин и хвалила ее предпочтения по части моды. Патерсон словно взяла на себя роль матери Айн. Она была особенно обеспокоена тем, что Рэнд продолжала употреблять бензедрин, чтобы придать себе сил для затягивающихся глубоко за полночь разговоров и длинных рабочих дней за письменным столом. «Прекрати принимать этот чертов бензедрин, идиотка! — предельно резко сказала она однажды. — Мне наплевать, зачем ты это делаешь — просто перестань!». Но Рэнд, все еще очень довольная теми творческими возможностями, которые дарил ей этот стимулятор, пропускала мимо ушей намеки Патерсон на то, что употребление бензедрина может превратиться в очень опасную привычку.

Вскоре тон их писем стал более прохладным. Занятая своими литературными трудами, Рэнд не могла поддерживать отношения на том уровне, который удовлетворял бы эмоциональным нуждам Патерсон. После трехмесячного перерыва в переписке

Патерсон почувствовала себя брошенной, написав Рэнд: «Я считаю, что когда кто-то хочет поговорить с подругой или написать ей, это происходит спонтанно. Это не задание». Молчание Рэнд в ответ на это стало особенно болезненным для Изабель, которая заметила: «после того, как писатели становятся знаменитыми, я больше не слышу о них. У них есть много других важных дел, на фоне которых им становится не до меня». Патерсон опасалась, что Рэнд, как и многие другие стремившиеся к успеху авторы, попросту «окучивала» ее ради помощи в профессиональной карьере. На самом деле отношение Рэнд к Патерсон было искренним — но ей не удавалось надлежащим образом дать ей это понять. Прошло еще семь месяцев, прежде чем в середине 1945 Рэнд ответила Изабель, признавшись: «Я боялась писать тебе». Она подробно объяснила, почему это было так. Корни боязни писать письма друзьям частично произрастали из переписки с ее русской семьей, когда письма могли попасть на стол к следователям силовых ведомств, частично — из боязни быть неправильно понятой, и, наконец, не стоило забывать и о ее насыщенном графике. Патерсон это не удовлетворило — в ответ она написала Рэнд, что «человек не является фонарным столбом, который постоянно стоит «где-то там» для вашего удобства и не существует для вас все остальное время». Столь же терпким был тон и остального письма — там, где прежде у нее была припасена щедрая похвала для Рэнд и ее работ, теперь Изабель подвергала сомнению философские предпосылки Айн и ее видение истории.

Особенно резко она отнеслась к нынешним взглядам Рэнд на философию. Отвечая на критические отзывы Айн по поводу философских трудов, которые та читала в текущий период времени, Патерсон довольно пренебрежительно заметила, что «для того, чтобы судить их с полным на то правом, нужно иметь представление обо всей проблеме систематического мышления, с самых ее основ». Также Изабель упрекнула Рэнд в том, что та, отвергая ряд положений, выдвинутых философами прошлых лет, в то же самое время предлагает похожие тезисы в своей собственной философской концепции. Несмотря на то, что ранее она была очень рада их совместным достижениям в области разработки системы правил и исключений, необходимых для существования свободного общества, теперь Патерсон начала сомневаться в самой цели их силлогических размышлений. Истинной проблемой было не создать рациональную систему, а удостовериться, что лежащие в ее основе предпосылки являются правильными. И она не была полностью уверена, что Рэнд сумеет надлежащим образом справиться с этой задачей, замечая: «ты много говоришь о «рассудительности», но не пользуешься ею — поскольку ты делаешь предположения, не соответствующие действительности». Также она не преминула отпустить несколько замечаний по поводу поведения Рэнд. Изабель была задета тем, что Рэнд постоянно говорила об успехе продаж своего «Источника», в то время, как книга Патерсон потерпела коммерческий провал. «Я полагаю, что все-таки можно оставаться полноценным индивидуалистом без того, чтобы быть еще и солипсистом», — писала она Рэнд, и тон ее нынешних писем был полностью противоположен прежним. Это, несомненно, было частично связано с переменой ее настроения — но в том, что ее ответ был столь сердитым и желчным, сыграло роль и неумение Рэнд осторожно выстраивать отношения.

Рэнд была шокирована этим письмом. Она обвинила Патерсон в том, что та просто вкладывает какие-то слова в ее рот, не прислушиваясь к тому, что она на самом деле говорит. Она отвергла сравнение с другими философами, настаивая: «Я не перенимаю какую бы то ни было философию. Я создаю свою собственную. И меня не волнует, если кто-либо станет навешивать на меня ярлыки». Ход мыслей Рэнд был, во многом, довольно агрессивен. Она не рассматривала себя как часть широкого сообщества мыслителей, и ее не волновали пересечения между разными философскими школами. «Я не вижу смысла обсуждать то, что какие-то дураки сказали в прошлом, почему они это сказали, какая ошибка была при этом допущена, и в каком месте они полетели под откос», — сказала она Патерсон. Рэнд также была обеспокоена тем, что Патерсон подняла вопрос о Боге, и немедленно стала подозревать, что «ты считаешь, что, раз я не принимаю Бога, то предаю дело индивидуализма».

В ответ Патерсон отправила своей подруге еще одно критическое послание. Она отвергла претензии Рэнд на оригинальность, сказав ей: «если ты будешь опираться на теорию, которую кто-то придумал до тебя, то я назову это словом, которое уже существует». Однако в религиозном вопросе Рэнд, как выяснилось, была права. Патерсон действительно считала, что для того, чтобы с полным на то правом называть себя индивидуалистом, необходимо верить в Бога. «Если ты начинаешь с провозглашения атеизма, — утверждала она, — то у тебя просто нет никакой основы для прав человека». Такие же критические замечания высказывали Роуз Уайлдер Лейн и читатели из ФЭО. Предложенная Рэнд теория естественного права была основана на безоговорочном императиве, утверждении «это так, потому что так и должно быть». Однако в мире, где права человека постоянно ставились под сомнение деспотическими правительствами и жестокими преступниками, для такой концепции требовалось гораздо более солидное обоснование. Патерсон заканчивала свое письмо еще одним ехидным замечанием. Ранее Рэнд рассказывала ей о Таддеусе Эшби, своем новом «приемном сыне», которого она описывала как «копию самой себя». Патерсон отреагировала очень резко: «Я не знаю, что может быть интересного в том, чтобы иметь рядом с собой собственную копию. Что, эта твоя «копия» еще раз напишет «Источник»? Это звучит глупо для меня. Впрочем, это твое дело». Противоречия и обиды накапливались как снежный ком, и отношения между двумя женщинами продолжали ухудшаться.

Но прежде, чем они достигли точки невозврата, и Рэнд, и Патерсон сдали назад. Айн еще не успела ответить на предыдущий взрыв эмоций, как получила новое письмо от Изабель, на этот раз — дружелюбное и полное счастливого сюсюканья. Патерсон была приглашена в Мэриленд на встречу с несколькими высокопоставленными сотрудниками DuPont, и успех, с которым прошла эта встреча, заметно приободрил ее. Рэнд мудро решила не отвечать на это письмо, памятуя о том, что вскоре им предстоит встретиться в Нью-Йорке. При личной встрече было бы намного легче разобраться с противоречиями и вновь наладить нормальное общение. Обе чувствовали, что их отношения поставлены под угрозу, и ни одной из женщин не хотелось полностью их разрушать — особенно Рэнд, для которой Изабель Патерсон была одним из самых дорогих друзей. В Нью-Йорке они пришли к своеобразному перемирию. Как Рэнд говорила впоследствии, у нее было полное взаимопонимание со всеми ее друзьями, а на письма она не отвечала исключительно потому, что была очень занята писательской работой. На протяжении двух лет она и Патерсон поддерживали отношения, общаясь по телефону, прежде чем вновь увидеться воочию, когда Айн в очередной раз отправилась на восток.

Когда их переписка возобновилась в 1948, она носила тот же теплый приятельский тон, что и в начале, но их взгляды на религию оставались диаметрально противоположными. Рэнд продолжала считать Патерсон ценным наставником, памятуя об оказавшемся очень полезным совете уменьшить количество прилагательных в текстах. Писала она сейчас очень много — и великодушно назвала Патерсон одним из источников вдохновения для своего нынешнего творческого всплеска. В ответ Патерсон прислала ей охапку нью-йоркских сплетен, рассказав, в числе прочего, и о причудливой новой концепции Дона Левина о конкурирующих друг с другом правительственных учреждениях. То был первый проблеск анархо-капитализма, системы, которую Рэнд особенно ненавидела в последующие годы. Но на тот момент странные взгляды Левина просто стали для Рэнд и Патерсон сигналом о том, что его новую затею не стоит поддерживать.

Продолжая разговор о современных событиях, Рэнд допустила роковую оплошность, спросив Патерсон, как та относится к последней книге Фултона Шина. Шин, который должен был вскоре принять сан епископа Нью-Йорка, был плодовитым католическим автором. Экземпляр его новой книги, антикоммунистического пухлого тома, озаглавленный «Коммунизм и совесть Запада», Рэнд получила в подарок от их общего издателя. Патерсон написала ей, что на Шина не стоит тратить время, но Рэнд продолжила развивать эту тему и в следующем письме, сказав Изабель, что, по ее мнению, «с католическими мыслителями происходит что-то ужасное». Ее обеспокоил тот факт, что эти католические мыслители — такие, как Шин — ранее известные своими антикоммунистическими взглядами — теперь, похоже, двигались прямиком навстречу государственничеству. Патерсон прислала развернутый ответ, в котором попыталась объяснить, почему католицизм поддерживал действия государства. Рэнд ответила с возмущением — мишенью которого была не Патерсон, а католическая теология. И битва возобновилась. Хоть

Патерсон и не являлась католичкой, она не могла стерпеть столь пренебрежительного отношения Рэнд к религии. Возмущенная до предела, она принялась критиковать интеллектуальные способности Рэнд, упрекая ее в том, что та не понимает концепции первородного греха и порочности. Еще большую проблему она видела в том, что Рэнд стремилась полностью сбросить католическую философию со счетов. Из-за радикального осуждения католических философов она обвинила Рэнд в мизантропии: «Можешь ли ты предъявлять такие обвинения столь многим представителям человеческое расы — в том числе некоторым из лучших умов, порожденных ею — так, чтобы твои обвинения не распространялись на всю человеческую расу в целом?». Рэнд, со своей стороны, была непримирима. «Ну да, конечно, я могу», — сказала она Патерсон.

Этот спор о католицизме вскоре привел их на более опасную территорию, где женщины начали конфликтовать по поводу того, как и насколько Рэнд повлияла на моральные воззрения Патерсон. Этот вопрос был особенно чувствителен для Рэнд, которая начала думать, что Патерсон бессовестно позаимствовала ее идеи относительно альтруизма и использовала их в своей книге «Бог из машины». Перед публикацией этого произведения Патерсон спросила Рэнд, не позволит ли та ей использовать некоторые цитаты из их разговоров без указания авторства. Несмотря на то, что Рэнд разрешила ей сделать это, когда книга вышла, она с неудовольствием обнаружила в ней фразы, выглядевшие как дословный конспект их с Патерсон разговоров. Она никогда не высказывала ей своих претензий напрямую, но теперь намекнула в письме на ту старую историю. Патерсон в ответном письме настаивала, что идеи Рэнд помогли ей сформулировать более четкое определение некоторых понятий — но не более того.

Точки расхождения продолжали множиться по мере того, как две женщины спорили по поводу своих разговоров из прошлых лет, вспоминая, кто из них что сказал, и кто с кем согласился. Письма вновь оказались неэффективным инструментом для полноценного общения. Патерсон обвиняла в этом Рэнд: «Я читаю твои письма незамедлительно, но ты порой бываешь слишком медлительна». Сгладить эту проблему должна была новая личная встреча. Патерсон собиралась наконец приехать в Калифорнию, и Рэнд решила отложить дальнейшие обсуждения до ее прибытия. Она возлагала большие надежды на этот визит и даже согласилась оплатить дорожные расходы Изабель. Рэнд предвкушала возвращение золотых дней их дружбы: «Я с нетерпением жду, когда мы с тобой снова сможем проговорить всю ночь. Так совпало, что восходы здесь очень красивые, так что мы славно проведем время». В самом крайнем случае, приезд Изабель Патерсон в Калифорнию давал им возможность разобраться со множеством разногласий, возникших за время разлуки.

Но мечты о примирении так и остались мечтами. С самого начала визит Патерсон был катастрофой. Рэнд очень быстро обнаружила, что ее подруга «казалось, потеряла интерес к философским идеям. Гораздо больше внимания уделяла она разнообразным сплетням личного и литературного толка: кто что пишет, чем занимаются писатели и ее старые друзья». Возможно, Патерсон просто пыталась поддерживать разговор на безопасной территории — но Рэнд не была заинтересована в отношениях, которые не имели бы интеллектуальной подоплеки. Известная своей раздражительностью, в Калифорнии Патерсон вела себя особенно неприятно. Рэнд провела у себя дома несколько званых вечеров, каждый из которых Патерсон последовательно испортила. Она в лицо назвала двоих друзей Рэнд «дураками», а после встречи с драматургом Морри Рискиндом сказала Рэнд: «Я не люблю еврейских интеллектуалов». Рэнд удивленно спросила ее: «Тогда почему же ты общаешься со мной?». Напряжение между двумя старыми подругами нарастало с каждым часом. Патерсон даже рассказала, что много лет назад она намеренно не стала писать рецензию на «Источник».

Кульминацией безобразного поведения Патерсон стал момент, когда она познакомилась с Маллендором, который к тому моменту был одним из ближайших политических союзников Рэнд. Патерсон искала поддержку для нового политического журнала — но когда Маллендор начал задавать ей вопросы относительно этого предприятия, она потеряла терпение. «Она буквально взорвалась, — вспоминала Рэнд. — Она начала кричать, что никто не принимает ее всерьез. Неужели она недостаточно сделала, почему она должна писать какие-то заявки? Почему ей не могут поверить на слово?». Маллендор, который был предупрежден о скверном характере Патерсон, отнесся к этому спокойно, но Рэнд не могла пережить такого позора. Когда Патерсон решила на следущий день уехать домой, Рэнд согласилась. А когда утром Изабель попыталась передумать, Рэнд проявила твердость и отправила ее, куда та собиралась. Это был последний раз, когда они виделись.

С концом их дружбы Рэнд потеряла одного из немногих своих интеллектуальных кумиров. Она всегда искренне называла Патерсон в числе тех людей, что оказали влияние на ее интеллектуальное развитие. Даже в период их «войны по переписке» она продолжала заверять Патерсон: «У тебя я научилась понимать исторические и экономические аспекты капитализма, о которых ранее имела лишь поверхностное впечатление». Однако впоследствии она пересмотрела свое отношение к Патерсон, назвав ее совершенно неоригинальной. «Она была технически подкованной и компетентной дамой-романисткой — вот и все». Большая часть ответственности за разрыв их отношений лежала на Патерсон, которая была известна в консервативных кругах своим скверным характером. Как позднее писал в некрологе на нее Уильям Ф. Бакли-младший, Патерсон была «невыносимо невежлива, невероятно высокомерна, упряма и мстительна». Но конец их дружбы выявлял также и слабости самой Рэнд. Неспособная удовлетворить жажду дружеского общения, которую испытывала Патерсон, она погрузилась в молчание, которое лишь усугубило разнообразные противоречия между ними двоими. После их разрыва Рэнд не могла больше сохранять прежнее уважение к Изабель, низведя ее в своей системе ценностей до уровня второсортной романистки, а не серьезного мыслителя.

Изменившееся отношение к Патерсон изменило также и собственное понимание Рэнд самой себя. Если в конечном итоге Патерсон оказалась не столь уж прекрасной, то получается, что Рэнд сама сделала большую часть своих философских открытий самостоятельно. Полностью вымарав вклад Патерсон, она сделала себя полностью независимой героиней своей собственной истории. Она начала верить, что ее идеи были полностью сформированы ее собственными стараниями, без всякого участия Патерсон и того интеллектуального мира, который она представляла.

Выстраивание личных отношений всегда представляло трудность для Рэнд. Как она призналась Патерсон вскоре после переезда в Калифорнию: «Я начинаю бешено нервничать всякий раз, когда мне нужно выйти из дома, чтобы с кем-нибудь встретиться». Частично проблема заключалась в том, чтобы просто донести свои взгляды до окружающих. Рэнд обнаружила, что ей трудно быть понятой, вне зависимости от того, насколько длинные письма она писала. «Я сильно подозреваю, что мы говорим вовсе не об одной и той же теории или одной и той же проблеме», — сказала она Патерсон однажды. Такое же недопонимание пронизывало ее переписку с Лейн и сформировало ее отношение к Хайеку, Фридману и Риду.

Глава 23
Время учеников

Летом 1949 на американские экраны вышел художественный фильм «Источник», поставленный по одноименному роману Айн Рэнд. Пока его снимали, она присутствовала на съемочной площадке почти ежедневно, чтобы убедиться, что написанный ею сценарий не был подвергнут сокращениям или изменениям. Особо пристальное внимание она уделяла речи Говарда Рорка в зале суда. Когда работавший над лентой режиссер Кинг Видор попытался снять сокращенную версию этого, самого длинного в истории кино шестиминутного монолога, Рэнд пригрозила, что даст фильму отрицательную рекомендацию. Джек Уорнер позднее шутил, будто он опасался, что она взорвет его студию, как сделал Рорк с жилым комплексом — и поэтому он заставил Видора снимать все в точности так, как было написано. Рэнд также удалось переубедить консервативных голливудских цензоров, которые находили многие моменты фильма неэтичными. Но даже Айн Рэнд была не в силах тягаться с коммерческой машиной Голливуда. Посетив премьеру фильма, она была опустошена, увидев, что по нему, все-таки, прошлись монтажные ножницы, безжалостно вырезав кульминационную фразу Рорка «Я вышел заявить, что я человек, существующий не для других».

События вокруг фильма подлили масла в продолжавший тлеть костер ее разочарования жизнью в Калифорнии. Сейчас, находясь на пятом десятке, Рэнд боролась с лишним весом, нервозностью и хронической усталостью. А различия между ней и Фрэнком, которые раньше были источником плодотворного баланса в их отношениях, теперь, напротив, превратились в ширящийся разрыв между ними. Фрэнк проводил большую часть своего времени снаружи, в саду, покуда Рэнд работала у себя в кабинете. Им часто было не о чем поговорить друг с другом за обедом. Вдобавок к своим повседневным житейским проблемам, Рэнд была вовлечена в судебный процесс по делу о клевете, ответчицей на котором выступала ее коллега по антикоммунистическим настроениям, Лела Роджерс. Рэнд наставляла Роджерс в преддверии политических дебатов на радио, и была объявлена соучастницей в последовавшем за этим обвинении в клевете. Ей пришлось являться на допросы в суд и консультироваться со своими адвокатами.

Спасение пришло с неожиданной стороны. С момента публикации «Источника» Рэнд получила тысячи писем от поклонников. Чтобы управляться с этим непрерывным потоком, она даже создала универсальную форму для ответа — но в тех случаях, когда чье-либо письмо производило на нее сильное впечатление, отвечала его автору более развернуто. Первые послания, пришедшие от канадского старшеклассника Натаниэля Блюменталя, остались без ответа. Блюменталь производил впечатление запутавшегося социалиста, а у Рэнд не было лишнего времени, чтобы заниматься просвещением невежд. Позднее, поступив в Калифорнийский университет в Лос-Анджелесе, Блюменталь написал ей снова. Его интерес к Рэнд не угас. Новое письмо и его настойчивость в целом понравились Рэнд, и она пригласила его в Четсуорт. Это было начало продлившихся восемнадцать лет отношений, которые преобразили ее жизнь и карьеру.

Когда она впервые встретила Блюменталя, Рэнд как раз заложила хороший фундамент для своего третьего романа. В отличие от «Источника», книгу «Атлант расправил плечи» она спланировала легко и быстро, набросав основы сюжета и систему персонажей в течение шести месяцев 1946 года, когда она получила длительный перерыв в сценарной работе. Теперь ей оставалось только написать развернутые и детализированные сцены на основе уже созданных ею заготовок, состоявших из одного-двух предложений. Регулярные поездки по стране помогли ей осуществить на страницах трилогии качественную визуализацию американских пейзажей. На обратном пути из Нью-Йорка они с Фрэнком посетили Оурей в штате Колорадо — маленький городок, окруженный кольцом гор. Практически сразу же она решила, что Оурей станет моделью для ее «капиталистического рая», долины, где объявившие забастовку творцы смогут построить собственное утопическое общество.

Со временем Рэнд разработала хитроумные методы борьбы со своими «корчами». Однажды навестившая ее двоюродная сестра была поражена, увидев, как Рэнд прокалывает булавкой кожу на своем большом пальце, создавая узор из кровавых точек. «Это помогает мне поддерживать резкость мысли», — объяснила она. В другие моменты Рэнд бродила по территории Четсуорта, подбирая по пути небольшие камни. Вернувшись в кабинет, она начинала перебирать их, сортируя по цвету и размеру — и в конце концов в комнате накопилось более ста маленьких коробочек с этими камнями. Но самой экстравагантной из ее уловок, вероятно, было создание текста под музыку. Она подбирала определенные мелодии для разных персонажей, о которых писала в конкретный момент, используя музыку для создания надлежащего настроения во время сцен с их участием. Рэнд выбирала для этих целей наиболее драматичные произведения классической музыки — и иногда они ввергали ее в состояние столь сильного эмоционального возбуждения, что она начинала плакать, сидя за письменным столом.

Поначалу Рэнд планировала написать книгу, которая будет лишь повторно транслировать те же идеи, что уже были задействованы в «Источнике» — но впоследствии существенно расширила спектр затрагиваемых тем. «Атлант» стал приключенческой историей, главные герои которой отказались принимать участие в развитии экономики, подконтрольной государству, проводящему в жизнь идею всеобщего благосостояния. Основная сюжетная линия была позаимствована из собственной биографии Рэнд — в особенности это напоминало реакцию ее отца на русскую революцию. Изначально она думала, что книга «просто продемонстрирует преимущества капитализма над другими экономическими системами». Читая труды Аристотеля и Платона в процессе подготовки заброшенного в итоге нехудожественного проекта «Моральный фундамент индивидуализма», Рэнд стала ставить во главу угла рациональную философию. Она решила, что ее новый роман должен показывать связь между разумом и реальностью. Когда же она начала более предметно развивать эту тему, возник ряд вопросов: «Самое главное — почему разум является важным? Каким конкретным образом он влияет на человеческое существование?». Размышляя над этими вопросами, Рэнд начала понимать, что ее роман должен стать, все-таки, чем-то большим, нежели просто интересной политической басней. К тому моменту, когда она начала всерьез работать над планом-схемой романа, Рэнд уже видела перед собой крупномасштабный проект, который, по своей природе, имел, в первую очередь, метафизический характер. Однако ей было трудно понять суть задачи, которую она взвалила на свои плечи.

Рэнд утверждала, что написала книгу почти полностью на протяжении следующих нескольких лет. К июлю 1947 у нее было готово 247 страниц. Годом позже, когда в книге насчитывалось 150 000 слов, Айн все еще полагала, что этот роман будет короче, чем «Источник». Лишь когда толщина рукописи превысила три дюйма, а вес — пять фунтов, Рэнд наконец-то признала, что книга будет «больше по объему и масштабу», нежели предыдущий роман. Но даже несмотря на это, она имела основания полагать, что работа над ней близится к завершению. Планирование сюжета прошло быстрее, чем она могла себе представить, и она уже закончила большую часть своих практических исследований. Ее главные герои были реалистичны, а второстепенные персонажи разрабатывались очень быстро. В 1950 году она расторгла контракт с Хэлом Уоллисом, чтобы уделять литературным занятиям максимально возможное время. К тому моменту перспектива завершить работу над книгой в течение нескольких месяцев казалась вполне реальной. Но Рэнд еще не знала, что «Атлант расправил плечи» станет, как она позднее выразилась, самым недооцененным произведением за всю ее жизнь.

Хоть Рэнд и погрузилась с головой в писательство, она продолжала принимать гостей. Каждый уикенд к ней заглядывали Рут Хилл и ее муж Баззи, также регулярными были собрания небольшого кружка интеллектуалов из расположенного неподалеку Калифорнийского университета (на тот момент называвшегося лос-анджелесским государственным колледжем). Получив приглашение от профессора, Рэнд пообщалась со студентами факультета политологии и, убедившись, что они не являются коммунистами, пригласила их к себе домой. Их профессор вспоминал: «Она была доброжелательной и гостеприимной, но все же в ней присутствовала некоторая холодность.

Это было связано с ее личностью. У нее были собственные взгляды и собственные мнения — все остальное ее словно бы не интересовало». Рэнд хотела — и добилась в этом некоторого успеха — убедить студентов разделить ее взгляды. Один из них вспоминал: «Я столкнулся с двумястами пятьюдесятью различными философскими школами — но все это было как огромное колесо, которое стояло на месте, потому что все эти утверждения противоречили друг другу, уравновешивали друг друга. Я просто перестал понимать, что же я думаю обо всем этом. А она принялась удалять одно высказывание за другим, еще и еще. И в конце концов колесо начало вращаться. И я определенно последовал за ней». Рэнд обнаружила, что, в отличие от зрелых консерваторов, с которыми она встречалась в Нью-Йорке и Голливуде, этих юных искателей смысла жизни, довольно легко обращать в свою «веру».

Среди студентов, группировавшихся вокруг Рэнд, особенно выделялся Натан Блюменталь. Между ними очень быстро установилось полное взаимопонимание — словно бы искра проскочила. Блюменталь с самого начала очень понравился Рэнд, а сам он просто почувствовал себя как дома. В тот первый вечер они начали долгий разговор, продлившийся до следующего рассвета. Это напоминало ее диалоги с Патерсон, но на этот раз компанию Рэнд составляла не старшая подруга, а симпатичный молодой человек, жадно ловивший каждое ее слово. Через несколько дней Блюменталь вернулся с Барбарой Видман, своей будущей женой. Видман также была полностью очарована Рэнд. Она смотрела в ее лучистые глаза, «которые, казалось, знали все на свете и утверждали, что от них не существует никаких тайн». Вскоре эти двое стали частыми гостями на ранчо О’Конноров. Несмотря на то, что Рэнд всегда склоняла разговоры со своими новыми друзьями к философским и политическим темам, она также терпеливо выслушивала жалобы Барбары на личные неприятности во время их долгих прогулок по территории поместья. Четсуорт стал спасительным убежищем для двух студентов, чьи ярко выраженные правые политические взгляды сделали их весьма непопулярными фигурами в университете. Рэнд, со своей стороны, наконец, обрела такие дружеские отношения, в которых она чувствовала себя полностью комфортно. Блюменталь и Видман не требовали от Рэнд больше, чем она могла им дать, они никогда не подвергали сомнению ее авторитет, а их восторженное отношение к ее работам было для нее настоящим бальзамом.

Бывший, на момент их встречи, впечатлительным юношей, находившимся в поисках кумира, Натан очень быстро распознал родственную душу в Рэнд. Они действительно были очень похожи. Как и Алиса Розенбаум, Натан был отчужденным интровертом, который чувствовал себя оторванным от окружающего мира. У Алисы были ее любимые фильмы — а он находил отдушину в драматургии, прочитав за время своего обучения в старших классах около двух тысяч различных пьес.

К тому моменту, когда он познакомился с Рэнд, Блюменталь выучил «Источник» практически наизусть. Услышав цитату из этой книги, он сразу мог сказать, какая фраза предшествовала ей, и какая шла следом. Он начал разговаривать с Рэнд по телефону по нескольку раз на дню, а почти каждый субботний вечер поводил у нее дома. Рэнд была словно бы более взрослой — и женской — версией его самого, хотя поначалу Натан не рассматривал ее как женщину. Через два месяца после знакомства он подарил ей экземпляр университетской газеты со своей публикацией, подписанный следующим образом: «Моему отцу — Айн Рэнд».

Публикацией, которую Натан подписал для Рэнд, было его совместное с Барбарой письмо в редакцию, являвшее собой опасный выпад в сторону Ф. О. Матьессена — литературного критика и гарвардского профессора, который покончил с собой, находясь под следствием из-за своих связей с коммунистами. Смерть Матьессена получила широкую огласку и стала тяжелой утратой для его коллег по левому крылу, которые считали его первым мучеником Холодной войны. Однако Натан и Барбара не испытывали по этому поводу ни малейшего сожаления. Вместо этого они предложили другую трактовку его смерти, рассматривая ее сквозь призму «рэндистской» философии и связывая с иррациональностью, свойственной коммунизму. В своем письме Натаниэль задавал вопрос: «Если человек возлагает свои надежды на идею, которая содержит в себе неразрешимое противоречие, и когда он видит, что она является испорченной и провальной по всем параметрам — есть ли что-либо героическое в том, чтобы покончить с собой потому, что не работает идея, которая не может работать в принципе? Резкое и бестактное, письмо утверждало, что такие люди «вообще не заслуживают жалости — скорее они заслуживают того, чтобы отправиться в Ад». Оно вызвало в университете массу ожесточенных споров и навсегда испортило отношения Барбары с профессором философии, который был близким другом Матьессена. До того, как письмо было опубликовано, этот профессор был очень внимателен и радушен по отношению к Барбаре — он даже ездил вместе с нею и Натаном в Четсуорт, в гости к Рэнд — после чего заявил, что был глубоко впечатлен общением с ней. Теперь же он вступил с ними в конфронтацию и начал открыто критиковать Барбару со страниц студенческой газеты. Его враждебность была настолько сильной, что Барбара поняла — если она хочет продолжить изучать философию на достойном уровне, ей придется поменять университет. Блюменталь, в свою очередь, был равнодушен к этим потрясениям. Он был крестоносцем, который нашел свое дело.

Горячо преданный Рэнд, Натан начал разрывать связи со своей семьей. Он затеял перебранку с исповедовавшей социалистические взгляды старшей сестрой, отчитывая ее в гневных письмах за аморальность и непоследовательность — и его язык был словно бы напрямую позаимствован у Рэнд. Вернувшись из поездки домой, он рассказывал, что ругался с сестрой так яростно, что даже охрип. Видя в этой его несдержанности прежнюю себя, Рэнд посоветовала Блюменталю использовать в отношениях с людьми иной подход. Год спустя Натан сообщил, что это, кажется, подействовало. Вместо гнева он стал использовать логику: «Когда мои собеседники начинали возражать, я указывал им на схожее допущение, с приемлемостью которого они уже согласились ранее по ходу разговора — и это всегда помогало мне выиграть спор». Пускай ему и не удалось полностью переубедить членов своей семьи в их отношении к социализму, все же, Натан открыл для себя силу выверенной и упорядоченной философской системы. К тому времени он называл Рэнд «дорогушей» в своих письмах. Она отвечала взаимностью, ставя Натана и Барбару выше всех остальных — и даже давала им читать ранние черновики романа «Атлант расправил плечи».

Рэнд не хотела, чтобы их общение прекращалось. Настолько сильно не хотела, что даже снова переехала в Нью-Йорк после того, как туда отправились Барбара и Натаниэль. Барбара намеревалась получить степень магистра философии в Нью-Йоркском университете, и Натан также перевелся туда, чтобы не расставаться с ней. После того, как пара уехала, в жизнь Рэнд закралось нарастающее беспокойство. Она всегда хотела вернуться в Нью-Йорк — и теперь, когда фильм «Источник» был закончен, у нее не было никаких причин оставаться в Калифорнии. К осени 1951 она убедила Фрэнка, что они должны уехать. Она знала, что в Калифорнии он чувствовал себя комфортно и счастливо — но его предпочтения значили очень мало в сравнении с ее волей. Прошло более двадцати лет с тех пор, как Фрэнк обеспечивал себя сам. Рэнд все чаще настаивала на переезде, и в конце концов он вынужден был согласиться. В радостном возбуждении Айн позвонила Натану, чтобы поделиться новостями. Несколько недель спустя она и Фрэнк ехали на восток.

Глава 24
Holy Mises

Вернувшись в Нью-Йорк, Рэнд не стала предпринимать попыток восстановить свои отношения с Изабель Патерсон. Чувствуя себя уютно в своем новом треугольнике с Натаном и Барбарой, она отклоняла попытки их общих с Патерсон знакомых организовать перемирие между ними, и вскоре разорвала отношения также и с Роуз Уайлдер Лейн. Как позднее рассказывала об этом сама Лейн, Айн и Фрэнк посетили ее дом в Коннектикуте, где у нее с Рэнд разгорелся жаркий спор на тему религии. Хоть Лейн и не была прилежной прихожанкой и не следовала ни одной из традиционных христианских доктрин, она твердо верила, что у Вселенной есть божественный создатель и считала атеизм Рэнд «несостоятельным». В письме к Джасперу Крейну Лейн описывала сцену, имевшую место быть после нескольких часов разговора: «Я сдалась и бормотала что-то о том, что следы Творения очевидны в нашем мире повсюду — а она, сочтя, видимо, что полностью разрушила мои построения, решила «добить» меня наивно-детским вопросом: «А кто же тогда создал Бога?». В тот момент я поняла, что совершенно неправильно оценивала ее интеллектуальные способности. Мы расстались дружелюбно, и с тех пор я больше никогда ее не видела». Лейн вспоминала, что ее оттолкнуло как само заявление Рэнд, так и манера, с которой оно было сделано. В момент, когда она задавала свой последний вопрос, Рэнд говорила с «предельно высокомерным торжеством», обрушив на собеседницу «испепеляющий взгляд». Тот инцидент подтвердил подозрения Лейн насчет того, что Рэнд занимает крайне индивидуалистскую позицию, и сделал еще более явными различия между ними. Рэнд искренне полагала, что ей удалось обезоружить Лейн. На следующий день та отправила ей длинное письмо с целью дальнейшего прояснения своей позиции — поля которого Рэнд покрыла критическими замечаниями. Она никогда не ответила на это письмо, и их отношения не получили дальнейшего развития.

Разрыв Рэнд с Лейн предвосхитил растущую важность религии в правом крыле американской политики. За годы, прошедшие с момента публикации «Источника», религия выдвинулась в самый авангард политического дискурса страны. Рэнд четко помнила, когда именно наметился этот сдвиг. В период с середины до конца сороковых она «не воспринимала тему религии в политике чересчур серьезно — потому что такой угрозы тогда не было. Консерваторы не привязывали свои идеи к Богу. Не было серьезных попыток провозглашать что если вы хотели быть консерватором или поддерживать капитализм, то вам необходимо основывать свои убеждения на вере». Но к 1950 все изменилось. По мере того, как приближалась холодная война, коммунизм всегда и везде начал выставляться безбожным, а капитализм привязывался к христианству. Блестящий дебют Уильяма Ф. Бакли-младшего, книга «Бог и человек в Йеле», лихо переделывал предложенное ранее Рэнд и Хайеком светское противостояние индивидуализма и коллективизма, в настоящее религиозное противоборство, утверждая, что на самом деле борьба идет на более высоком уровне, и это — «дуэль между христианством и атеизмом». Два года спустя, в своей культовой автобиографии «Свидетель», Уиттакер Чемберс назвал коммунизм уделом «людей, лишенных Бога», для которых культ собственно человека стал суррогатом, подменяющим традиционную религию. Рассел Кирк ввел в моду понятие «нового консерватизма» в своей книге 1953 года «Консервативное сознание», провозглашавшей важность религиозного традиционализма. Даже американские интеллектуалы левого толка — и те тянулись к теологическим построениям бывшего социалиста Рейнгольда Нибура.

Однако Рэнд на фоне всего этого лишь стала еще более убежденной атеисткой. На одной из коктейльных вечеринок она встретила молодого Бакли, однозначно провозглашенного героем вечера. Как всегда, она была очень прямолинейна, сказав ему со своим отчетливым русским акцентом: «Вы слишком умны, чтобы верить в Бога!». Бакли был изумлен и оскорблен. Он обратился за советом по этому поводу к другим либертарианцам (включая Изабель Патерсон) — и, поскольку Бакли был основателем National Review, являвшегося рупором американской консервативной мысли, Рэнд стала одной из его излюбленных мишеней. Она была не единственной среди либертарианцев, кто отказывался признавать новую доктрину религиозного супрематизма. Сочетание консерватизма, капитализма и христианства породило в правом крыле настоящее осиное гнездо, разжигавшее религиозно-политические баталии на страницах издания ФЭО The Freeman и среди членов общества «Мон Пелерин». К концу десятилетия светское либертарианство находилось уже в тени религиозного нового консерватизма — но, конечно, оно никогда не исчезало полностью. Одним из живых свидетельств его жизнеспособности являлась сама Айн Рэнд.

Ее оппозиционный настрой по отношению к религии возрастал по мере того, как она писала «Атлант расправил плечи». Изначально в числе забастовщиков присутствовал и священник, отец Амадеус. Он должен был стать ее «идеальным изображением философа-томиста», персонажем, который демонстрировал бы все самое лучшее, что может, в теории, являть собой человек, которого религия привлекает своим нравственным кодексом. По ходу истории Амадеус должен был осознать зло, таящееся в идее всепрощения, и в одной из важных сцен начать забастовку, отказавшись отпускать грехи одному из отрицательных персонажей. Но в конечном итоге Рэнд пришла к выводу, что присутствие в романе священника будет компрометировать ее взгляды на вопросы рациональности. Все прочие положительные герои являлись представителями уважаемых профессий, которые она хотела прославить. Включение в этот список священника фактически было равносильно признанию ею значимости религии как таковой. Поэтому Рэнд полностью убрала этого персонажа из текста произведения.

Несмотря на разочарования в Риде, Лейн и Патерсон, когда она только-только вернулась в Нью-Йорк, Рэнд все еще была заинтересована в том, чтобы найти друзей среди политически ангажированных интеллектуалов. Та деятельность, которую она вела в Калифорнии, а также годы общения по переписке помогли ей прочно закрепиться в множестве либертарианских сообществ. Теперь она вновь ярко заблистала на нью-йоркской политической сцене. Став теперь более осторожной в своем выборе потенциальных союзников, Рэнд сторонилась официальных организаций или партнерств. Больше никогда в своей жизни она не занималась какой бы то ни было поддержкой идей, в которые не верила сама. Еще в период своего сотрудничества с КРАД она познакомилась с политическим активистом Джозефом Брауном Мэтьюзом по прозвищу «Док» — убежденным антикоммунистом, который помогал конгрессмену Мартину Дайсу и сенатору Джозефу Маккарти выявлять американцев, ведущих подрывную прокоммунистическую деятельность. Мэтьюз начал приглашать Рэнд на многочисленные консервативные обеды и вечеринки. На этих мероприятиях она познакомилась с группой людей, отчасти напоминавших ее бывших соратников по предвыборному штабу Уэнделла Уилки. В послевоенную эпоху консервативное движение росло и ширилось — и Рэнд больше не являлась единственной интеллектуалкой в нем.

Одним из первых либертарианцев, которым Рэнд протянула руку дружбы, стал Людвиг фон Мизес, короткая встреча с которым состоялась во время одной из ее поездок на восток. В то время, как другие академики, заинтересованные в свободном рынке, Мизес находился настолько далеко от экономического мэйнстрима, что ни одно серьезное академическое учреждение не было готово его нанять. В конце концов фонд Волкера смог обеспечить ему место приходящего профессора в университете Нью-Йорка, где Мизес получал зарплату все от того же фонда (как и его ученик Хайек в Чикаго). Мизес был тесно связан также с Фондом Экономического Образования Леонарда Рида, где он регулярно читал лекции и воспринимался как постоянный сотрудник. Хоть его отношения с ФЭО и напоминали аналогичные отношения Рэнд, между ней и Мизесом, все же, существовал ряд серьезных различий — по большей части, в том, что касалось вопросов морали. Люди со стороны могли видеть в Мизесе приверженца капитализма — но сам он твердо верил, что его экономические теории являют собой науку в чистом виде, и что они полностью оторваны от его личных политических предпочтений и воззрений. «Мизеанская экономика» подчеркнуто игнорировала понятие морали, что, на взгляд Рэнд, являлось опасным упущением. Но все же она не теряла надежды, что Мизес и остальные смогут принять ее точку зрения. Она считала, что ей нужен лишь подходящий случай, когда она смогла бы доказать им, что у нее имеются наиболее последовательные и взвешенные аргументы.

Личные отношения Мизеса и Рэнд были предсказуемо шероховатыми. Оба они обладали взрывным темпераментом и были принципиальны — и истории об их конфликтах стали притчами во языцех в консервативных кругах. Рассел Кирк любил потчевать своих слушателей историей о том, как Мизес однажды назвал Рэнд «больной на голову еврейской девчонкой». Но истина, как вспоминали сами Мизес и Рэнд, была куда как более прозаичной. На одном из обедов с Хезлиттами Рэнд, как обычно, начала пытаться навязать Мизесу свою точку зрения по поводу морали. Генри Хезлитт и Мизес придерживались утилитарной позиции, утверждавшей, что в основе капитализма лежит его полезность для всего общества. Рэнд обкатывала на них некоторые свои идеи из книги «Атлант расправил плечи», говоря о том, что человек сумел выжить только благодаря своему разуму, и представляя свободное использование способности к разумным действиям как проблему морального характера. Согласно воспоминаниям Рэнд, Мизес потерял терпение и «буквально начал кричать, потому что он пытался доказать, что я говорю то же самое, что утверждают Жан-Жак Руссо или теория естественного права — а я пыталась доказать ему, что это не так». Обед закончился на напряженной ноте, но чуть позднее жена Мизеса организовала перемирие. Рэнд не была особо удручена тем инцидентом — ей лишь показалось, что переубедить Мизеса вряд ли получится. Однако, поскольку, в отличие от Хайека, Мизес возводил капитализм в абсолют, Рэнд всегда считала, что он достоин уважения и внимания.

Натан и Барбара были озадачены ее отношением к Мизесу. Они видели критические комментарии, оставленные ею на полях его книг «Человеческие действия» и «Бюрократия». «О Боже! — писала она сердито. — Почему, чертов дурак?!». И почему после этого она продолжала обхаживать Мизеса и рекомендовать его книги? Такое отношение действительно было для нее большой редкостью. Ее готовность сделать исключение для Мизеса демонстрирует нам то глубокое влияние, которое он оказал на ее образ мыслей. Одному из его студентов она сказала следующее: «Я могу быть не согласна с ним в плане эпистемологии — но когда речь заходит о моих взглядах на экономику и политэкономию, то Людвиг фон Мизес — самая главная вещь, которая приключилась со мной в этом смысле». Для Рэнд было легко принять его интеллектуальную ориентацию. Он определял разум как «особенное и характерное свойство человека» и основывал свою работу на методологическом индивидуализме — идее о том, что основными объектами для анализа должны служить отдельные личности. Именно такие предпосылки лежали в основе его подхода к экономике — предмета, который Рэнд знала не очень хорошо, но считала невероятно важным.

Мизес сперва сделал себе имя, благодаря своей критике социализма. В его книге «Социализм» (впервые опубликованной на английском языке в 1935 году) он утверждал, что цены, которые должны задаваться свободным потоком рыночной информации, никогда не смогут быть точно вычислены в обществе, находящемся под властью социализма — поэтому фатальные искажения являются заложенными в саму основу управляемой экономики, и коллапс ее неизбежен. Такой анализ полностью совпадал с имеющимся у Рэнд опытом жизни при Советах. В своих личных заметках она развивала мысль Мизеса, отмечая: «При альтруизме невозможны расчеты, которые были бы приемлемы с точки зрения морали». Мизесовское видение экономики, зиждившееся, скорее, на предпринимателях, а не на простых рабочих, сделало более четким ее индивидуалистское понимание созидательного и творческого процессов.

У Мизеса Рэнд также нашла экономическое обоснование своего утверждения о том, что истинный капитализм никогда не существовал — такую идею она впервые высказала в «Манифесте индивидуализма» несколькими годами ранее. Наряду с его представлением о проблемах расчета цен при социализме, Мизес был известен своими выступлениями против монопольных цен. Согласно его утверждениям, на по-настоящему свободном рынке конкуренты всегда сумеют предотвратить чью-либо попытку установить искусственно завышенные цены. Настоящие монопольные цены могут возникнуть только в том случае, если другая группировка — например, правительство — будет устанавливать барьеры для доступа на рынок, предотвращая таким образом возможность свободной конкуренции. Соответственно, антимонопольные законы были неэффективной и опасной мерой, направленной на решение проблемы, которую создало, в первую очередь, само государство. Рэнд теперь имела в распоряжении два аргумента, которые можно было использовать против антимонопольного законодательства. Первым был ее моралистский тезис о том, что это законодательство несправедливо ущемляет тех, кто более успешен. Вторым — утверждение Мизеса о том, что монополии возникают не по вине бизнеса, а из-за правительственной регулировки рыночных процессов. Таким образом, Рэнд могла теперь указывать на монополии как на доказательство того, что в Соединенных Штатах на самом деле никогда не было истинной капиталистической системы с по-настоящему свободным рынком. Как ранее Изабель Патерсон, Людвиг фон Мизес помог Айн Рэнд расширить, четче сформулировать и отстаивать свои идеи.

Существовала между ними и культурная связь. Мизес был практически на четверть века старше Рэнд, но они оба происходили из одной и той же космополитичной еврейской общности. Его венская семья по многим параметрам была похожа на семью Розенбаумов: это были люди светские, но консервативные, культурные, но коммерчески ориентированные. Мизес покинул Австрию из-за угрозы со стороны нацистов, и этот опыт оказал глубокое влияние на формирование его взглядов относительно государства. Его стиль также послужил моделью для Рэнд. Мизес был широко известен, благодаря своим вечерним семинарам по четвергам, где собирались любопытные студенты вперемешку с либертарианцами всех возрастов. Австриец был официален и сдержан в общении со своими слушателями, которые, в свою очередь, относились к нему с большим почтением. Дискуссии там были столь интенсивными, что обычно по окончании лекции часть слушателей перебиралась в ближайший ресторанчик, где группа студентов уже без профессора продолжала обсуждение до поздней ночи. Пренебрежительно игнорируемый американским интеллектуальным истеблишментом, Мизес, тем не менее, сумел стать лидером собственного небольшого движения.

Вскоре Айн Рэнд, по примеру Мизеса, обзавелась собственным интеллектуальным салоном. По мере того, как она сближалась с Натаном и Барбарой, Рэнд проводила огромное количество времени в новой суррогатной семье, тесном кругу родственных связей, входили в который преимущественно родственники и друзья молодой пары. Там были двоюродные братья Натана Леонард Пейкофф и Аллан Блюменталь, сестра Натана и ее муж — Элейн и Гарри Кальберманы, подруга детства Барбары Джоан Митчелл и соседка Джоан по студенческому общежитию Мэри Энн Руковина. Также частым гостем на этих собраниях был Алан Гринспен — бойфренд Джоан, вскорости ставший ее мужем. Многие люди этого круга были студентами Нью-Йоркского университета, в котором теперь учились Барбара и Натан. Все эти молодые люди были в восторге от Рэнд, привлеченные ее сильным характером, тем, как смело она преподносила новые философские идеи, и, конечно же, ее литературной славой. Эта группа поклонников Рэнд называла себя «Класс — 43» (в честь года первой публикации «Источника») или же, в шутку, «Коллектив». Рэнд предоставляла своему ближнему кругу редкую прерогативу, а именно — возможность читать главы романа «Атлант расправил плечи» по мере того, как они появлялись на свет из ее печатной машинки. Объективизм как философская концепция очень долго вызревал в сознании Рэнд. Теперь он начал формироваться вокруг нее — уже как социальный мир.

Глава 25
Своя атмосфера

Персона Рэнд оставалась очень привлекательной для либертарианцев. Она подружилась с Гербертом и Ричардом Корнуэллами — двумя братьями, которые работали на ФЭО и Фонд Волкера. Корнуэллы являли собой тот самый тип бизнес-ориентированных либертарианцев, с представителями которого она много общалась в Калифорнии. После обучения у Мизеса Герберт сделал карьеру в продуктовой корпорации Dole Pineapple (ныне Dole Food Company), а Ричард стал главой Национальной ассоциации промышленников США, а позднее дослужился до советников президентов Никсона и Рейгана. Ричарду считал Рэнд «электризующей» личностью. Когда он бывал у нее в гостях, она казалась ему полной энергии живой динамо-машиной, «взгромоздившейся на тахту, куря сигарету в длинном мундштуке». Ему особенно запомнилось «своеобразное напряжение, с которым она смотрела на собеседника в процессе разговора», которое он находил восхитительным и отчасти даже пугающим. Однажды вечером Корнуэллы привели к ней домой Мюррея Ротбарда. Коренной бруклинец, Ротбард пришел в организованное либертарианское движение, благодаря печально известной брошюре «Крыши или потолки?», которая принесла столько несчастий Леонарду Риду. Прочитав ее в 1946 году, когда он был студентом, Ротбард связался с ФЭО и вскоре познакомился там с трудами Мизеса. К тому моменту, как в Нью-Йорк вернулась Айн Рэнд, Ротбард работал над докторской диссертацией по философии в Колумбийском университете и был постоянным посетителем семинаров Мизеса.

Познакомившись с Рэнд, Ротбард быстро понял, что продуктивного общения у него с ней не заладится. Тем не менее, у этих двоих было довольно много общего. Оба они любили поспорить, занимали экстремистские позиции и критиковали всех, кто хоть сколько-либо отклонялся от той идеологии, которая представлялась им единственно верной. Хоть он и не был экономистом, Ротбард, как и Рэнд, рассматривал либертарианство сквозь призму морали. Но Рэнд ему казалась слишком утомительной. Ее напряженность, ее постоянный огромный прилив энергии — для Ротбарда это было слишком. Он не мог знать, что Рэнд регулярно употребляет амфетамины, но сумел почувствовать связанную с этим странность в ее поведении. Даже несмотря на то, что он любил допоздна поболтать о плюсах и минусах экономической теории, Ротбард не мог долго общаться с Рэнд. После встреч с нею он еще несколько дней чувствовал себя подавленным.

Тем не менее, знакомство с Рэнд стало очень важным событием в жизни Ротбарда (который сам впоследствии стал выдающейся фигурой на американском политико-экономическом небосклоне), поскольку оно открыло ему глаза на некоторые тонкости исследуемых дисциплин. Несмотря на его верность идеям Мизеса, Ротбард был обеспокоен антипатией австрийской школы по отношению к естественному праву. Он хотел, чтобы экономика имела под собой более глубокие основания, нежели один лишь утилитаризм. Благодаря Рэнд, Ротбард познакомился с эпистемологией Аристотеля и узнал о «целом пласте философии естественного права, о существовании которого раньше даже не подозревал». Он стал изучать этот пласт, самостоятельно читая книги. В конце концов Ротбард соединил австрийскую теорию экономики с философией естественного права, чтобы создать свою собственную ветвь анархистского либертарианства. Ротбард признавал, что общение с Рэнд было для него очень ценным опытом — но, тем не менее, он не любил и сторонился ее. Невероятная харизма Рэнд могла как привлекать, так и отталкивать.

Начав готовить собственные интеллектуальные кадры, Рэнд стала менее заинтересована в том, чтобы кропотливо переубеждать окружающих людей и обращать их в собственное мировоззрение. Гораздо легче было начать с нуля. В отличие от Мизеса, Ротбарда и Хайека, молодые люди, с которыми она познакомилась через Натана и Барбару, еще не успели сформировать устойчивых взглядов на политику или свободный рынок. Они были восприимчивы к ее комплексному представлению о мире, ее универсальной теории единого поля существования. Другие либертарианцы могли начать спорить с Рэнд — но «Коллектив» просто молча внимал ей.

На этом фоне выдвижение в 1951 году Дуайта Эйзенхаура кандидатом на пост президента от республиканской партии казалось Рэнд настоящим поворотным моментом. В напряженной внутрипартийной борьбе Эйзенхауэр, прославленный военный герой, одолел сенатора Роберта Тафта, который ранее считался наиболее вероятным претендентом на номинацию. Тафт, известный в Сенате как «Мистер Республиканец», был последним крупным политиком, открыто высказывавшим взгляды, которые разделяли Рэнд и ее друзья-либертарианцы. Он решительно выступал против политики Нового курса, боролся с профсоюзами и ставил под вопрос дальновидность решения о вступлении во Вторую мировую войну. Эйзенхауэр же, напротив, был совершенно не скандальным политиком, который предложил американцам ободряющую крепкую руку у руля после потрясений Великой депрессии и войны. Кроме того, он был самым выдающимся военным гением союзнических сил, оказавшим огромное влияние на ход Второй мировой — а американцев на тот момент все больше беспокоила затягивающаяся война в Корее. Эйзенхауэр был так популярен, а его политические взгляды — настолько умеренны — что обе партии боролись за этого перспективного кандидата в президенты. Сам Эйзенхауэр, стоит отметить, поначалу вовсе не имел подобных амбиций.

Узнав об этой номинации, Рэнд навострила уши. Эйзенхауэр казался ей похожим на Хайека — она рассматривала его как внутреннего разрушителя и ложного друга, выход которого на высшую политическую арену существенно ослаблял дорогие ей принципы. Рэнд считала, что Эйзенхауэр причинил больше вреда, чем мог бы причинить любой демократ, поскольку его выдвижение «уничтожило любую возможность оппозиции» и означало «конец какого бы то ни было, пусть даже не совсем правдоподобного и не всегда последовательного противостояния государству, основанному на идее всеобщего блага». Рэнд была не одинока в такой реакции. Даже ненавидимые ею новые религиозные консерваторы с прохладцей относились к Эйзенхауэру, за которым они не видели никакой идеологии. Но в 1951, к ужасу Рэнд, большинство ее нью-йоркских друзей засунули свои оппозиционные мнения и критические суждения в задний карман и поддержали Эйзенхауэра. Двадцать лет правления демократов сделали их готовыми с радостью упасть в объятия любого республиканского президента. Рэнд посчитала произошедшее глупым компромиссом и непростительной непоследовательностью. Она поняла: «Они выступали не за свободное предпринимательство, эта идея не была абсолютной в их умах в том смысле, как предполагает настоящий капитализм в условиях государственного невмешательства. Я осознала, что не могу ничего с этим поделать и не могу рассчитывать на помощь со стороны кого-либо из них». После череды разочарований она была готова порвать отношения со всем консервативным миром.

К такому выводу мягко подтолкнул ее Натан, выступивший теперь в новой для себя роли советчика. «Консерваторы на самом деле и не были нашими сторонниками, — сказал он Рэнд. — В философском плане у нас, по большому счету, нет с ними совершенно ничего общего». Он смело заявил Рэнд, что она совершала «огромную ошибку», ассоциируя себя с республиканцами, консерваторами или либертарианцами. Айн была заинтригована его высказыванием и увидела в нем знак, что ей стоит пересмотреть свой образ мыслей. Оглядываясь назад десяток лет спустя, она вспоминала: «Начиная с того момента... я решила, что консерваторы как таковые не являются моими союзниками, что мне могут быть интересны среди них некоторые отдельные личности, а в каких-то особых случаях у меня может быть с ними что-то общее, но в целом они не являются моим лагерем — я стою от них особняком, совершенно одна, и я должна создать свою собственную линию обороны». Сказанное Натаном подразумевало, что он и остальной «Коллектив» заменят ей союзников, которых Рэнд оставила позади.

Состоявшаяся в 1953 свадьба Натана и Барбары ускорила уход Рэнд из широкого либертарианского сообщества. Рэнд много сделала для того, чтобы укрепить этот союз. Еще в Калифорнии Барбара призналась ей, что не уверена в этих отношениях — но обнаружила, что наставница не понимает ее нерешительности. Натан был выдающимся молодым человеком и имел глубокий интеллект. Барбара восхищалась им и разделяла его ценности. Рэнд считала, что у этих двоих есть все компоненты, необходимые для успешных отношений. И, вопреки своим инстинктам,

Барбара прислушалась к совету Рэнд. Последовавшее за этим решение Натана и Барбары сменить свои фамилии на «Бранден» символизировало новую силу растущего круга сторонников Рэнд. Это было жесткое и хлесткое слово, сразу вызывавшее в памяти типичного персонажа прозы Рэнд — мужественного, благородного и непоколебимого в своих стремлениях. Кроме того, оно включало в себя также само имя «Рэнд». Символизм был предельно очевиден. Барбара и Натан вступили в новую жизнь не только как молодожены, но и как люди, хранящие верность Айн Рэнд и миру который она создала.

После свадьбы Бpaндены и «Коллектив» составили ядро общественной жизни Рэнд, из которого были полностью исключены все остальные. В течение дня Айн была погружена в себя, работая над книгой. Вечером она являлась публике для разговора — в основном, все о той же книге. Пиком являлись субботние вечера. Вне зависимости от того, насколько интенсивными были ее труды, Рэнд никогда не отменяла эти салонные встречи. «Коллектив» собирался в ее квартире на Тридцать шестой улице — небольшом, тускло освещенном помещении, где плавали клубы табачного дыма и было полно шерсти от принадлежавших О'Коннорам персидских кошек. Конечно, это скромное жилище не могло сравниться с роскошным поместьем Четсуорт (за которым, в отсутствие хозяев, приглядывали Рут Хилл и ее муж Баззи), но Рэнд очень нравилось, что из окна своего кабинета она может смотреть на Эмпайр-стейт-билдинг. Квартира была обставлена в модернистском стиле и выдержана в ее любимых сине-зеленых тонах, а пепельницы там стояли на каждом углу. Всякий раз, как Рэнд заканчивала очередную главу, за этим следовали ночные чтения, в процессе которых «Коллектив» молча внимал содержимому страниц, которые она зачитывала. Прочие вечера проходили в философских дискуссиях.

Во время этих вечеров Рэнд учила «Коллектив» основам своей философии. Не намереваясь больше прославлять индивидуализм в своей прозе, она теперь поняла, что ее «самая важная работа состоит в том, чтобы сформулировать рационалистскую моральную концепцию о человеке и для человека, о и для этой жизни, об этой земле и для нее». Объективизм, как она вскоре обозначила свод своих идей, стал гениальной комбинацией ее собственного нравственного эгоизма и рациональности Аристотеля, захватившей ее ум после того, как она закончила работу над «Источником». Сведя их воедино, Рэнд провозгласила, что ей удалось рациональным образом доказать справедливость своей моральной системы. В отличие от других философских доктрин, заявляла она, объективистская мораль основывалась не на религиозных предпосылках, а на логически очевидном понимании нужд, которые может испытывать живущий на этой земле человек. По сути, объективизм Рэнд являлся попыткой ниспровергнуть скептическую и релятивистскую ориентацию, которые стали характерными чертами интеллектуальной жизни Америки с тех пор, как на передние позиции выдвинулся научный натурализм. Что отличало объективизм от прочих философских концепций — так это его амбициозность. Вместо того, чтобы просто восстановить идею объективной и трансцендентной истины (к чему стремились очень многие американские мыслители новой аристотелевской школы), Рэнд попыталась также произвести спорную и болезненную переоценку ценностей, которая противоречила базовым нормам западной религии и этики.

Масштаб ее проекта поражал молодых последователей, которые считали Рэнд мыслителем мирового и исторического значения. В ее идеях они нашли «круглую вселенную» — полностью понятный логичный мир. Стремление Рэнд все объяснить с точки зрения разума привело к тому, что она объявила, будто парадоксы и противоречия невозможны. Мысль, объясняла она, имеет цикличную природу и движется от абстрактных предпосылок к конкретным объектам и событиям: «Этот процесс непрерывен, и ни одна его часть не может как-либо использоваться, покуда цикл не будет закончен». Поэтому предпосылка и вывод никогда не смогут столкнуться друг с другом напрямую, за исключением тех случаев, когда лежащий между ними мыслительный процесс иррационален. Эмоции не могут идти вразрез с мыслями, утверждала Рэнд. Эмоции проистекают из мыслей, и если они противоречат реальности, стало быть, мысли, лежащие в их основе, иррациональны, и такие мысли следует изменить. Рэнд учила своих слушателей, что даже предпочтения человека в искусстве или в сексе проистекают из его базовых философских предпосылок.

Ее философия привлекала участников «Коллектива» даже больше, чем ее проза, или возможность называть себя друзьями знаменитой писательницы. Они считали ее гением, равных которому нет. Субботними вечерами они обсуждали тонкости и нюансы, но никогда не подвергали сомнению базовые постулаты, которые предлагала им Рэнд. В процессе этих затяжных собраний Рэнд была неутомима, и разговоры часто продолжались до рассвета. Слушатели восхищались тем, как возможность поговорить о философии преображает ее, даже после целого дня писательской работы. Они не могли знать, что для того, чтобы быть на одной волне со своими молодыми поклонниками Рэнд пичкала себя амфетаминами, поток которых стал для нее практически непрерывным.

Фрэнк О'Коннор выступал в привычной для себя роли безмолвного любовника, почти декоративной фигуры. Когда начинались вечерние разговоры, он подавал гостям кофе с печеньем, но сам почти не принимал участия в беседах, а иногда и вовсе просто тихо дремал у себя в кресле. Возвращение в Нью-Йорк стало для О'Коннора чувствительным ударом. Он предпринял робкую попытку заняться продажей цветов — но без собственной земли и оранжереи, которые остались в Калифорнии, этот бизнес давал мизерную отдачу и вскоре прогорел. Рэнд, будто не понимая, что причиной отчужденности стал ее собственный каприз, объясняла поведение мужа гостям по-своему: «Он бастует». Она продолжала дорожить их отношениями, всегда представляясь новым знакомым как «Миссис О'Коннор». Рэнд была в восторге, когда он предложил сделать название одной из глав — «Атлант расправил плечи» — названием всего романа, и с гордостью объявляла всем новым посетителям, что это придумал Фрэнк. Однако этого было мало, чтобы замаскировать его неспособность притворяться одним из тех хладнокровных непобедимых героев, которых изображала Рэнд в своих литературных произведениях.

Глава 26
Почитатели и критики

Одним из любимчиков Рэнд — хоть поначалу он ей и не понравился — вскоре стал Алан Гринспен. В течение десяти месяцев он был женат на лучшей подруге Барбары Джоан Митчелл — и, благодаря ей, несколько раз виделся с Рэнд. Потом они с Джоан полюбовно разошлись, оставшись после этого близкими друзьями — а Гринспен стал постоянным посетителем интеллектуальных собраний в квартире Рэнд. Даже то, что вскоре Джоан вышла замуж за кузена Натана, Аллана Блюменталя, не умалило интереса Гринспена в этих занятиях. На первых вечерах, которые он посетил, Гринспен произвел впечатление человека молчаливого и мрачного, за что и получил от Рэнд прозвище «Гробовщик». Находясь под большим влиянием логического позитивизма, Гринспен неохотно принимал на веру любые абсолютистские теории. Он стал легендарным персонажем светской тусовки, благодаря своей теории о том, что его может и вовсе не существовать — потому что это невозможно доказать. Рэнд, услышав об этом, сумела доказать Гринспену, что он заблуждается. Общение с ней стало для него поворотным моментом, который до глубины потряс его релятивистские убеждения.

Существует множество свидетельств, повествующих о том, что Рэнд весьма преуспела в деле словесных баталий — именно это ее мастерство так потрясло Гринспена. Хирам Гайдн, редактор из Bobbs-Merrill, перешедший впоследствии в Random House, восхищался способностью Рэнд одолеть утонченных нью-йоркских интеллектуалов практически в любом споре: «Многие люди, которые поначалу смеялись, когда я рассказывал им о ее непобедимости в диалоге, позднее оказывались в числе «трупов» на выжженном ею поле боя». Рэнд начинала с основ, устанавливая соглашение относительно базовых аксиом и принципов. Затем она

убедительно демонстрировала, каким именно образом взгляды
ее оппонента противоречат этим базовым нормам. Такой подход
был особенно эффективен применительно к людям, которые
гордились своей логикой и последовательностью, как это делал,
например, Гринспен. Позднее он вспоминал, что «говорить
с Рэнд было все равно, что играть в шахматы — я думал, что все
идет хорошо, но вдруг обнаруживал, что мне поставили мат». Но
именно это его и привлекало.

Такая реакция, впрочем, была стандартной для тех, кто общал-
ся с ней в тот период. Как и в случае с Ротбардом, она открыла
перед Гринспеном ранее неведомые ему интеллектуальные со-
кровища, целый огромный мир, о существовании которого тот
раньше даже не подозревал. До знакомства с Рэнд Гринспен, по
его собственному признанию, был интеллектуально ограничен:
«Я был талантливым техником, но не более того». Под руководством Рэнд он начал выходить за рамки исключительно эмпири-
ческого, основанного на цифрах подхода к экономике, задумываясь теперь о «людях и их ценностях, о том, как они работают,
что они делают, а также о том, почему они это делают, как они
думают и почему они думают». Первые представления об идеях
свободного рынка дал Гринспену его школьный учитель Артур
Бернс. Рэнд открыла для него дальнейший путь, вдохновив Гринспена на то, чтобы связать свои экономические идеи с важнейшими вопросами человеческой жизни. Теперь он обнаружил,
что у морали и нравственности есть рациональная структура, которую можно анализировать и понимать — точно так же, как экономику или музыку, которая также была его давней страстью.
Вскоре Алан Гринспен стал убежденным объективистом. Его друзья незамедлительно заметили произошедшую с ним перемену,
поскольку он начал насыщать свои разговоры словечками из объективистского сленга, а также употреблять одну из любимых
присказок Рэнд: «Пересмотрите свои убеждения».

В отличие от большинства членов «Коллектива», которые были студентами, Гринспен являлся твердо стоящим на ногах про-
фессионалом, у которого был успешный бизнес в области экономического консалтинга. Это позволило ему стать одним из
тех немногих людей, которые могли не только учиться у Айн
Рэнд, но и чему-то научить ее саму. Она безоговорочно доминировала над остальными, но с Гринспеном было не так. В их слу-

чае обмен информацией был взаимовыгодным, поскольку он был экспертом своего дела, и она, в свою очередь, училась у него. Его фирма, Townsend-Greenspan, брала крупные суммы за консультации, учитывающие абсолютно все аспекты требований современной экономики. Гринспен был знаменит, благодаря своей способности рассчитывать статистические данные, анализировать правительственные отчеты и добывать информацию при помощи своих связей.

Рэнд обращалась к нему за информацией о стальной и железнодорожной индустриях, используя его знания, чтобы сделать свою книгу более реалистичной. Оба они восхищались винтиками и шестеренками экономики, мириадами ежедневных процессов, которые складывались в дееспособное целое.

Леонард Пейкофф занимал более неопределенную позицию. Он познакомился с Рэнд, когда приехал в Калифорнию, чтобы навестить свою двоюродную старшую сестру Барбару. Их первая встреча стала для него настоящим откровением. Семья Леонарда страстно желала, чтобы он выучился на медика, но сам он не считал эту область деятельности для себя привлекательной. Он спросил у Рэнд, является ли ее персонаж Говард Рорк моралистом — или же он человек чистого действия? И то и другое, ответила Рэнд, запуская продолжительную философскую дискуссию на тему того, почему моральность и практичность являются, по сути, одним и тем же. Ее ответ напрямую касался внутреннего конфликта Пейкоффа и «открыл мир» для него. Он уходил, думая: «Все в жизни будет совсем другим теперь. Если она существует, значит, возможно все». В течение года он бросил занятия медициной ради философии и переехал в Нью-Йорк, чтобы быть поближе к Рэнд. Она принялась по-матерински опекать его, бывшего одним из самых молодых ее поклонников. Но время от времени Пейкофф вызывал и ее гнев — когда проявлял интерес к идеям, которые она отвергала. Но с течением времени, по мере того, как росла компетентность Пейкоффа, Рэнд пришла к мнению, что теперь на его понимание современной философии можно положиться.

Рэнд не видела ничего необычного в том, что ее ученики желают проводить с ней каждый субботний вечер, несмотря на то, что большинство из них были более чем на двадцать лет моложе ее. «Коллектив» наделял ее именно той степенью авторитет-

ности, о которой она всегда мечтала. Она начинала дискуссии
и задавала в них тон, а прочие участники жадно ловили каждое
ее слово. Это было иерархическое, стратифицированное общество, на вершине которого безусловно стояла Рэнд. Ближе всех
по своему статусу стоял к ней Натан, за ним шла Барбара, а положение остальных слушателей менялось в зависимости от того, как складывались их отношения с Рэнд. Сама она тщательно
следила за балансом сил, открыто поощряла фаворитов и обсуждала свои предпочтения с Натаном и Барбарой. Поскольку разговоры вращались вокруг идей Рэнд и ее находившегося в производстве романа, общение с «Коллективом» было ценным топливом для ее творческого процесса. Оно позволяло ей как
следует отдохнуть от изматывающей литературной работы, нисколько не утратив при этом своей концентрации. «Коллектив»
стал постепенно превращаться в закрытый, практически герме-
тичный мир. И внутри этого «островного государства» начали
прорастать опасные тенденции...

Мюррей Ротбард заметил первые отблески постепенно прояв-
лявшейся темной стороны в 1954 году. За годы, прошедшие с их
первого знакомства, Ротбард и сам обзавелся небольшим кругом
последователей из числа молодых либертарианцев, которые посещали семинар Мизеса и продолжали обсуждения до раннего
утра, часто собираясь на квартире у Ротбарда. Энергичный, раз-
носторонний и эрудированный, Ротбард производил ослепительно яркое впечатление на свое окружение, состоявшее, по
большей части, из учащихся Бронкской общеобразовательной
школы науки. Эта группа называла себя «Кругом Бастиа» —
в честь французского экономиста девятнадцатого века Фредери-
ка Бастиа — и видела в Ротбарде своего интеллектуального лидера. Когда последователи Ротбарда узнали, что он знаком со знаменитой Айн Рэнд, то начали просить его устроить встречу с ней.
Ротбард неохотно согласился. Сперва он пришел к ней в компании двоих учеников, а неделей позже привел всю свою группу.

Обе встречи были «депрессивными», рассказывал позднее
Ротбард в длинном письме к Ричарду Корнуэллу. Ни прошедшее
время, ни присутствие новых людей нисколько не помогли. Рэнд
затеяла жаркий спор с одним из членов его группы, Джорджем
Рейзманом, подвергая того граду придирок. По словам Ротбарда,
Рейзман был единственным, кто сумел «понять силу и ужас ее по-

зиции — и ее личности». Остальные ученики из школы науки были очарованы Рэнд и настроены продолжать общение с ней. Ротбард, однако, был внутри себя убежден, что пикировка Рейзмана с Рэнд является прекрасной причиной такого общения избежать. Что еще лучше, ему не пришлось бы продолжать иметь дело с «Коллективом» — пассивной и зависимой группой, которая «кружилась вокруг нее как рой пчел».

Рэнд произвела на него дурное впечатление, но «Коллектив» — по-настоящему ужаснул. «Вся манера их поведения подтверждает мое предположение, что строить свою жизнь по законам ее «всеобщей системы» означает обречь свою душу на катастрофическое бедствие», — писал он Корнуэллу. Последователи Рэнд были «почти безжизненными, лишенными энтузиазма или бодрости, а в области интеллектуального развития находились в почти абсолютной зависимости от Айн». Возможно, конечно, что эти критические высказывания Ротбарда были лишь маскировкой для его потаенных негативных эмоций, связанных с тем, что в происходящем на ее собраниях он увидел, в какой-то степени, отражение собственной жизни. В конце концов, Ротбард и сам собрал вокруг себя верный круг людей, которые были намного моложе него, и над которыми он возвышался в качестве непререкаемого интеллектуального авторитета. Говоря о своих последователях или о посетителях салона Рэнд, он использовал слово «ученики», которое она не жаловала. Теперь некоторые из его собственных учеников почувствовали на себе магнетическое притяжение харизмы Рэнд. Даже сам Ротбард, как он позднее признавался, чуть было не поддался ее чарам. Много лет спустя, разговаривая о том времени, он сказал Рэнд: «Я думаю, что если бы мы с вами продолжали видеться, то моя личность и независимость в конце концов оказались в тени вашей огромной власти». Рэнд казалась Ротбарду отрицательной версией его самого — либертарианской мастерицей демагогии, соблазняющей неокрепшие юные умы.

Эмоциональную неприязнь Ротбарда к Рэнд дополняли интеллектуальные разногласия. К моменту, когда их пути пересеклись во второй раз, Ротбард был близок к завершению работы над докторской диссертацией и был более, чем когда-либо раньше, уверен в своих идеях. «Моя позиция — и я готов побиться об заклад, что ваша тоже, — писал он Ричарду Корнуэллу, — на самом

деле совсем не такая, как у нее». Сила системы Рэнд, утверждал
он, заключается в том, что она рассматривает этику как серьезную область, чего не делают утилитаризм, позитивизм и прагма-
тизм. Вероятно, после своей первой встречи с Рэнд он доверчи-
во принял ее заявления за нечто оригинальное — но теперь он
обнаружил, что «все, что есть хорошего в системе Айн, на самом
деле совершенно не является ее оригинальным изобретением».
Уже существовала целая традиция рациональной этики. «Айн не
является единственным источником и собственником рациональной традиции, — продолжал Ротбард, — и даже единственной продолжательницей дела Аристотеля». Более того, Ротбард
считал, что интерес Рэнд к теме свободы является лишь поверхностным. Некоторые из его учеников продолжали встречаться
с Рэнд и сообщили ему, что она считает необходимым сажать
коммунистов в тюрьму. Они также рассказали Рэнд об анархизме
Ротбарда и его идее создания системы в частном порядке конкурирующих между собой судов и охранных агентств, которые могли бы заменить государство. На это Рэнд быстро ответила, что
государство необходимо для того, чтобы скреплять общество.
Для Ротбарда — анархиста, который считал, что государство амо-
рально само по себе, все это стало очередным подтверждением
того, что они с Рэнд совершенно разные.

Подвергнув систему Рэнд подробному анализу, Ротбард обнаружил, что она, по сути своей, предполагает полное отрицание
индивидуальности. Рэнд смело отбрасывает оба основных инстинкта, а также главенство эмоции, писал он Корнуэллу. На
практике это означало, что «на самом деле она отрицает какую
бы то ни было индивидуальность вообще!». Рэнд настаивала, что
у всех людей имеются схожие зачатки одаренности, сказав Ротбарду: «Я могла бы стать настолько же хороша в музыке, как
и в экономике — если бы только я занялась ею» — но он нашел
это утвеждение сомнительным. Полностью исключая значение
эмоций, утверждая, что люди являются всего лишь «ходячими
наборами предпосылок», а затем излагая список правильных,
с ее точки зрения, установок, которых должен придерживаться
каждый человек, Рэнд, таким образом, делала людей взаимозаме-
няемыми. Поэтому, заключал Ротбард в своем устрашающе про-
ницательном колком замечании, «нет никаких причин, по которым Айн не должна спать с Натаном». Доказательством правиль-

ности выводов Ротбарда был «Коллектив», группа безжизненных приспешников, которые пугали Ротбарда своей оцепенелой преданностью Рэнд.

В определенный момент она принялась усложнять правила игры. Ричард Корнуэлл был одним из первых, кто испытал это на себе. Однажды Рэнд начала задавать ему вопросы о сексуальности и о его чувствах. «Я думаю, что она, возможно, пыталась мне помочь, и это было что-то вроде попыток психоанализа», — вспоминал он позднее. Но в сам тот момент чувствовал себя «ужасно некомфортно». Конец их отношениям положила очередная стычка между Рэнд и Мизесом. Они поспорили о воинской обязанности, которую Рэнд считала разновидностью рабства. Мизес, опираясь на свое знание истории, утверждал, что только воинская повинность может предотвратить появление опасных наемнических армий. После этого разговора Рэнд позвонила Корнуэллу и сказала, что он должен сделать выбор:

«Ты должен принять решение. Ты либо остаешься моим учеником, либо его». Я ответил, что лучше бы уклонился от такого решения. Она сказала: «Ты не можешь уклониться». И все. Больше я никогда не говорил с ней после этого. Она даже не хотела, чтобы я по-настоящему соглашался с ней. Она хотела, чтобы я разорвал свои отношения с Мизесом, дабы продемонстрировать ей, что я на ее стороне».

В определенный момент Рэнд начала требовать от окружавших ее людей безоговорочного согласия. Она утверждала, что созданная ею философская система наиболее последовательна и всеобъемлюща — и смело отбрасывала от себя всех, кто не признавал этого ее достижения.

Глава 27
Измена по расписанию

Этих людей прекрасно заменял ей «Коллектив» — а в особенности Натаниэль Бранден. Связь между ними росла и крепла. В Нью-Йорке Бранден стал не только любимым другом Рэнд, которого она считала равным себе в интеллектуальном плане, но и ее учителем — в тот момент, когда она захотела перевести свои философские идеи в плоскость психологии. Главным новшеством, которое привнес Бранден, была его теория «социальной метафизики». Он разработал эту концепцию, чтобы описать личность, система взглядов которой состоит из верований, ценностей и мнений других людей. Бранден переводил качества, которые Рэнд прославляла в своих романах, на язык психологических терминов. Описанное в «Источнике» стойкое нежелание Говарда Рорка прислушиваться к чужим мнениям можно воспринимать как гиперболизированный идеал, который может служить источником вдохновения, даже невзирая на недостаток реалистичности. Но будучи рассматриваемой как психологический синдром, та же самая идея становится опасной, поскольку она предполагает, что ненормальное должно считаться нормальным. По сути «социальная метафизика» рассматривала свойственное людям беспокойство о том, что могут подумать и почувствовать относительно них другие, в проблему психологического характера, практически патологию. Это была очень поверхностная и унизительная концепция, пренебрежительный ярлык, который Бранден и Рэнд начали свободно использовать применительно к окружающим людям.

Новая теория Брандена была вдвойне опасна, поскольку он применял ее во время сеансов терапии с членами «Коллектива» и некоторыми другими пациентами. На самом деле эта идея впервые возникла у Натана именно после разговоров с несколькими участниками кружка Рэнд, которым, как он считал, недоставало личной независимости. Однако его полномочия в области консультативной психологии были, если не сказать больше, невелики: Бранден имел всего лишь степень бакалавра. Тем не менее, имея крепкий тыл, каковым он считал систему Рэнд, Бранден чувствовал себя достаточно квалифицированным, чтобы позиционировать себя в качестве эксперта. Рэнд всегда любила поговорить с людьми об их личных проблемах, призывая их рассматривать любые жизненные неурядицы с рациональной точки зрения. Теперь и Бранден перенял эту привычку, а его авторитет в их узком кругу подтверждался тем очевидным уважением, которое выказывала по отношению к нему Рэнд. В процессе сеансов терапии, во время которых Бранден, как вспоминал один из пациентов, расхаживал по комнате как тигр по клетке, он требовал от участников «Коллектива» пересмотреть их взгляды на жизнь и искоренить из своего сознания любые проявления иррациональности.

Рэнд была в восторге от психологических инноваций Брандена. Она начала открыто говорить о нем как о своем учителе и интеллектуальном преемнике, который сохранит и приумножит ее наследие. Хоть ее романы и были наполнены продолжительными описаниями внутренней мотивации и конфликтов персонажей, ранее Рэнд старалась не затрагивать психологию всерьез, считая ее для себя слишком сложной. Теперь же она могла учиться этой дисциплине, обходясь без того, чтобы читать труды Фрейда или других психологов. Вооруженная теориями Брандена, Рэнд стала еще более уверенной в своих суждениях об окружающих людях. Сам Натан, все еще очарованный своей наставницей, с неподдельным интересом внимал ее воспоминаниям о прошлом, ее рассказам о борьбе с окружающим миром и разочаровании в нем. Он давал ей то, чего не мог предложить ее пассивный, отрешенный супруг: интеллектуальное взаимодействие и эмоциональную поддержку. Рэнд начала говорить о Натаниэле как о своей награде, плате за все, через что ей пришлось пройти.

Пускай все начиналось достаточно невинно, но в их отношениях всегда присутствовала определенная степень флирта. Рэнд ни от кого не скрывала своего уважения к Натану, открыто провозглашая его гением. Его лицо, говорила она, было как раз в ее вкусе. Свадьба Бранденов лишь ненадолго ослабила растущее взаимное притяжение между Айн и Натаном. Однажды во время автомобильной поездки в 1954 году Барбара видела, как ее муж и Рэнд, держась за руки, воркуют на заднем сидении. Вернувшись домой, она, сгорая от ревности и гнева, принялась выяснять отношения. Натан все отрицал. У него с Рэнд просто была «особенная дружба», но ничего более. Его чувства были истинными. Натан преклонялся перед Рэнд, но той единственной, которую он выбрал, была Барбара. По крайней мере, он так полагал...

Рэнд, как и Барбара, тоже заметила перемену в их отношениях и решила их прояснить. На следующий день она вызвала Натана в свою квартиру, где поджидала его в полном одиночестве. Это была сцена, достойная лучших романтических романов. После небольшой паузы Айн стала прямолинейной и требовательной. Они с Натаном влюбились друг в друга, не так ли? Натан, пораженный, польщенный, взволнованный и растерянный, ответил утвердительно. Они робко поцеловались. Обратной дороги не было.

Однако дальнейшее развитие событий выглядело совсем не так, как это обычно бывает в сентиментальных историях про любовные треугольники. Все же, это были основатели объективизма, которые привыкли мерить все мерилом рациональности. Они не должны стыдливо прятаться за спинами своих спутников жизни, рассудила Рэнд. Она собрала их всех для разговора. Барбара и Фрэнк слушали, не в силах поверить своим ушам, а гипнотический голос Рэнд наполнял комнату, подавляя любые их протесты. Заклинание, которое она сплела, было слишком сильным, чтобы его можно было преодолеть. Под конец встречи она и Натан сказали, чего хотят: несколько часов наедине каждую неделю. Их отношения будут исключительно платоническими, заверили они своих спутников. Приватность позволит им развить ту интеллектуальную и эмоциональную связь между ними, существование которой они не могли более скрывать.

Но долго сдерживать позывы плоти пара не смогла. Когда неизбежное случилось, Рэнд снова честно во всем призналась Барбаре и Фрэнку. Теперь они с Натаном хотят быть любовниками, заявила она. Но этот роман продлился недолго. Айн не хотела становиться обузой для Натана, который был на двадцать пять лет моложе нее. Такое объяснение проистекало из все той же рациональной философии, творцом и пророком которой она была. Дав своим чувствам полную свободу, Натан и Айн просто признавали природу действительности.

Но от всего остального мира она эту связь предпочла, все-таки, скрыть. При всей ее любви к ниспровержению общепринятых норм и предрассудков, в глубине души Рэнд все еще сохраняла частицу культурной традиционности. Боясь того, что могут сказать люди из внешнего мира, она настояла на том, что их с Натаном роман должен сохраняться в тайне. В случае если кто-то лишний узнает об этом, могут пострадать ее репутация и работа, сказала она остальным участникам этого заговора. Смущенный мыслью о том, что ему придется в буквальном смысле вторгаться в чужое супружеское ложе, Натан предложил снять небольшую квартиру в том же здании и выдавать ее за офис, чтобы можно было встречаться, не вызывая лишних подозрений. Рэнд отказалась. При взгляде со стороны все оставалось так же, как раньше. Даже члены «Коллектива» не подозревали о соглашении, что было теперь установлено между семействами Бранден и О'Коннор.

Затеяв эту авантюру, все четверо оказались на рискованной эмоциональной территории. При всей той страсти, которую разделяли Натан и Айн, их отношения вовсе не были гладкими. Айн была неуверенной в себе и ревнивой любовницей, постоянно заставлявшей Натана проявлять свои чувства. Не будучи от природы эмоциональной личностью, он прилагал огромные усилия, чтобы угодить ей. Многие из оговоренных совместных часов они провели, погружаясь в психологические и философские дискуссии, обсуждая моменты, в которые Натан, как казалось Айн, уделил ей недостаточно внимания. Несмотря на то, что он был взволнован их романом, Натан испытывал трудности с тем, чтобы адекватно отреагировать на глубину ее романтических чувств к нему. Эта задача становилась все сложнее по мере того, как их отношения теряли свою новизну. Также Брандену не позволяла расслабиться его верность Барбаре, которая начала страдать от тяжелых приступов паники. Натан, считавший себя хорошим психологом, не мог, тем не менее, определить причины ее беспокойства. Никто из них не задумывался о том, что источником ее внутренней напряженности может являться его интрига с Рэнд. Но самый тяжелый удар выпал на долю Фрэнка О'Коннора, который был вынужден отправляться в изгнание из собственной квартиры два раза в неделю, когда Натан приходил на свидание с его женой. Его пунктом назначения в такие вечера был расположенный по соседству бар.

Любовная связь Рэнд с Бранденом началась как раз в то время, когда она приступила к созданию наиболее важной части «Атланта». Предыдущие сегменты книги писались как по маслу — она создала подборку личностей, которые должны были составить друг другу приятную компанию в добровольном изгнании в Ущелье Голта. Там был Хэнк Реарден — промышленник, новый стальной сплав которого был экспроприирован коллективистами ради «общего блага». Был Франциско Д'Анкония — блестящий плэйбой-аристократ, предпочевший разрушить свою компанию, нежели оставить ее врагам. Самым забавным персонажем была Дэгни Таггарт, ставшая попыткой Рэнд изобразить идеальную женщину. Инженер по профессии (как и Кира Аргунова из «Мы — живые»), Дэгни являет собой квинтэссенцию феминизма, влиятельную женщину из мира большого бизнеса, которая с легкостью меняет любовников. Как все героини Рэнд, Дэгни имеет хорошее социальное происхождение, прекрасную внешность и блестящий ум. Эта эффектная блондинка является внучкой железнодорожного магната-первопроходца, огромная индустриальная империя которого находится теперь в ее подчинении. Движущей силой событий книги стал Джон Голт — персонаж, воплотивший в себе лучшие черты любимых мужчин Айн Рэнд — Фрэнка и Натана, но, разумеется, наделенный более сильным характером, чем они оба. Лидер забастовки и рупор философских идей Рэнд, Голт является физиком, который изобретает революционные технологии, будучи обычным рабочим.

Именно с написанием речи Джона Голта, которая начинается ближе к концу циклопической книги объемом более чем в тысячу страниц, у Рэнд возникли серьезные трудности. В то время как остальная часть «Атланта» являла собой динамичное повествование, наполненное лихо закрученными сюжетными ходами и поворотами, которые Рэнд очень любила, монолог Голта был чем-то, совершенно иным по своей природе. Рэнд наконец-то нашла ответы на самые первые вопросы, которые поднимал этот роман, вопросы, которые направляли ее в течение многих лет. Объективизм она считала безупречной рациональной системой, которой не было ни у кого в мире, кроме нее. Теперь эту систему следовало преподать миру в доступной художественной форме.

Именно эта функция была возложена на речь Голта — философскую апологию рациональной, полностью независимой личности. Дело не только в том, что человек свободен в своем выборе — ему приходится выбирать, и даже просто оставаться живым — тоже выбор, пускай и непроизвольный. Устами Джона Голта Рэнд говорит: «Человек не запрограммирован на бессознательное выживание. Его отличает от других живых существ то, что перед лицом альтернативы — жизнь или смерть — ему необходимо действовать, сделав свободный выбор. Ему не дано бессознательного знания того, что для него хорошо, а что плохо, от каких ценностей зависит его жизнь, что он должен предпринимать, чтобы жить. Вы лепечете об инстинкте самосохранения? Именно инстинкта самосохранения у человека и нет. Инстинкт — это бессознательное знание. Желание не есть инстинкт. Желание жить не обеспечивает суммы необходимых для жизни знаний. И даже желание жить нельзя назвать бессознательным: зло, угрожающее вашей жизни, зло, о котором вы не знаете, заключается в том, что этого-то желания у вас и нет. Страх смерти не есть любовь к жизни, и он не дает необходимых для сохранения жизни знаний. Человек сам, с помощью собственного разума должен добыть эти знания и выбрать способ действия, но природа не может заставить его воспользоваться своим разумом. Человек способен уничтожить сам себя — именно так он и поступал на протяжении почти всей своей истории».

Все это Рэнд имела в виду не в экзистенциальном, а в буквальном смысле. Объективизм отрицал существование инстинктов или некоего врожденного знания, которое толкало бы людей на поиски убежища, пищи и половых партнеров. Вместо этого Рэнд предлагала тезис о том, что решение продолжать жить является рациональным выбором, сознательно сделанным человеческим разумом. Разуму в ее философской концепции выделялось центральное место. Разум был всем.

Подвох заключался именно в том, что Рэнд захотела выразить все эти революционные для своего времени идеи, поместив их в контекст художественного произведения — как она уже поступала в романах «Мы — живые» и «Источник». Но, хоть она и говорила свободно о своих философских свершениях с компанией молодых учеников, процесс перевода ее системы на язык художественной литературы оказался поистине грандиозной задачей. Чтобы вплести свои идеи в ткань повествования, ей пришлось приводить аргументы, минуя дебаты — поскольку речь Голта является не диалогом, а монологом. Это было бы легко сделать, думала Рэнд, если бы она писала трактат. Но как ее герою преподнести эти идеи в контексте развлекательного художественного произведения? Она металась взад-вперед, лихорадочно перебирая жанры, и чувствуя, что ее разум начинает ее подводить. Всякий раз, когда слова начинали бежать по бумаге, Рэнд понимала, что пишет как философ, а не как романист. Раздраженная этим, она останавливалась и начинала снова. До тех пор, пока монолог Голта не был завершен, она даже не занималась поисками возможного издателя, и у окружавших ее людей складывалось впечатление, что она может в конце концов отложить этот проект на еще более долгий срок или вовсе отменить как провалившийся. Фрэнк, который наблюдал за литературной деятельностью Рэнд в течение более чем двадцати лет, полагал, что это было худшее время, которое она когда-либо переживала. На создание речи Джона Голта Айн Рэнд потратила два года.

Трудности, которые испытывала Рэнд, обнажили глубокую проблему самоидентификации. «Кажется, я стала и философом-теоретиком и писателем-прозаиком», — с удовольствием писала она в личном дневнике, когда начинала планировать этот роман около десяти лет назад. Поначалу это казалось беспроигрышной комбинацией. «Источник» нес на себе отпечаток ее первого столкновения с политической жизнью Америки. Трехтомник «Атлант расправил плечи» создавался в новом тяжелом испытании: в нем сталкивались фантастика и философия, романтическое и рациональное начала. Работая над этой книгой, Рэнд исчерпала свой внутренний резерв творческой энергии, и после того, как роман был закончен, она никогда больше не писала художественной прозы.

Глава 28
Кто такой Джон Голт?

На протяжении двух лет, понадобившихся ей для того, чтобы выстрадать речь Джона Голта, нервное напряжение, которое переживала Рэнд, сильнейшим негативным образом сказывалось на тех, кто находился к ней ближе всех. Будучи эмоциональным центром жизней Натана, Барбары и Фрэнка, Айн задавала настроение для них всех. Она стала мрачной, раздражительной и злой. Ухаживания Натана не помогали ее смягчить. Неважно, насколько желанный, он стал помехой для ее работы. Однако когда Бранден старался не попадаться ей на глаза, становилось еще хуже. Наедине Рэнд обрушивалась на него с руганью за недостаточное внимание, а перед остальными возвышала Натана до небес. Она срывалась на Фрэнка за малейшие оплошности, иногда втягивая в их семейные разборки и Натана. Она также приходила в ярость от постоянных приступов тревоги, терзавших Барбару, и ее просьб о помощи, сопутствовавших этим приступам.

В атмосфере этого постоянного раздражения Рэнд разработала новую теорию «эмоционализма», чтобы объяснить поведение Барбары. Как и концепция социальной метафизики, эмоционализм был попыткой сгенерировать в плоскости психологии идеи, которые были выражены в прозе Рэнд. Эмоционалистами она называла тех людей, которые, вопреки учению объективизма, позволяли вести себя по жизни своим эмоциям, а не разуму. Рэнд предполагала, что одной из причин, которые приводят человека к такому состоянию, может являться подавление эмоций, которое может в итоге полностью выхолостить способность к рациональному мышлению. Игнорируя свои эмоции, эмоционалисты просто не могли бороться с их влиянием. Конечно, такая теория могла отчасти пролить свет на происходящее с Барбарой. Однако, в руках таких людей, как Рэнд и Натан идея об эмоционализме была, скорее, не инструментом для понимания, а методом осуждения. Никому так и не пришло в голову, что подавление эмоций в случае Барбары было связано с тем, что она безропотно приняла «согласованную» любовную связь между ее мужем и самой близкой подругой.

Интерес к психологии, который начала проявлять Рэнд, был следствием влияния Натана. Он теперь двигался к степени магистра психологии и продолжал расширять объективизм, выводя его в новые области, а Рэнд с любопытством следовала за ним. Концепция эмоционализма привела Айн к дальнейшим размышлениям о человеческой психологии, что вылилось к созданию ею собственных терминов — «подземелье» и «надстройка», используемых для определения, соответственно, подсознания и сознания. Противоположностью эмоционалиста, согласно ее построениям, являлся, конечно же, рационалист, чьи эмоции всегда лежат на поверхности и могут быть легко объяснены. Рэнд принялась составлять психологические характеристики различных участников «Коллектива» и, после продолжительных размышлений об эмоционалистах, рационалистах, подземельях и надстройках, написала восторженное послание Натану: «Покалывание в животе (и в мозгу) подсказывает мне, что это верное направление... Я уверена, что роль психологии состоит в том, чтобы обнаруживать, идентифицировать, а затем стараться излечить все те неизбежные ошибки в понимании и анализе информации, которые может допускать человеческое сознание». Психология предоставляла Рэнд еще одну возможность применить принципы объективизма к повседневной жизни.

Изменения в ее лексиконе также являлись свидетельством ее растущего уважения к Леонарду Пейкоффу, который продолжал свои занятия философией. Она теперь употребляла такие технические термины как «эпистемология» и «метафизическое», к которым часто добавляла собственные окончания, создавая, например, такие неологизмы, как «психо-эпистемология». Все это разительно отличалось от ее прежних интересов. Вместо таких авторов, как Патерсон, Лейн и Мизес, которые работали в рамках устоявшейся интеллектуальной традиции и опирались на богатый социальный контекст, теперь идеи Рэнд исходили от мо-

лодых людей, основным источником вдохновения для которых
являлась она сама! Айн больше не работала с терминами или кон-
цепциями, которые были приемлемы для людей со стороны — вместо этого она жила в объективистской эхо-камере[1]. Она
стала очень мало читать — обычно только ежедневную газету,
предпочитая чтению разговоры со своими соратниками. Рэнд
создала свой собственный, частный интеллектуальный мирок —
и не стремилась выходить за его пределы.

Она стала недосягаемой для кого бы то ни было, кроме участников «Коллектива». По настоянию Натана Рэнд вышла из консервативного движения в наиболее критический для него час.
В те годы произошли такие события, как основание National
Review, обновление выпускаемого ФЭО журнала The Freeman,
взлет и падение сенатора Маккарти. Рэнд оставалась вдалеке от
всего этого. Иногда она случайно встречала кого-то из своих друзей прошлых лет, но обычно, когда у нее выдавалось свободное
время, рядом всегда были Брандены и остальной круг. В то время, как «Источник» и первые идеи, легшие в основу «Атланта»,
были сформированы в процессе постоянного взаимодействия
Рэнд с широким либертарианским миром сороковых годов, объективизм создавался интересами и чаяниями «Коллектива». Они
были рядом, чтобы приветствовать ее, когда осенью 1956-го она
дописала последние страницы речи Голта — и они были единственными, кто понимал важность этого события для нее.

Когда эта речь была, все-таки, закончена, Рэнд, наконец, смогла позволить себе перевести дух — и то же самое сделали три ее
ближайших друга. Оставшуюся часть произведения Айн доделы-
вала гладко и спокойно. Тревога Барбары утихла, ее приступы
паники проходили столь же быстро, как начинались. Натан получил степень магистра психологии и начал работать как прак-

---

[1] Эхо-камера — это понятие в теории СМИ, представляющее собой ситуацию,
в которой определенные идеи, убеждения усиливаются или подкрепляется путем передачи сообщения или его повторением внутри закрытой системы (партия, круг единомышленников, субкультура). При этом подобные сообщения
заглушают другие аналогичные информационные потоки. Иными словами, любые высказывания приводят не к дискуссиям, а к поддакиванию и поддержке
единомышленников. Адресаты, находящиеся в такой «закрытой» системе, создают сообщения, слушают сами себя и соглашаются сами с собой. В эту закры-
тую систему не попадает никакая альтернативная информация.

тикующий специалист. Самая большая перемена произошла с Фрэнком О'Коннором. Однажды вечером, подстегнутые философским спором, несколько членов «Коллектива» попробовали себя в живописи. Результаты этого быстро опровергли утверждение Рэнд о том, что навыкам рисования и других искусств можно с легкостью обучить каждого — поскольку Фрэнк немедленно заткнул за пояс всех остальных. Как и в случае с флористическим дизайном, в нем проявился природный дар. Вскоре Фрэнк рисовал почти безостановочно, заполняя своими работами целые альбомы. Это занятие вдохнуло в униженного и запутавшегося мужчину новую жизнь.

Оживленной и помолодевшей выглядела и сама Рэнд. Она наконец-то была готова начать попытки продать свой громадный манускрипт (посвятить который она решила Натаниэлю Брандену) и принялась окучивать издателей, делая упор на то, что ее «Источник» все еще неплохо продается. Bobbs-Merrill, которым она предоставила «право первой ночи», отвергли рукопись, априори провозгласив роман «непродаваемым и неиздаваемым». Рэнд показала книгу Хираму Гайдну, который несколько раньше перешел работать из Bobbs-Merrill в Random House. Невзирая на либеральную репутацию этого издательства, Рэнд была впечатлена тем, что они выпустили книгу Уиттакера Чэмберса «Свидетель», и хотела организовать прослушивание в их офисе. Она также была заинтересована в том, чтобы снова работать со своим старым редактором, Арчибальдом Огденом, который сыграл ключевую роль в судьбе «Источника». На тот момент Огден уже не являлся сотрудником издательского дома — но он был согласен редактировать новую книгу Рэнд в случае, если бы ей удалось заключить контракт на ее публикацию.

Гайдн и его босс, легендарный Беннет пригласили Рэнд и ее агента на ланч, в процессе которого задавали автору вопросы относительно книги. Один из них предполагал, что если ее новый роман является бескомпромиссной апологией капитализма, это неизбежно будет противоречить христианской морали. Рэнд была польщена таким наблюдением. Руководители Random House встретили ее с уважением и пониманием — если не с безоговорочным согласием! К концу ланча она, фактически, решила, что будет работать именно с этим издателем. Прошло совсем немного времени, прежде чем Random House тоже вынесли свой вердикт. Лично для себя Гайдн нашел философию Рэнд отталкивающей, но озвучивая свою профессиональную точку зрения, сказал, что в этой книге он видит потенциальный бестселлер. Он и Серф были уверены, что это будет очень важная книга, которая вызовет широкий общественный резонанс, и сказали Рэнд, чтобы она назвала свои условия.

Месяцы, прошедшие с момента завершения работы над романом в марте до его публикации в ноябре, были для Рэнд редкой идиллией. Random House относились к ней с благоговением. Серф попросил ее лично поговорить с сотрудниками отдела продаж, что было большой честью для любого автора. Когда она отказалась принимать какие бы то ни было правки, издательство пошло ей навстречу. Не будучи больше прикованной к своей работе над романом, Рэнд наслаждалась покоем, счастьем и триумфом. Она продолжала свой роман с Натаниэлем Бранденом, в котором они с ним совмещали роли любовников и напарников по интеллектуальным беседам. Это было затишье перед бурей.

На момент, когда вышел «Источник», Рэнд была темной лошадкой, не имевшей авторитета в литературном мире. Но выхода романа «Атлант расправил плечи» ждали уже десятки тысяч читателей. Эта книга вызвала огромный ажиотаж еще до своего появления на прилавках. Потрясающие продажи «Источника», все еще впечатляющие даже спустя десять лет после первой публикации, казалось, гарантировали, что ее следующая работа станет мегабестселлером. Сама Рэнд стала культовым персонажем в Нью-Йорке, яркой и запоминающейся личностью, которую очень редко можно было встретить за пределами «Коллектива». Издательство Random House подливало масла в огонь при помощи серии рекламных публикаций, пресс-конференции и огромного рекламного щита на Мэдисон-авеню. Было громко заявлено: новый роман Айн Рэнд находится на пути к читателю.

Сама Рэнд и ее ближний круг также затаили дыхание в предвкушении появления этой книги. Рэнд сказала своим последователям, что готова встретить критику с открытым забралом: она закалила себя для любых нападок. Ученики не восприняли это предупреждение сколь бы то ни было серьезно. Привыкшие полагаться на силу слов Рэнд, они были уверены, что философия объективизма в любом случае покорит мир, и это лишь вопрос времени. Один из новых участников ее кружка, Роберт Хансен, вспоминал об этом так: «Мы были волной будущего... Объективизм должен был смести все на своем пути». Зарядившись этим настроем, Рэнд и ее ближний круг оказались совершенно не готовы к той ожесточенной реакции, которую на самом деле встретила эта книга. «Это роман? Или это кошмар?», — ехидно вопрошал рецензент из журнала Time. Лишь несколько журналов, придерживавшихся правых взглядов, выказали «Атланту» свое расположение, но это не отменяло всеобщего вердикта: макулатура. Рэнд была опустошена и разбита. Более всего она жаждала встретить единомышленника, представителя интеллектуальной элиты, который открыл бы миру глаза на масштаб ее свершения. Такового не нашлось.

Впрочем, дальнейшая судьба книги расставила все по своим местам. Желчные критики сконцентрировали свое внимание на том, как Рэнд описывала человеческие взаимоотношения, на раздражении и горечи, которые она в это вкладывала. Но крупные бизнесмены и капиталисты вместо этого обратили внимание на ее героизацию индустрии, ее одобрение тяжелой работы и ремесла, ее глубокое знание принципов работы свободного рынка. Студенты и школьники сопереживали ее убедительно очерченным персонажам и были очень рады обнаружить за хитросплетениями драматической истории понятную и последовательную философию объективизма. Наблюдая за этим, Рэнд поняла, что в мире литературы у нее был свой, особенный путь. Ее дорога к интеллектуальному признанию не была типичной, традиционной или легкой. Рэнд прошла своим собственным путем, которого никто не знал до нее.

Если рассматривать это произведение на уровне художественной литературы, «Атлант расправил плечи» является моралистской басней о негативных последствиях вмешательства правительства в работу свободного рынка. Действие романа разворачивается в антиутопическом мире, находящемся на грани полного краха по причине проводимой на протяжении многих лет либеральной государственной политики. Провозглашающее соответствующие идеи государство вышло из-под контроля, и коллективизм восторжествовал во всем мире. Показанная в романе Рэнд разлагающаяся Америка является отображением Петрограда времен ее юности. Экономика начинает рушиться под тяжестью социалистической политики, а нехватка продовольствия, промышленные катастрофы и банкротства становятся повсеместными явлениями. Над страной воцаряются депрессия и страх. Обреченные и бездеятельные граждане могут только разводить руками и задавать в пустоту вопрос, являющийся центральной темой книги: «Кто такой Джон Голт?».

Рэнд показывает читателю этот мир глазами двух основных персонажей — Дэгни Таггарт и Хэнка Реардена. Оба они — одаренные и изобретательные владельцы крупных бизнесов, которые пытаются удержать свои предприятия на плаву, невзирая на постоянно растущее бремя государственного регулирования. Сильные, красивые и целеустремленные, Дэгни и Хэнк резко контрастируют с созданными Рэнд образами злодеев — рыхлых и пузатых чиновников-бюрократов, а также бизнесменов-коррупционеров, которые ждут послаблений от чиновников, которых они подкупили. Враги Дэгни и Хэнка начинают с принятия законов, ограничивающих конкуренцию и инновации — а к концу романа полностью национализируют железные дороги и стальную промышленность. Когда государство экспроприирует частную собственность, бывших владельцев заставляют подписать «подарочный сертификат», а все действие в целом преподносится как акт патриотического пожертвования.

Протестуя против этой государственной тирании, лучшие творческие умы Америки начинают «забастовку», и на протяжении всей истории все компетентные личности, представляющие самые разнообразные профессии, начинают постепенно исчезать в неизвестном направлении. Эти забастовщики решают изъять свои таланты из общества до тех пор, покуда им не будет предоставлена полная экономическая свобода. Для Дэгни и Хэнка, которые не понимают мотивации забастовщиков, исчезновение их коллег становится еще одним бременем. Человек, стоявший за этой забастовкой, Джон Голт, не появляется в качестве главного персонажа на протяжении более чем половины 1 084-страничного романа. Несмотря на то, что в течение большей части произведения Голт остается лишь загадочным персонажем, находящимся в тени, он является главной попыткой Рэнд создать идеального героя. Как и Говард Рорк, Голт имеет красивую внешность, выдающийся ум и сильный характер. Он создал мотор, работающий на статическом электричестве, который может произвести революцию в науке и промышленности — но держит свое изобретение в секрете, чтобы его не захватили коллективисты. Когда Голт выходит на сцену, он начинает влиять на Дэгни и Хэнка — последних двух компетентных промышленников, которые еще не присоединились к забастовке. Он стремится заманить их в свое горное убежище, Ущелье Голта, где забастовщики создают свое собственное утопическое общество свободного рынка.

Как и в случае с «Источником», Рэнд преподносит собственное определение морали, которое вписывается в ее концепцию. Моральным, с ее точки зрения, является зарабатывать деньги, работать только на себя, развивать в себе уникальные таланты и навыки. Также моральным является думать, быть рациональным. «Процесс размышления является моральным процессом, — учит Голт свою аудиторию. — Мышление — основное положительное качество человека, из которого проистекают все остальные». Аморальным же является просить что-либо у других, ничего не предлагая взамен. Забастовщики Голта дают клятву, в которой содержится квинтэссенция этики Рэнд: «Я клянусь своей жизнью и своей любовью, что я никогда не буду жить ради другого человека, и никогда не попрошу другого человека жить ради меня».

Хэнк Реарден в романе является наглядным примером, выразителем философии Рэнд в реальном мире. Несмотря на то, что он использует рациональных подход в деловой сфере, в личной жизни он подавлен, поскольку чувствует себя виноватым и обязанным перед своей семьей — которая на нем откровенно паразитирует. Эти чувства являются одной из причин того, что Хэнк предпочитает продолжать действовать в условиях экономики, контролируемой его врагами, нежели присоединиться к забастовке. Только после того, как Реарден понимает, что рациональность должна распространяться на все сферы его жизни, и что он не является собственностью своей семьи или всего общества в целом, он может считать себя по-настоящему свободным. Избавившись от навязанного обществом обязательства приносить себя в жертву, он отправляется в Ущелье Голта. Случай Дэгни более сложный, поскольку она по-настоящему любит свою железную дорогу. Она до последнего сопротивляется забастовке. Только под конец романа Таггарт понимает, что она должна использовать свой предпринимательский талант так, как того хочет она сама, а не кто-либо другой. Когда Дэгни и Хэнк, наконец, присоединяются к забастовке, конец наступает быстро. Без участия компетентных специалистов плохие парни быстро разрушают экономику до основания. Иррациональные, эмоциональные и зависимые, они оказываются неспособны поддерживать на должном уровне жизненно важные отрасли страны и используют насилие, чтобы подчинять все более недовольное население. В конце романа мир оказывается на грани апокалипсиса, а это значит, что Голт и его забастовщики должны вернуться в него, чтобы спасти от окончательного разрушения.

Повсюду за пределами академического и литературного миров книгу «Атлант расправил плечи» встречали с большим энтузиазмом. Этот роман сделал Рэнд кумиром множества владельцев крупных корпораций и их сотрудников, множества людей, считавших которые идентифицировали себя как капиталистов и были очень рады обнаружить книгу, в которой их работа оценивалась по достоинству и прославлялась. Глава расположенной в Огайо сталелитейной компании сказал ей: «На протяжении двадцати пяти лет я пытался донести до мира тот факт, что «яйцеголовые»: социалисты, коммунисты, профессора и так называемые либералы — не понимают, как производятся товары. Этого не понимает даже человек, который работает у станка. Поэтому ваш роман «Атлант расправил плечи» я читал с огромным удовольствием». Такие читатели, как этот, с восторгом встретили как то восхищение, с которым Рэнд описывает индивидуального предпринимателя, так и ее более широкий взгляд на капитализм как экономическую систему. «Атлант» обновил и оформил традиционную для Америки лояльность по отношению к бизнесу, которую Рэнд впервые заметила еще в сороковые. Она представила в книге одухотворенную версию американской рыночной системы, создав убедительное видение капитализма, которое было построено на традициях самостоятельности и индивидуализма, но также включало в себя более далеко идущий размах, даже в какой-то степени футуристический идеал того, каким может стать капиталистическое общество.

Глава 29
«Атлант» бьет мимо

Людей бизнеса привлекали как сами идеи Рэнд, так и мастерство, с которым она объединила их в грамотную и всеобъемлющую цельную систему. Один из высокопоставленных директоров сказал менеджменту своей компании, что идеи Рэнд могут помочь им «глубже исследовать философские и экономические причины упадка свободы в Америке. Мисс Рэнд наглядейшим образом разъясняет неразрывность связи между моральным образом действия, частной собственностью, экономической деятельностью и рациональными поступками. Она убедительно доказывает, что все эти элементы неразрывно вплетены друг в друга. И когда некто, читает эту книгу и принимает приводимые автором тезисы как абсолютные доказательства превосходства свободного общества, он начинает понимать, почему столь многие из наших попыток предотвратить развитие в обществе коллективистских тенденций, оказались настолько несостоятельными». Рэнд предлагала крупному бизнесу как объяснение того, откуда берутся в обществе настроения, направленные против свободного предпринимательства, так и план действий на будущее. Эта комбинация до глубины души поразила президента расположенной в Провиденсе компании Sealol Incorporated, который так отозвался о книге Рэнд в разговоре с автором: «После многих лет попыток побудить лидеров бизнес-сообщества к словам и действиям в области государственного управления и политики, я чувствую, что теперь у меня в руках есть нужный ключ, который в конечном итоге разблокирует тот огромный потенциал, что наличествует в этой группе. Ни в одной из книг, которые я прочел ранее, мне не удалось найти единственно верного ответа — лишь только в философии вашего романа я его нашел».

Эта комплексная система являлась следствием применения философской формулы «А есть А» (А = А), которую использовал Лейбниц для обозначения принципа тождества. Еще Аристотель отмечал, что «все истинное должно быть во всех отношениях согласно с самим собой», но он формулировал не закон тождества, а закон запрещения противоречий. Рене Декарт относит положение, согласно которому «немыслимо быть и не быть одним и тем же», к вечным истинам — к фундаментальным аксиомам научного знания. Джон Локк признает положение, согласно которому «одна и та же вещь не может быть и не быть», самоочевидным и несомненным. Лейбниц же, проводя различие между двумя типами научных высказываний — «истинами разума» и «истинами факта», усматривает в тождественных положениях, к которым сводятся все положения математики, абсолютно первые истины: «Великой основой математики является принцип противоречия, или тождества, то есть — положение о том, что суждение не может быть истинным и ложным одновременно, что следовательно, А есть А и не может быть не равно А. Один этот принцип достаточен, чтобы вывести на его основе всю арифметику и всю геометрию, а стало быть, все математические принципы». Для Лейбница утверждение «А = А» является истинным само по себе, и из этих тавтологий можно вывести все истинные утверждения математики. В логических работах 1680—1690 гг. («Логические определения», «Математика разума» и др.) он ставит задачу построить силлогистику на минимальных логических основаниях (к ним он относит принцип тождества «Всякое А есть А» и «Некоторое А есть А») и синтетическим методом вывести силлогистику. Лейбниц исходит из логико-гносеологического статуса принципа тождества, подчеркивая, что «не бывает никаких двух неразличимых друг от друга отдельных вещей». Отрицая онтологическую интерпретацию принципа тождества, он настаивает на том, что «полагать две вещи неразличимыми, означает полагать одну и ту же вещь под двумя разными именами». Именно на этот факт на протяжении всей своей литературной, философской и политической деятельности пыталась открыть людям глаза Айн Рэнд. Она указывала на тождественность друг другу таких понятий, как альтруизм, социализм, реализовываемая на государственном уровне доктрина всеобщего блага, или же Новый курс.

В Рэнд американские бизнесмены увидели своего знаменосца, голос, который мог выразить претензии бизнес-сообщества на значимость в общественной жизни Америки. В ее почтовый ящик потоком хлынули приглашения на симпозиумы и конференции. Рэнд пригласили на встречу Национального промышленного совета, чтобы прочесть лекцию на тему «Этика капитализма». Также она трижды присутствовала на недельных семинарах, организованных одним из подразделений Американской ассоциации менеджеров. Два профессора из Колумбийской школы бизнеса начали использовать роман «Атлант расправил плечи» в качестве учебника и пригласили автора прочитать курс, посвященный концептуальным и институциональным основам современного бизнеса. Бизнес-сообщество даже могло предложить Рэнд неплохую интеллектуальную платформу. Издание The Atlantic Economic Review, выпускаемое бизнес-школой штата Джорджия, принять участие в симпозиуме на тему «Человек организации», попросив ее написать исследование на тему «Вера в современный менеджмент». Послание, заложенное в ее титаническом труде, распространили многие менеджеры среднего и высшего звена, которые обменивались цитатами из «Атланта» на работе, либо отправили экземпляры книги своим друзьям.

Однако, когда за книгу «Атлант расправил плечи» взялись профессиональные литературные обозреватели, они, в массе своей попросту не заметили — или не захотели заметить — то торжество бизнеса и ту плотную философскую систему, которую Рэнд вплела в ткань своего повествования. Вместо этого они сосредоточились на ее жестких нападках на «секонд-хендеров», мародеров, лентяев и прочих бездарей. Этот роман вызвал зашкаливающий уровень ругани в медиа-сфере. Рецензии зачастую являли собой просто яростные, язвительные и насмешливые нападки, а не грамотный и обоснованный литературный анализ. В The New York Times Book Review, которые ранее любезно похвалили «Источник», была опубликована статья бывшего коммуниста Грэнвилла Хикса, который заявлял: «Мисс Рэнд громко заявляет о своей любви к жизни, но является достаточно очевидным, что центральным мотивом при написании этой книги была для нее ненависть». По большей части рецензенты вообще не обращали внимания на политические, либо же моральные взгляды Рэнд, или даже на ее низкопоклонство перед идеей сверхчеловека. На что они обратили внимание — так это на ее тон и стиль. «Книга пропитана ненавистью», — заявляла The Saturday Review. Прочие жаловались на встречавшиеся в тексте повторы, мрачную серьезность и недостаток чувства юмора.

Однако все эти рецензенты совершенно правильно подметили, что наряду с благоговейным изображением героев из капиталистического мира, «Атлант расправил плечи» имеет решительно мизантропический посыл. Во многих отношениях этот роман являлся последним знаменателем «теории негодования», которую Рэнд впервые сформулировала еще в Крыму, наблюдая за своим отцом. Он также являлся возвращением к ее самым первым, недописанным произведениям. В очередной раз Рэнд выплеснула всю желчь, которая копилась в ней на протяжении многих лет. После того, как на авансцену выходит Джон Голт, текст Рэнд начинает особенно сильно вскипать яростью и отчаянием, рождая теорию заговора, которая рассматривает мир в качестве поля боя между компетентностью и некомпетентностью. Голт говорит своим радиослушателям: «Тот, кому нас теперь призывают поклоняться, тот, кого в свое время рядили в одежды Бога или короля, на деле не более чем жалкая, никчемная, хнычущая от своей никчемности бездарь. Таков нынешний идеал, идол, цель, и всякий может рассчитывать на награду в той мере, в какой он приближается к этому образу. Ныне век простого человека, говорят нам, и всякий может претендовать на этот титул в той степени, в какой ему удалось ничего не достичь. Его возведут в ранг благородства соответственно усилиям, которых он не совершил, его будут почитать за добродетели, которых он не выказал, ему заплатят за товары, которых он не производил. Что же до нас, мы должны искупать грех таланта, нам назначено трудиться на пользу бездари так, как она распорядится, наградой нам будет ее удовлетворение. Мы вносим наибольший вклад, поэтому наш голос наименее весом. Мы мыслим лучше других, поэтому нам не позволено высказывать свое мнение. Поскольку мы способны действовать правильно, нам не позволено поступать по своей воле. Мы работаем по приказам и распоряжениям, под контролем тех, кто сам не способен трудиться. Они распоряжаются нашей энергией, ибо у них нет своей, продуктами нашего труда, ибо сами они не способны производить. Вы скажете: это невозможно, из этого ничего не полу-

чится. Им это известно, но неизвестно вам, и все их расчеты
строятся на вашем незнании. Они рассчитывают, что вы будете
и дальше трудиться на пределе возможного и кормить их до конца своих дней; а когда вы свалитесь, появится новая жертва
и станет кормить их, с трудом поддерживая собственную жизнь.
И жизнь каждой новой жертвы будет короче; если после вашей
смерти им останется железная дорога, то последний ваш потомок по духу оставит им разве что краюху хлеба. Но нынешних
паразитов это не беспокоит. Их планы, как и планы царствен-
ных бандитов прошлого, не идут дальше срока их собственной
жизни — лишь бы добычи хватило на их век. Раньше всегда хватало, потому что в каждом поколении всегда хватало жертв. Но
на сей раз не хватит. Жертвы объявили забастовку. Атлант расправил плечи». В речи Голта проявляется и манихейское мировоззрение Рэнд, компетентная элита сталкивается здесь с неэф-
фективными народными массами.

Теперь Рэнд видела естественную человеческую симпатию
к угнетенным слоям населения как неприемлемый духовный «ру-
димент», свойственный тем людям, которых она поставила «на
вершину пирамиды». Устами Голта Рэнд видоизменяет традици-
онное понимание эксплуатации, утверждая следующее:

Человек, стоящий на вершине интеллектуальной пирамиды,
отдает большую часть того, что производит, всем, кто находится
ниже него — но не получает взамен ничего, кроме материального вознаграждения, не получает никакого интеллектуального бо-
нуса. Человек, который стоит на социальной лестнице ниже
всех, если его предоставить самому себе, умрет от голода — но он
получает от общества бонусы в виде плодов интеллектуального
труда всех, кто находится выше. Именно такова природа «сорев-
нования» между сильным и слабым интеллектами. Вот таков на
самом деле механизм той самой «эксплуатации», в которой вы
обвиняете сильных. В таких пассажах Рэнд полностью отбрасывает популизм и эгалитаризм, которые были характерны для более ранних ее работ, и обращается к тому языку, которым пользовались предшествовавшие ей апологеты капитализма. Хоть
она и не использовала чересчур резких биологических метафор,
ее аргументация местами напоминает своеобразную пародию на
социальный дарвинизм. Роман «Атлант расправил плечи» стал
сердитым отходом от прежнего акцента на компетентности, при-

родном уме и способностях простого человека — тем, которые поднимались в «Источнике».

Почему же за лежащие между этими двумя книгами тринадцать лет в сознании автора произошла столь разительная метаморфоза? Отчасти это было просто возвращением Рэнд к естественной динамике поощрявшего капитализм образа мыслей — который выделял (и даже приветствовал) врожденные различия в уровне одаренности. Эти тенденции были многократно преувеличены в циклопическом литературном труде Рэнд, благодаря ее абсолютистскому видению, окрашенному в черно-белые тона. Ее взгляды на «некомпетентных» были особенно жесткими — потому что она очень поспешила однозначно разделить человечество на потрясающих мир творцов и беспомощных идиотов, неспособных постоять за себя. Эта двоичность, в сочетании с ее склонностью к осуждению, придала книге большую часть ее негативного тона. Поскольку она стремилась продемонстрировать результат ошибочных идей как на общественном, так и на личностном уровне, Рэнд зачастую была безжалостна по отношению к персонажам, с наслаждением показывая их страдания и падения. В одной из сцен она со скрупулезным вниманием к деталям описывает группу пассажиров, обреченных погибнуть в масштабной железнодорожной катастрофе, делая очевидным тот факт, что дорогу к их гибели проложили ошибки идеологического характера. Вся эта желчность отчасти объясняет множество негативных рецензий, которые получила книга Рэнд. В конце концов, объявив милосердие всего лишь моральным долгом, она сама отказалась от каких бы то ни было притязаний на вежливость или любезность со стороны остального общества.

Несомненно, свою роль сыграла также и политика. Книга Рэнд являла собой прямое и бескомпромиссное наступление на либеральные ценности. Больше всего на свете она любила насмехаться над своими антагонистами, и часто шла в этом смысле на сознательную провокацию. Один из героев книги, Рагнар Даннескъолд, называет Робин Гуда «самым аморальным и презренным» из всех героев человечества и сам становится «Робин Гудом наоборот»: он похищает гуманитарную помощь, направляемую в бедные страны и отдает ее вместо этого интеллектуальной бизнес-элите. Еще один персонаж гордо носит прозвище

«Мидас», а философствования насчет того, что деньги являются корнем добра, продолжаются на протяжении нескольких страниц. Также в книге имелись многочисленные отсылки к бульварным детективным и фантастическим романам: таинственные сигареты со знаком доллара, которые курят ценители, контролируемая правительством машина «лучей смерти», стоящий в Ущелье Голта золотой тотем в виде знака доллара, постоянное повторение вопроса «Кто такой Джон Голт?»... все это было очень похоже на стилистические приемы, позаимствованные из романов о Джеймсе Бонде (вряд ли, конечно, Рэнд читала их сама, но вполне могла от кого-то слышать). Критикуемая за недостаток чувства юмора, Рэнд на самом деле на славу развлеклась, покуда создавала «Атлант расправил плечи». Но либералы не поняли ее шуток.

Не менее оскорбленными чувствовали себя и консерваторы. Самая разгромная рецензия на «Атлант расправил плечи» была написана Уиттакером Чемберсом[1] и опубликована в National Review, являвшемся наиболее влиятельным консервативным журналом в Америке того времени. Чемберс стал известной фигурой после того, как дал свидетельские показания против обвиненного в советском шпионаже государственного чиновника Элджера Хисса, а также благодаря последовавшим за этим мемуарам — ставшей бестселлером книге «Свидетель». Сам бывший некогда убежденным коммунистом, Чемберс пересмотрел свои взгляды и примкнул к правым, став учителем Уильяма Ф. Бакли-младшего, который и попросил его написать рецензию на «Атлант расправил плечи», ставшую первой работой Чемберса для National Review. Бакли, который не любил Рэнд, знал, конечно же, каким будет результат такого задания. В «Свидетеле» Чемберс подробно рассказывал о том, как пришел к христианству, а также о своей вере в то, что только Бог может спасти человечество от ужасов коммунизма. Было совсем несложно предсказать, как он отреагирует на убежденную атеистку Рэнд. Сама по себе книга Чемберсу была не интересна, и он, быть может, не стал бы писать столь негативной рецензии — но по просьбе Бакли перемыл Рэнд косточки в статье, озаглавленной «Большая сестра следит за тобой».

[1] Известный американский писатель и редактор XX века.

В этой ядовитой рецензии Чемберс признавал популярность Рэнд и ее заслуги в продвижении таких консервативных идеалов, как антикоммунизм и ограничение правительственного вмешательства в экономику — но утверждал, что, поскольку она не верит в Бога, то лежащее в основе ее деятельности послание является ошибочным и опасным. Согласно Чемберсу, торжественный атеизм Рэнд был безнадежно наивен и совершенно неспособен противостоять злу коллективизма. По сути, критикуя коллективизм, но не руководствуясь при этом религиозными нормами, Рэнд основательно вступала на территорию абсолютизма — настаивал Чемберс. Он обнаружил, что роман «Атлант расправил плече» содержит в себе заметные элементы фашизма и в конечном итоге указывает на то, что править миром должна «технократическая элита». Рецензия была также проникнута сильной личной неприязнью. Произведение Рэнд, по утверждению Чемберса, было «диктаторским» и имело донельзя высокомерный тон. Она не является достаточно женственной, намекал Чемберс, предполагая, что «дети, вероятно, раздражают автора и заставляют ее чувствовать себя некомфортно».

Чемберс был недоволен показанным в книге Рэнд «безбожным капитализмом», который казался ему даже хуже, чем «безбожный коммунизм». Там, где Рэнд видела свободный рынок в качестве духовной сферы, а конкуренцию — в виде самого смысла жизни, Чемберс увидел только бессердечный механистичный мир.

Рецензия Чемберса вызвала в правом крыле настоящий шок. Сама Рэнд утверждала, что никогда не читала ее, но ее почитатели были в ужасе. Члены «Коллектива» считали несправедливым, что для обзора ее работы был привлечен бывший коммунист. Они принялись бомбардировать редакцию пламенными сердитыми письмами, в которых сравнивали National Review с The Daily Worker. Даже Изабель Патерсон напомнила о себе из своего добровольного мизантропического изгнания, чтобы пожурить Бакли за публикацию столь жестокой рецензии и предупредить его, что Рэнд, вероятно, подаст на издание в суд за клевету (чего та, впрочем, делать не стала). Рубрика читательских писем в National Review гудела, как осиное гнездо, в течение нескольких недель. Одним из защитников выступил знаменитый журналист и редактор Джон Чемберлен, чьи рецензии на роман Рэнд, опубликованные в The Freeman и The Wall Street Journal, были приятным исключением из общей массы. В «Открытом письме к Айн Рэнд» Чемберлен похвалил ее «великолепное» изображение свободы и заверил, что он будет продолжать убеждать людей переступить через себя и прочитать этот роман. Чемберлен полагал, что большая часть того резонанса, который вызвал «Атлант», была связана с религией, и сожалел о том, что Рэнд не включила в число своих положительных, «компетентных» персонажей хотя бы одного практикующего христианина (вот и настало время вспомнить об отце Адриане, которого она вымарала из черновой версии произведения).

Рэнд делала все возможное, чтобы не поддаваться на провокации. Через месяц после появления рецензии Чемберса она начала делать заметки для нового романа, который назвала «К Лорну Дитерлингу» и описывала как историю неразделенной любви. В этой истории писательница (в более ранних версиях — танцовщица) по имени Хелла Марис влюбляется в «человека действия», Лорна Дитерлинга, который отвергает ее ради женитьбы на женщине по имени Глория Торнтон, обладающей более простым складом ума, но большими возможностями для продвижения его амбиций. Ошибка Дитерлинга состоит в том, что он «приносит в жертву высшие идеалы ради простой мирской жизни, — писала Рэнд, — ради поступка, мотивированного страстной жаждой жизни и практически нарциссической самооценкой — но имеющего под собой совершенно неверную предпосылку» (Десятью годами позже она повторит эти слова о «неправильной предпосылке», анализируя, что же пошло не так в отношениях с ее любовником Натаниэлем Бранденом). Другие заметки относительно нового романа дают понять, что его центральной темой должно было стать «искусство психологического выживания в жестоком мире». Однако после нескольких дней работы Рэнд отложила эти черновики. Она и в дальнейшем продолжала размышлять над характерами и отношениями персонажей — но так никогда и не написала этот роман.

Бранден и его круг были глубоко озадачены несправедливостью критической атаки на Рэнд. Преисполненный решимости отстаивать идеи, в которые он верил, Натан организовал среди ее сторонников кампанию по написанию в различные издания писем, содержащих контраргументы. Алан Гринспен и Барбара Бранден написали в The New York Times. Недавно вернувшийся в их компанию Мюррей Ротбард ответил на обвинение журнала Commonweal в том, что «Атлант расправил плечи» демонстрирует недостаток сострадания и «апеллирует к ненависти». Он отметил, что на самом деле автор изображает в книге — по отношению к героическим людям, которые были съедены заживо мародерами общества. Леонард Пейкофф и Дэрин Кейт вступили в полемику с National Review и Чемберсом. Бранден также уговаривал всех своих знакомых отменить подписку на Time.

Как и во время предвыборной кампании Уэнделла Уилки, жесткий прием, встреченный ее третьим романом, обозначил в жизни Айн Рэнд новый переломный момент. Происходящее вокруг книги существенно усилило ее чувство отстраненности от общества. Привыкшая к обожанию и почитанию своих молодых поклонников, Айн оказалась не готова к столкновению с реальным миром, возможно, попросту забыв законы и правила, по которым он существовал. Миссия всей ее жизни — состоявшая, по убеждению Рэнд, в том, чтобы создать идеального человека, а также описать условия, в которых он мог бы наилучшим образом жить, любить, творить и создавать — подошла к концу. Но внешний мир не принял ее романа в качестве модели для своего дальнейшего существования. «Она покинула Ущелье Голта и обнаружила, что вокруг нее раскинулся мир, которому довольно далеко до созданной ею идеальной модели, — вспоминала об этом впоследствии Барбара Бранден. — Она устала». Возможно и неудивительно, что в какой-то степени она продолжала жить в мире своего романа. «Айн растворилась в альтернативной реальности «Атланта» и уже больше не вернулась, — писал Натаниэль Бранден. — Что-то исчезло — и исчезло безвозвратно».

Глава 30
«Мы здесь не любим чужаков»

Что-то изменилось и для самого Натана. «Что же это за мир?», — спросил он у своей жены в один из тех дней, и, не дожидаясь ответа, сказал: «Айн сделала достаточно. Она заслужила отдых. Теперь наша очередь». Начиная с того момента он начал считать своим долгом защищать Рэнд от мира, от разочарований и от страданий. Натан принялся планировать цикл публичных лекций под названием «Базовые принципы объективизма», совмещая элегантно структурированное и высоко детализированное описание ее философии со своими собственными теориями о психологии, а также природе и происхождении самоуважения. Он полагал, что одним из его предназначений является перевести ее послание для остального мира. Он также хотел защитить и оправдать ее видение и творчество. «Со своим курсом лекций я был ее крестоносцем, возложившим на себя секретную миссию», — сказал он позднее в одном из интервью. Лекции должны были систематизировать и усилить ее идеи, касающиеся существования, знания, экономики, политики, этики, искусства и романтических отношений, преподнеся их в упорядоченном виде, который не был возможен в художественном произведении. На основе этого курса лекции Бранден вскоре основал целый институт, названный Институтом Натаниэля Брандена (ИНБ). Изначально планировалось, что предприятие будет названо в честь Айн Рэнд, но от этого шага его отговорила она сама.

Закончив подготовительный этап, Натаниэль принялся вербовать аудиторию. Он связался с многочисленными знакомыми, предложив им стать слушателями нового курса лекций. Бранден также перебрал ворох писем, которые получала Рэнд от поклонников, и отправил приглашения тем корреспондентам, которые, во-вервых, показались ему достаточно интеллектуальными, а во-вторых — проживали на примемлемом расстоянии от Нью-Йорка. Ближайшие сподвижники Рэнд с радостью записались на курс — но даже они не могли представить тех рвения и таланта, с которыми Бранден подошел к подаче ее идей. Если она была, как назвал ее в 1961-м журнал Newsweek, «мессией в юбке», то Бранден, вне всяких сомнений, стал ее «апостолом Петром», камнем, на котором в последующие годы была построена ее церковь. Даже те, кто не любил его — а с годами таких людей стало много — были восхищены тем, как он, почти в одиночку, организовал идеи объективизма в подробную философскую систему, которую потом сделал серьезным общественным движением и, ненадолго, знаменитым национальным брендом. Даже эти недоброжелатели признавали, что именно Бранден подготовил почву для ставшего более известным «приемного ребенка» объективизма — либертарианского движения семидесятых.

Барбара Бранден предложила ускорить распространение лекций Натаниэля путем записи их на пленку. Речи Натана записывались во время встреч в Нью-Йорке и рассылались доверенным представителям по всей стране. Эти представители организовывали собрания в своих городах и взимали плату за вход на мероприятия, где проигрывали записанные лекции. Вовлеченные студенты собирались вокруг магнитофона, слушали голос Брандена и делали заметки. Идея получила настолько широкое распространение, что скоро Барбара ушла со своей постоянной работы в издательстве, чтобы в полную силу трудиться для ИНБ. Она стала исполнительным директором этой организации.

Эти новые затеи сделали еще более напряженными и без того весьма сложные отношения в ближнем кругу Рэнд. Несмотря на их новое деловое партнерство, брак Натаниэля и Барбары быстро шел ко дну. Рэнд, ставшая сентиментальной и вялой, решила, что прекращение ее сексуальной связи с Натаном может оказать положительный эффект. Она утратила аппетит к любви, но надеялась, что их отношения могут возобновиться когда-нибудь в будущем. Не будучи больше ее любовником, он, тем не менее, остался ее психологом. Погруженная в меланхолию, Рэнд вцепилась в Натана, как в спасательный круг. Следуя своей собственной философии, она напряженно размышляла, пытаясь понять причину терзавших ее негативных чувств. Джон Голт никогда не оказался бы в подобной ситуации, была уверена она. Все чаще

Рэнд обращала внимание на недостатки окружавшей ее человеческой культуры, работая вместе с Натаном, чтобы найти объяснение испорченности мира. Она пребывала в глубоком кризисе, а в ее доме воцарилась, как вспоминал об этом Натан, «атмосфера больницы».

Неспособный помочь Рэнд выбраться из ее внутренней темноты, Натан компенсировал это, став ее охранником. Он начал отвечать на письма, которые присылали недоброжелатели, сделался прослойкой между ней и внешним миром. Он писал гневные послания в журналы и газеты, которые без должного почтения отзывались о ее работе. Прочие члены «Коллектива» последовали за ним, дружно встав на защиту своего лидера. Но они и сами не могли быть уверенными в том, что им полностью доверяют. Достаточно часто Бранден вызывал к себе для уединенной беседы тех участников, которые в чем-то вели себя неправильно с точки зрения философии объективизма. В случае, когда кто-то совершал по-настоящему серьезный проступок такого рода, этому человек приходилось предстать перед лицом остального «Коллектива» — на своеобразном публичном процессе, где председательствовали Бранден или Рэнд. Подсудимых, которые быстро признавали свою вину и обещали плотнее работать над тем, чтобы жить по правилам объективизма, допускали обратно в этот узкий круг.

Тогда, в конце 1957-го, протеже романистки было всего двадцать семь лет, но все последователи Рэнд знали, что она считает его состоявшимся гением в области, с которой сама, по собственному признанию, ненавидела иметь дело. Рэнд считала психологию запутанной и иррациональной, но, тем не менее, рукоплескала талантам Брандена по части перенесения ее принципов в эту сферу. Под этим она понимала, что, поскольку эмоции проистекают из мыслей, страдающий неврозом человек обязательно является вместилищем неких неправильных, невнятных или противоречивых идей, которые сами по себе ее не интересовали. Однако если человек не являлся аморальной личностью, она была уверена, что Бранден сумеет помочь ему перестать беспокоиться. Когда молодые друзья приходили к ней, чтобы поговорить о своих проблемах, она обычно отправляла их к Натану для длительной или продолжительной терапии — в зависимости от природы их проблем и жалоб. Поскольку ее рекомендации имели в этом кругу силу закона, в то или иное время Натан успел подвергнуть терапии практически каждого из участников «Коллектива». За свои сеансы Натан брал пять долларов в час.

Мюррей Ротбард снова стал человеком со стороны, который одним из первых заметил это новое направление. Он восстановил контакт с Рэнд после того, как прочитал «Атлант расправил плечи», работу, которую он воспринял «не только как величайший из когда-либо написанных романов, но и как одну величайших когда-либо созданных книг, художественных или нехудожественных». В чрезвычайно откровенном письме Ротбард не только воздавал почести роману Рэнд как «неисчерпаемой сокровищнице», но и извинялся перед Айн за то, что избегал ее в прошлом. Веря, что автор «Атланта» должна встретить его признание в надлежащем расположении духа, он рассказал, что их предыдущие встречи оставили его подавленным. Но это была его вина, а не ее. Он признался: «Я пришел, чтобы приветствовать вас как солнце, как существо, огромной силы, дающее миру великий свет — но подойдя слишком близко, я, кажется, обжегся». В этих словах можно было заподозрить некоторую наигранность — но Ротбард искренне стремился заполнить разрыв, который он сам создал между собой и Рэнд. «Пожалуйста, дайте мне знать, если я могу каким-либо образом поспособствовать росту продаж вашего романа», — написал он и заключил свое предложение мира резким выпадом в адрес одной из негативных рецензий на «Атланта». В течение последовавших за этим нескольких недель «Коллектив» и «Крут Бастиа» вновь оказались в тесном контакте.

Однако долго это не продлилось. Вскоре Ротбард начал уставать от «рэндианской» рутины. Его выводило из себя, когда остальные спрашивали, почему он пропустил какое-либо из объективистских собраний. Он начал сомневаться в эффективности Натана как терапевта — в особенности после того, как Натан стал критиковать его брак с христианкой Джои. Союз двух людей, которые придерживаются противоположных взглядов, является изначально нестабильным, доказывал Бранден Ротбарду. Он должен найти себе новую партнершу, которая разделяла бы с ним рациональные атеистические предпосылки. Надеясь побороть свою боязнь путешествий, Ротбард продолжал посещать сеансы терапии даже после того, как начал сомневаться в том, что Натан действительно сможет помочь ему. Натан обещал, что они вдвоем предпримут вылазку за пределы города, но это путешествие так никогда и не состоялось. Тем временем Ротбард был приглашен на научную конференцию, которая должна была состояться в штате Джорджия девятью месяцами позже. Он очень надеялся, что к тому моменту Натан сумеет вылечить его.

Но вместо этого конференция стала отправным пунктом для нового — и на этот раз окончательного разрыва между Ротбардом и общиной Рэнд. Трения начались из-за стойкой верности Ротбарда анархистским идеалам. После почти шести месяцев регулярного общения Рэнд и «Коллектив» ожидали, что Ротбард убедится в неэффективности анархизма. В июле 1958 на специальном собрании в субботу вечером были запланированы дебаты между Ротбардом и Рэнд. К тому времени Ротбард понял, что он «всем нутром ненавидел Натана и Айн, и всю остальную их шайку». После напряженного сеанса у Натана он решил прекратить и терапию и отношения с группой Рэнд в целом. На следующий день Натан позвонил ему и предложил встретиться снова, на этот раз — в присутствии Рэнд. Как оказалось, он подозревал Ротбарда в том, что тот беззастенчиво позаимствовал фрагменты работ Рэнд и Барбары Бранден в докладе, который подготовил для приближавшейся конференции. Ротбард в гневе повесил трубку. С вечерней почтой он получил письмо от адвоката Рэнд, которое разъясняло подробности обвинения в плагиате и угрожало судебным процессом как против самого Ротбарда, так и против организатора конференции, немецкого социолога Гельмута Шека.

Эта конфронтация вскоре переросла в настоящий театр военных действий между «Коллективом» и «Кругом Бастиа». Джордж Рейзман и Роберт Гессен, ранее бывшие верными сторонниками Ротбарда, заняли в споре о плагиате сторону Рэнд. После напряженной перепалки Ротбард вышвырнул Рейзмана из своей квартиры. В течение следующих нескольких дней участники двух интеллектуальных объединений вели между собой раздраженные телефонные разговоры. Когда пыль улеглась, стало ясно, что Ротбард потерял и Рейзмана и Гессена, которые ушли в «Коллектив». В качестве драматического жеста Джоуи Ротбард послала каждому из них по разорванной долларовой купюре — в знак разрыва их отношений с товарищами. Гельмут Шек, редактор National Review Фрэнк Майер, а также Ричард Корнуэлл в результате этой истории также порвали всякие отношения с Рэнд и ее последователями, объявив их «сумасбродами». Ее обвинения в плагиате они нашли совершенно безосновательными. Идеи, которые Рэнд пыталась объявить своими, отмечал Шек, циркулировали в обществе на протяжении столетий. Ротбард, все еще страдавший от своей фобии, не смог поехать на конференцию, как было запланировано.

После того инцидента Ротбард всей душой возненавидел Рэнд и ее последователей. Его по-настоящему задела враждебность Натана, с которым он, во время сеансов терапии, делился информацией чрезвычайно личного характера. Не менее печальной была потеря Рейзмана и Гессена, двух давних друзей, которые теперь обвиняли его в аморальности и интеллектуальном бесчестии. Ротбард был потрясен до глубины души. Он написал длинную памятку для самого себя, перечислив девять «грехов рэндизма», а также отдельный список рэндистских ересей. Он утешал себя мыслью, что, поскольку обвинения, которые выдвигали против него Натан и Айн, являются совершенно необоснованными, их никто и никогда не сможет принять всерьез. «Теперь для меня полностью очевидно, каким презренным клоуном на самом деле является Бранден, — писал он своим родителям, заключая: — Я определенно очень рад, что освободился от этого психопата». Вновь вспоминая теперь рецензию Уиттакера Чемберса на «Атлант расправил плечи», Ротбард теперь понимал, что его предупреждали. Он отправил Чемберсу письмо с извинениями за свои прежние нападки и благодарностью за то, что критик помог ему распознать диктаторскую натуру Рэнд. Позднее Ротбард написал сатирическую пьесу о Рэнд — «Моцарт был коммунистом», а также брошюру, озаглавленную «Социология культа Айн Рэнд». Он стал ее могущественным врагом, который делал все возможное, чтобы направить негодование либертарианского мира против этой женщины и ее соратников.

К осени 1958-го Рэнд впала в клиническую депрессию. Поначалу никто не заметил ее подавленности. Продажи «Атланта» были высоки. Письма от поклонников сотнями приходили каждую неделю. Благодаря стараниям Бранденов, ее растущая репутация в качестве оригинального мыслителя и публичного оратора привлекала все новых читателей. Рэнд получала приглашения на конференции и симпозиумы со всех краев Соединенных Штатов. Она была финансово обеспечена. У нее были прекрасный добрый муж и яркий молодой любовник. Но, несмотря на все это, она была глубоко несчастна. Все чаще стала она говорить с друзьями о горьком отвращении, которое испытывала к окружающей культуре. В разговорах с Фрэнком и Бранденами Рэнд жаловалась, что не может понять, почему ее шедевр был злобно раскритикован, принижен и умышленно неправильно истолкован, будучи поданным в свете, прямо противоположном тому, что она написала. Она прклинала населявших литературный мир «Китингов» и «Тухи», которые, как она считала, пытались намеренно уничтожить книгу. Куда смотрели те сильные, творческие и самостоятельные люди, которых она всегда превозносила? Почему ведущие ученые и бизнесмены страны не поднялись на ее защиту, ограничившись лишь выказыванием личного расположения? Почему не нашлось хотя бы одного интеллектуального гиганта, которому хватило бы смелости публично заявить о значимости и ценности ее работы, как делали молодые люди из ее ближайшего окружения?

Снедаемая отчаянием и тревогой, Рэнд стала отказываться от приглашений на общественные мероприятия, предпочитая остаться дома. Постепенно Брандены стали понимать, что ее состояние выходит далеко за рамки разочарования, вызванного провалом книги. Во время их визитов и в телефонных разговорах она жаловалась на то, что повсюду видит, как в обществе приветствуются посредственность, цинизм, самоуничижение и злоба. Месяцы шли за месяцами — и Айн Рэнд почти каждый день плакала от разочарования и горя. Она разорвала отношения со многими из старых друзей и знакомых, а с теми, с кем продолжала общаться, виделась крайне редко.

Глава 31
Подъем с глубины

В начале 60-х Рэнд начала постепенно выходить из своего летаргического депрессивного состояния. К этому моменту Айн поняла, что существование в широком интеллектуальном сообществе — штука совсем непростая. Когда она, чтобы укрепить свою репутацию, вступала в контакт с кем-нибудь известным, ей крайне редко удавалось с первого раза произвести благоприятное впечатление. Ей не понадобилось много времени, чтобы оттолкнуть от себя и Сиднея Хука, известного философа-антикоммуниста из университета Нью-Йорка. Хук впервые услышал о Рэнд от Барбары Бранден и Леонарда Пейкоффа, которые были его студентами. Ему показалась подозрительной сила, которую имела Рэнд над своими последователями — они казались ему зомбированными или загипнотизированными ее идеями. Потом Пейкофф, изучавший вводный курс философии в рамках своей кандидатской диссертации, произвел фурор, процитировав в своей работе Айн Рэнд вместо Иммануила Канта. Рэнд была смущена поднявшимся шумом, но не преминула воспользоваться случаем, чтобы завязать переписку с Хуком. Она заявила, что восхищается его взглядами и очень заинтересована в том, чтобы между ними установилось взаимопонимание — но он отказался встретиться с ней. Когда они, наконец, были представлены друг другу в университете Висконсина, куда оба приехали на симпозиум по вопросам этики, Хук не был впечатлен. Позже он сказал Барбаре: «Мне показалось, что пока я говорил, она не столько слушала, сколько ждала, пока я закончу, чтобы поскорее самой вступить в разговор. И в своих ответах она не продемонстрировала какой-то особой способности к анализу». Хуку не импонировало страстное желание Рэнд видеть вокруг себя людей, жадно ловящих каждое ее слово и беспрекословно соглашающихся с каждым ее утверждением.

Рэнд продолжала изучать труды профессиональных философов, обмениваясь книгами и краткими письмами с Йельским профессором Брэндом Бланшаром, считавшимся в Америке того времени ведущим толкователем Аристотеля. Позднее она также стала общаться с деканом философского факультета колледжа Хобарт Джорджем Уолшем, который в конце 60-х стал одним из студентов ИНБ. Однако самым многообещающим среди ее новых знакомых был молодой успешный профессор философии, специалист по этике Джон Хосперс. Рэнд познакомилась с ним в Бруклинском колледже, где Хосперс преподавал. Джон был поражен ее необычными взглядами, и они провели вечер, погрузившись в насыщенный философский разговор. После того, как Хосперс переехал в Калифорнию, они обменивались длинными письмами. Он был наповал сражен прозой Айн Рэнд и в буквальном смысле рыдал, когда читал «Источник».

Столь верноподданническое отношение удерживало его рядом с Рэнд даже невзирая на то, что она допускала уничижительные высказывания о его профессии. Хосперс считал, что ее неприятие абсолютно всех современных философов довольно сложно принять. Он говорил ей: «Я вижу на лицах студентов, как все это начинает усваиваться у них в головах — как опыт мировой философии интегрируется в их собственное сознание, благодаря моей умелой подаче и наводящим вопросам. Потом я прихожу домой и получаю письмо от вас — за которое я очень благодарен, но в котором вы жестко осуждаете всю современную философию в целом — включая, вероятно, и то, что я трудолюбиво изучал в течение столь многих своих рассветных часов». Однако, он продолжал считать взаимовыгодным свое интеллектуальное партнерство с Рэнд, общение с которой было для него чем-то вроде мотивирующего спарринга. Рэнд помогала ему прояснить свои политические взгляды, подталкивая Хосперса в сторону более либертарианской позиции.

Нападки Рэнд на современную философию подогревались Леонардом Пейкоффом, который в течение многих лет говорил ей, что в мире еще не наступил век истинного разума и люди, по большей части, продолжают блуждать впотьмах. Это было, конечно, не то, что она хотела бы слышать, покуда трудилась над своим рационалистическим романом. После его публикации, однако, она отчасти пересмотрела свои взгляды, и Пейкофф сумел настоять на своем. Он определял философию Канта как источник всех ошибок в современной мысли (эту позицию разделяла также Изабель Патерсон). По мнению Пейкоффа, утверждение Канта о том, что структура понимания человеком окружающей реальности задается средствами чувственного восприятия, подрывало объективную реальность, идею разума и все абсолюты. Философия Канта открывала врата для деструктивных идей — например, релятивизма и экзистенциализма, которые и создали ту ядовитую атмосферу, что встретила роман «Атлант расправил плечи». После того провала, который ждал эту книгу, Рэнд стала с большей долей серьезности прислушиваться к мнениям Пейкоффа относительно философии.

В одном из разговоров Пейкофф высказал предположение, что Рэнд может внести существенный вклад в развитие современной философии. Он сказал ей, что еще не было ни одного мыслителя, который провозглашал бы ее максиму «бытие есть тождество» (то самое «А = А»), которую сама Рэнд считала само собой разумеющимся продолжением мысли Аристотеля. Решающим фактором стало ее знакомство с Хосперсом. Разговоры с ним убедили Рэнд, что в современном подходе к философии действительно полным-полно серьезных пробелов. Она решила, что ее представления о том, как должны формироваться универсальные концепции, являются новыми и ценными. Если она разработает на их основе цельную и четкую философскую систему, то сможет доказать, «почему концептуальное знание может быть настолько же абсолютным, насколько чувственный опыт». Она почувствовала, что стоит на пороге большого свершения. Представляя себя «интеллектуальным детективом», гоняющимся за логическими ошибками и обманами, совершенными на протяжении прошлых веков, она становилась все более и более заинтересованной в знакомствах с профессиональными философами.

Хосперс познакомил Рэнд с Мартином Лином, который был деканом факультета философии в колледже Бруклина. Это была шумная встреча, во время которой Рэнд даже назвала Лина «мутным типом», когда он допустил лестный комментарий об СССР. Лину очень понравилась их перепалка, и позднее он написал ей, что еще никогда прежде ему не доводилось спорить с кем-либо, кто обладал бы столь же живым интеллектом и обширной эрудицией. Лин признавал, что при том, что он сам весьма подкован в диалектических вопросах, Рэнд являлась, как минимум, равной ему, если не превосходила. Он не был согласен с большинством мнений Рэнд относительно политики и экономики, но отмечал, что они дают определенную пищу для размышлений и могут показаться достаточно убедительными.

Дружба с Хосперсом закончилась в 1962 году, когда он пригласил ее на встречу Американской эстетической ассоциации в Гарварде. Вероятно, Рэнд была весьма польщена этим фактом, ведь таким образом она добилась одной из своих давних целей, получив возможность на равных беседовать с философами Лиги Плюща[1]. Но после ее выступления на слово взял Хосперс и... принялся критиковать идеи, которые только что высказала Рэнд. В чем-то он ее поправлял, в чем-то — дополнял, однозначно выступая в роли неизмеримо большего авторитета. Рэнд не ожидала подобного обращения и была глубоко оскорблена. После случившегося в Гарварде Хосперс перестал существовать как для нее, так и для «Коллектива». Критикуя ее на публике, он допустил непростительную ошибку, ударив по самому больному месту Рэнд, а именно — ее статусу среди интеллектуалов. Он пытался восстановить отношения, но Рэнд больше никогда не разговаривала с ним. Тем не менее, Хосперс продолжал считать себя ее соратником и даже включил фрагмент, посвященный ее работам, в написанный им учебник по основам философского анализа.

В 1961 Айн Рэнд, наконец, опубликовала свою первую нехудожественную книгу, «Для нового интеллектуала», а годом позже начала выпускать собственную газету «Новости объективизма» (The Objectivist Newsletter). Из своих статей, публиковавшихся в этой газете, а также публичных речей Рэнд в течение последу-

---

[1] Ассоциация восьми частных американских университетов, расположенных в семи штатах на северо-востоке США. Это название происходит от побегов плюща, обвивающих старые здания в этих университетах. Считается, что члены лиги отличаются высоким качеством образования.

ющего десятилетия составила еще две книги: «Добродетель эгоизма» и «Капитализм. Незнакомый идеал». Несмотря на то, что время от времени она еще поговаривала о планах написать четвертый роман, с художественной литературой Рэнд покончила навсегда. Теперь ее основной задачей сделалось распространение философских идей объективизма.

Эти идеи оказались востребованы в среде консервативного студенчества, среди молодых людей, которые видели в основе своей идентичности бунт против удушающей либеральной политики соглашательства. В отличие от консерваторов прошлых поколений, примкнувшие к правому крылу студенты не считали чем-то зазорным ее атеизм, более того — он даже привлекал их. В американских учебных заведениях один за другим появлялись клубы последователей Айн Рэнд и ячейки ИНБ. Ее идеи стали одним из ярких течений молодежной культуры.

Рэнд впервые появилась на телевидении в 1960 году, дав интервью в программе Майка Уолласа. Ее темные глаза яростно сверкали, она не позволила либералу Уолласу себя запугать и блестяще парировала любые его вопросы и критические замечания. Ее выступление привлекло внимание сенатора-республиканца Барри Голдуотера, который написал Рэнд письмо с благодарностью за отстаивание консервативных позиций. Как оказалось, Голдуотер был в числе почитателей ее писательского таланта. Вскоре они встретились в Нью-Йорке. Несмотря на то, что она считала его самым многообещающим политиком в стране, Рэнд была огорчена, обнаружив, что в разговоре Голдуотер постоянно делал отсылки к религии. В его лице она обрела лишь могущественного поклонника, но не последователя.

Как бы там ни было, а она постоянно искала новые способы внедрения и распространения своих идей. Летом 1960 она даже советовалась с Натаном, стоит ли ей создавать собственную политическую партию в противовес Джону Кеннеди, которого Рэнд невзлюбила, считая очередным гламурным кандидатом, не предлагавшим стране ничего по-настоящему серьезного. Бранден «разведал почву» и выяснил, что атеизм Рэнд существенно ограничивает ее перспективы в большой политике. Отбросив эту идею, она сосредоточилась на интеллектуальных трудах.

Книга «Для нового интеллектуала» по большей части включала в себя выдержки из ранее опубликованных художественных произведений Рэнд — за исключением заглавного эссе, взывавшего к тем самым «новым интеллектуалам», которые будут работать бок о бок с бизнесменами, чтобы сохранить и приумножить достижения индустриализма и капитализма. В этом эссе Рэнд выделяла три основных категории людей, которые противоборствовали друг с другом на протяжении всей человеческой истории: Атиллы (деспотичные правители), Знахари (священники и интеллектуалы) и Творцы (духовные лидеры американских бизнесменов). Конфликты этих социальных категорий она прослеживала вплоть до промышленной революции, когда на мировую арену вышли два новых социальных типа: новый бизнесмен и новый интеллектуал. Согласно видению Рэнд, эти люди должны были работать сообща, чтобы управлять миром, который создала индустриальная революция, расширять и развивать его. Но интеллектуалы, писала она, совершили предательство, предпочтя вместо плодотворного сотрудничества сдерживать Творцов, провозглашая в качестве основного нравственного императива не что иное, как альтруизм.

Рэнд преподносила себя как серьезного философа и аналитика американской истории, но не могла полностью избежать своей врожденной склонности к провокациям и эмоциональным выпадам. Ее высокоинтеллектуальные рассуждения о философии часто прерывались яркими и порой довольно странными метафорами. Например, современный ей интеллектуальный дискурс она уподобляла «липкой луже несвежего сиропа» и сравнила участников процесса с «цыплятами, спрятавшими голову в песок» (не забыв добавить, что слово «страус» было бы для них слишком лестным эпитетом). Но все же, ей удалось заразить своих читателей идеей мирового и исторического масштаба: «новые интеллектуалы» должны бросить вызов склоняющимся влево сторонникам социализма и «государству всеобщего блага» — и ниспровергнуть их!

Сидней Хук обрушился на книгу с резкой критикой со страниц New York Times Book Review. Он насмешливо подмечал: «Несмотря на прекрасную игру со словом "разум", в этой уникальной комбинации тавтологии и экстравагантной абсурдности не содержится какого бы то ни было серьезного заявления». Как и авторы рецензий на «Атлант расправил плечи», Хук обратил больше внимания на манеру подачи Рэнд, а не на ее идеи. Он допускал, что непрофессионалы могут писать интересные работы по философии, но это не должно заключаться в подмене анализа обвинениями, а серьезного взгляда на проблемы — выкрикиванием лозунгов. Хук не видел ни одной убедительной причины, по которой Рэнд нужно было воспринимать всерьез в качестве мыслителя. Впрочем, это никак сказалось на популярности ее книги среди покупателей.

Прочие рецензенты также не проявили особого желания заглянуть вглубь философии объективизма. Гор Видал вторил мнению Хука в Esquire, называя Рэнд нечитабельной романисткой, которую очень любят простые люди, не понимающие, как устроено организованное общество. Newsweek, The New Republic, America и Christian Century — все, будто бы сговорившись, опубликовали негативные рецензии на книгу «Для нового интеллектуала».

К этому времени у Рэнд уже выработался иммунитет на отрицательные отзывы критиков, так что в 1962-м году она, ничуть не умерив пыла, принялась за два новых проекта: газету «Новости объективизма» (которая тремя годами позже была преобразована в журнал «Объективист») и собственную колонку в Los Angeles Times. Колонкой она занималась около года, после чего прекратила делать это, находя крайне сложным всякий раз успевать к еженедельному дедлайну. Однако частота выхода рубрики привлекла ее интерес к темам, которые в противном случае могли ускользнуть от ее внимания. Так, Рэнд вспомнила о своем давнем увлечении американской популярной культурой и написала трогательный некролог на Мэрилин Монро. По мнению Рэнд, самоубийство Монро знаменовало собой ненависть к ценностям, которые доминировали в стиле эпохи. Тема духовного банкротства американской культуры проскальзывала в ее работах все чаще и чаще, подстегнутая ее новым интересом к современной философии, а также застарелой травмой, вызванной крахом «Атланта».

В отличие от ИНБ, которым полностью распоряжался Натан, газетой они управляли вместе. Два предприятия глубоко переплетались друг с другом, имея один и тот же офис и персонал. Барбара была выпускающим редактором, а сестра Натана, Элейн Кальберман, стала начальником отдела распространения. Газета открыла путь наверх наиболее честолюбивым студентам ИНБ, которые теперь хотели быть опубликованными в качестве объективистских авторов. Большую часть материалов писали сами Айн и Натан, но и многие другие вносили свой вклад в виде литературных рецензий, эссе и очерков о культурной жизни. Создание этой газеты исполнило мечту, которую Рэнд лелеяла со времен президентской кампании Уилки. Тогда она представляла себе печатное издание, которое объединяло бы противников Нового курса и вдохновляло их сражаться за идеалы капитализма. Двадцать лет спустя ей удалось достичь этой цели.

Глава 32
Пик популярности

Вновь начавшая позиционировать себя в качестве публичного интеллектуала, непримиримая и беспощадная к авторитетам, Рэнд скоро стала объектом пристального внимания масс-медиа. Марк Уоллас был одним из первых, кто понял, что Айн Рэнд относится к той категории людей, которые представляют интерес для других людей. После ее появления на его телешоу несколько сотрудников Уолласа стали объективистами. Вскоре харизма Рэнд нашла и другие дороги к публике. Она начала вести программу «Айн Рэнд в кампусе», выходившую на радиостанции Колумбийского университета, и стала одной из героинь цикла телепередач CBS «Большой вызов». В 1964 Рэнд дала интервью журналу Playboy, что тогда считалось одним из высочайших достижений для публичных персон, поскольку в те годы это издание находилось на пике своего культурного влиянии, публикуя, наряду с фотографиями обнаженных моделей, серьезные эссе и комментарии. Как оказалось, владелец «Плэйбоя», Хью Хефнер, был давним поклонником творчества Рэнд.

Нигде Рэнд не была столь популярна, как в университетских кампусах. Ее первое появление перед студенческой аудиторией, состоявшееся в Йельском университете, было настоящей демонстрацией силы. Рэнд говорила со своими слушателями напористо и уверенно. После выступления она отвечала на вопросы из зала, и никому не удалось поставить ее в затруднительное положение. Под конец публика аплодировала ей стоя. Рэнд вновь оказалась в роли, которая так полюбилась ей во время кампании Уэнделла Уилки: она стала публичным оратором, находящимся в центре внимания огромной аудитории.

После Йеля ее встречи со студентами стали регулярными. Будучи одаренным и харизматичным оратором, она всегда собирала переполненные залы. На публике Рэнд культивировала загадочный и эффектный образ. Ее темные волосы были коротко подстрижены в стиле «паж», а носила она длинный черный плащ с брошью в виде знака доллара на лацкане. Даже спустя десятилетия после приезда в Соединенные Штаты, она продолжала разговаривать с отчетливым русским акцентом. Довольно скоро Рэнд стала получать больше приглашений, чем она физически могла охватить. Поэтому она стала принимать только те предложения, что казались ей наиболее выгодными, предпочитая говорить в университетах Лиги Плюща, а также тех учебных заведениях, которые могли тягаться с ними по части престижности. Ее провокационный настрой наэлектризовывал аудиторию, разительно отличаясь от той сухой академической манеры изложения, с которой обычно приходилось сталкиваться студентам. После того, как она выступила в университете Вирджинии, один из тамошних студентов сказал, что ее речь была самым интересным, что он видел за три года обучения. Интерес к Рэнд был заразителен. Одна студентка Университета Брауна шла по территории учебного колледжа и увидела толпу девушек, которые шли, окружив кого-то, и выглядели очень взволнованными. Причиной этого ажиотажа была Рэнд, только что закончившая выступать с речью. Заинтересовавшись, студентка начала читать ее книги и в течение летних каникул привела в объективистское движение двух своих братьев.

Рэнд столь сильно привлекала студентов, поскольку она предлагала привлекательную альтернативу той интеллектуальной и политической культуре, что господствовала в американском обществе в 60-е годы. Объективизм резко контрастировал с теми идеями, что доминировали в университетах, где большинство интеллектуалов были скептически настроены по отношению к объективной истине, предпочитая ставить во главу угла существование различных точек зрения, субъективность и условный характер реальности. Они были, как называла это Рэнд, «против каких-либо принципов в принципе». Философия превратилась в ряд разрозненных островков, напоминавших замкнутые эзотерические общества, в профессиональном поле доминировали математические дискуссии о логике и лингвистике. Рэнд же, напротив, писала в непринужденном стиле и обращалась к этике повседневной жизни, к загадкам денег, секса, работы и политики. Ее идеи являлись мощным магнитом для студентов, которые надеялись, что в колледжах они будут изучать великие вопросы мироздания, но вместо этого оказались со всем своим идеализмом в душном климате скепсиса и нравственного релятивизма. Как вспоминал один из объективистов: «Я думал, что философия и психология являют собой ключи к "смыслу жизни". Когда же я начал их изучать, то обнаружил, что все сводится к зубрежке значений слов и наблюдению за поведением крыс в лабиринтах». Объективизм заполнял пустоты, которые университетские программы оставляли без внимания.

Не прекращались и ее заигрывания с политическим бомондом. Как и большинство консерваторов, Рэнд поддерживала сенатора Барри Голдуотера, который боролся за президентскую номинацию от республиканской партии. Она возмущалась видя, что масс-медиа выставляют его расистом. На самом деле Голдуотер не был склонен к расовым предрассудкам — но он входил в число сенаторов, которые голосовали против Акта о гражданских правах 1964 года, целью которого было положить конец дискриминации чернокожего населения. Голосуя так, он руководствовался принципами, которых придерживался в течение многих лет. Твердый сторонник прав государства, он был встревожен существенным расширением полномочий федерального правительства, которое делал возможным этот закон. Однако в рамках электоральной политики его поступок однозначно расценивался как поддержка расовой сегрегации.

На страницах «Новостей объективизма» Рэнд смело защищала Голдуотера от распространенного убеждения, что он представляет «радикальных правых», представляющих серьезную угрозу для американской демократии. Причиной таких обвинений была популярность Голдуотера среди членов Общества Джона Берча — антикоммунистической организации, склонявшейся также к антисемитизму и причудливым теориям заговора. Рэнд рассматривала обвинения Голдуотера в расизме как дымовую завесу для либеральной оппозиции капитализму. Она связывала популярность этого политика с тем, что он твердо стоял на позициях защиты капитализма. В какой-то степени она была права — но Голдуотеру все равно пришлось предстать на политической арене в качестве центральной фигуры в противостоянии сторонников сегрегации и защитников прав угнетенных меньшинств — и этот контекст помешал ему добиться по-настоящему серьезного успеха в большой политике.

Одним из самых странных увлечений Рэнд того периода можно назвать ее дружбу с автором криминальных романов Микки Спилейном, известным по серии романов о частном детективе Майке Хаммере. Издательство Спиллейна, New American Library, приобрело права на издание «Атланта» в мягкой обложке, и редакторы организовали совместный ланч для двух своих самых продаваемых авторов. Писатели проговорили допоздна, до самого закрытия ресторана — но вместо того, чтобы попросить пару удалиться, сотрудники заведения расселись вокруг и слушали их разговор. Рэнд импонировал тот факт, что круто сваренные герои Спилейна занимались искоренением зла в «черно-белом» мире. Они, в какой-то степени, были примитивным воплощением ее собственных героических персонажей, и даже сам Спиллейн казался ей копией обаятельного гангстера Гатса Ригана из пьесы «Ночью 16-го января». Рэнд подружилась с автором кровавых бульварных историй и хвалила его произведения в своей колонке Los Angeles Times и на других площадках. Спиллейн, который не мог похвастаться особым расположением среди литературных критиков, платил ей любовью и верностью. Однажды он сказал Рэнд, что если бы их жизни сложились по-другому, то он хотел бы, чтобы она была его спутницей жизни. Рэнд, запрокинув голову, рассмеялась — она любила пофлиртовать. После ее смерти Спиллейн, переживший Рэнд на двадцать три года, сказал: «Айн Рэнд и мне не было нужды "расправлять плечи". Мы были способны выдержать этот вес».

От общения с другими литераторами Рэнд, впрочем, старалась воздерживаться. Свою миссию в литературе она считала выполненной. Ее подруга Джоан Кеннеди Тейлор вела программу под названием «Мир книг» на нью-йоркской образовательной радиостанции. Когда летом 1958 страну потряс роман Владимира Набокова «Лолита», Тейлор попросила у Рэнд совета относительно интервью с русским писателем. К ее удивлению, Айн не стала комментировать литературный стиль Набокова, а вместо этого воскликнула: «О, Набоков! Если будешь брать интервью у него, то спроси, как поживает его сестра. Когда-то она была моей лучшей подругой». Однако она не стала предпринимать попыток увидеться с Набоковым, несмотря на то, что он был профессором русского языка в Корнелле и часто приезжал в Нью-Йорк, чтобы рекламировать «Лолиту». Также Рэнд не пыталась связаться с его сестрой Ольгой, которая проживала в Праге. Она была очень осторожной в том, что касалось любых контактов с бывшими соотечественниками. «Айн боялась попасть в какие-то секретные советские списки и быть обнаруженной», — говорила Джоан Кеннеди Тейлор. Даже в 70-е годы Рэнд остерегалась «всевидящего ока» Коммунистического Интернационала.

В начале 60-х в Нью-Йорке объявился Альберт Маннхаймер, приехавший по приглашению Рэнд, предложившей ему записаться на терапию к Натаниэлю Брандену. За предыдущие десять с лишним лет о нем мало что было слышно. Он написал один сценарий и стал соавтором пьесы, которая не была поставлена. В своих собственных глазах — и, без сомнения, с точки зрения Рэнд — он был неудачником. Она предположила, что сеансы психотерапии у Брандена смогут помочь ему решить эмоциональные проблемы, приводящие к неудачам в профессиональной жизни. После ряда встреч с Натаном, Маннхаймер вернулся в Лос-Анджелес, почти не повидавшись с самой Рэнд. Добиться успеха ему так и не удалось. В 1972 Альберт застрелился, оставив вдову и троих детей. Рэнд не проявила особой тоски в связи с его смертью. Маннхаймер очень давно отказался жить по ее принципам или разделять ее точку зрения. Как и в случае с Изабель Патерсон, он практически перестал существовать для нее.

На протяжении 60-х Рэнд стала очень популярным публичным мыслителем и оратором, чьи мнения по злободневным вопросам были дальновидными и смелыми. Расширяя рамки своей верности идее о правах личности, она отстаивала гражданские права меньшинств и равенство полов. Осуждая принцип первичного применения силы в любом контексте, она начала выступать против войны во Вьетнаме раньше, чем это сделал кто-либо из ее современников. Она прямо и решительно высказывалась против введенных правительствами ряда американских штатов запретов на аборты. «Аборт является моральным правом, которое следует оставить на усмотрение самой женщины, — утверждала она. — Эмбрион не обладает правами. Права могут принадлежать только уже существующему, а не потенциальному человеку». Когда Рэнд выступала против популярных общественно-политических течений, ее аргументы были оригинальными и зачастую по-своему прогрессивными. Ее всегда стоило послушать.

Рэнд не оставила своей манеры портить отношения с друзьями. В конце сентября 1963 она с размахом вернулась в Чикаго, город, в котором впервые узнала, что такое американская жизнь. Ее поклонник по имени Эд Нэш, который был чикагским представителем Института Брандена, арендовал зал в крупнейшем на тот момент выставочном центре мира, McCormick Place, для речи, озаглавленной «Преследуемое меньшинство Америки: большой бизнес». На этом мероприятии присутствовали многие члены их семейного клана: Фрэнк О'Коннор, Мими Саттон и ее сестра Марна, а также родственники Рэнд со стороны матери: Ферн Браун, ее родители Сэм и Минна Голдберги, троюродный брат Рэнд Берт Стоун, его жена, дочь и внучка. Вскоре после того, как Рэнд начала говорить, раздалась сирена, извещавшая о бомбардировке. К счастью, то была ложная тревога. Но во время вынужденного перерыва, в гримерке, она пережила момент сильнейшей паники. Барбара и Фрэнк были заняты в соседнем помещении, и Фрэнка тоже не было поблизости, так что Мими и Марна успокаивали ее, когда вошли чикагские родственники. В шуме и суете внучка Берта Стоуна заметила, что черное платье Рэнд надето наизнанку, и из-под верхней одежды торчит этикетка. Она стала думать, стоит ли ей сказать об этом Айн, но времени было в обрез. Рэнд поприветствовала Ферн, Голдбергов и Стоунов, по очереди протягивая им руку. «Это выглядело вежливо, но очень официально, без теплоты, — вспоминала Мими. — Она была как королева на троне». После триумфального выступления Рэнд, она, Фрэнк, его племянницы и Брандены отправились на небольшой прием, устроенный Эдом Нэшем и ИНБ. Несмотря на то, что ее чикагские родственники не одобряли ее философии, Минна Голдберг усмотрела пренебрежение в том, что их не пригласили на прием. Когда спустя два года умер Берт Стоун, а Рэнд не приехала на похороны, семейное общение прекратилось. Рэнд больше никогда не виделась с американскими родственниками своей матери.

Несколькими днями позже Рэнд, Фрэнк и Брандены отправились на ранчо Четсуорт, где никто из них не был с 1951. Об их визите не был объявлено заранее. Рут Хилл, возившаяся на втором этаже, услышала через открытое окно, как Фрэнк говорит с ее мужем Баззи. Она сбежала вниз по лестнице: «Это правда ты, Фрэнк? Счастливый день! Айн с тобой?». О'Коннор посмотрел болезненно и сказал: «Да. Сейчас она подойдет». Хилл бросилась вперед, чтобы обнять старую подругу, и воскликнула: «Айн, счастлива ли ты видеть меня хотя бы наполовину так же сильно, как я счастлива видеть тебя?». К ее удивлению, Рэнд ответила чопорно, с сильным русским акцентом: «Почему я должна быть счастлива?». Проблема, как оказалось, была в том, что Хилл, сама того не желая, нанесла Рэнд глубокую обиду. Несколькими месяцами ранее Бранден попросил ее стать представителем ИНБ в регионе долины Сан-Фернандо. Вместо того, чтобы немедленно согласиться, она попросила его дать ей послушать образец пленки. Она не слышала лекций Брандена и не считала, что имеет право предлагать своим знакомым платить деньги за то, что не может лично рекомендовать. Рэнд расценила это как предательство. «Ты отвергла Натаниэля! — кричала она на Хилл. — Ты отвергла записи! Таким образом, ты отвергла меня!» Она и ее спутники вошли в дом и остались там, покуда Фрэнк и Баззи разговаривали снаружи о полевых работах и цветах. К тому времени всем уже давно было ясно, что О'Конноры не вернутся жить обратно на ранчо. Хиллы продолжали каждый месяц посылать чеки с оплатой своего жилья в Нью-Йорк, но дружба была закончена. Хилл не сошла со своих позиций. «Я и теперь, — сказала она сорок лет спустя после того инцидента, — не буду продавать ничего, с чем лично не ознакомлюсь». Несмотря на разрыв, Рут Хилл всю оставшуюся жизнь скучала по своей подруге. Даже в глубокой старости она продолжала дарить на праздники людям, которых особенно любила, книги Айн Рэнд: «Гимн», «Источник» и «Атлант расправил плечи».

В 1964 увидела свет вторая публицистическая работа Рэнд, «Добродетель эгоизма», инициатором создания которой стал ее издатель Беннет Серф из Random House. Видя, что для его компании Рэнд стала настоящей «гусыней, несущей золотые яйца» (общий счет продаж ее собственных книг, а также написанной Branденами биографии «Кто такая Айн Рэнд?» шел на сотни тысяч без какой-либо тенденции к снижению), Серф предложил ей выпустить отдельной книгой ряд ее газетных публикаций и текстов публичных речей. Название было нарочито провокационным, но также отражало глубокое отвращение Рэнд к администрации Кеннеди. Сильнее всего ее возмутила знаменитая фраза из иннаугурационной речи Джона Кеннеди: «Не спрашивайте, что ваша страна может сделать для вас — спросите лучше себя, что вы можете сделать для своей страны». Рэнд смело ставила рядом выдержки из речей Кеннеди и Гитлера, чтобы продемонстрировать их сходство: оба они были в ее глазах коллективистами, требовавшими, чтобы люди жили ради государства. Такое сравнение показалось Серфу некорректным, и он попросил, чтобы Рэнд убрала эти фрагменты, а также сменила название. Рэнд гневно отвергла оба предложения и обвинила Random House в нарушении условий контракта. Она выбрала это издательство потому, что ей пообещали не подвергать цензуре ее творчество — таким образом, нынешнюю просьбу Серфа она расценивала как доказательство того, что их соглашение было фиктивным. Она порвала с Random House и опубликовала новую книгу в издательстве New American Library, подразделении Penguin.

Серф не сразу понял, что произошло. Мало того, что он остался без своего лучшего автора — их дружбе, как это было заведено у Рэнд, тоже настал конец. Серф написал ей первым и в нетерпении ждал ответа. Но даже убийство Кеннеди не заставило дрогнуть установившуюся между ними стену молчания. Издатель умолял: «Я склонен думать, что, пускай глубокие, но искренние расхождения по вопросам публикации ни в коей мере не должны настолько сильно влиять на наши личные отношения! Пожалуйста, напишите мне». Рэнд в конце концов сжалилась, отправив ему короткую записку с пожеланием всего наилучшего. Серф был подавлен и огорчен таким отношением Рэнд — но, невзирая на это, продолжал с интересом следить за ее карьерой.

Будучи опубликованной, книга «Добродетель эгоизма» сделала политические и философские идеи, о которых писала газета Рэнд, доступными гораздо более широкой аудитории. Особый интерес представляло эссе «Объективистская этика», являвшее собой конспект речи, впервые прочитанной ею в университете Висконсина. В нем Рэнд представляла тщательное определение таких понятий, как «восприятие», «концепция» и «абстракция», после чего выводила общую идиому: «Принцип торговли является единственным рациональным и этическим принципом для любых человеческих отношений: личных и общественных, частных и публичных, духовных и материальных. Это — принцип справедливости». В ее превознесении роли торговца звучали отголоски старой либертарианской идеи общественного договора, в котором люди были бы, наконец, освобождены из-под гнета феодальной иерархии. Как она уже делала это в сороковые, Рэнд вдыхала новую жизнь в унаследованную мудрость либертарианской теории, чтобы передать ее новым поколениям.

Как и большинство книг Рэнд, «Добродель эгоизма» расходилась быстро и прошла через четыре переиздания, общее число продаж которых составило свыше четырехсот тысяч экземпляров в течение первых четырех месяцев. По предложению Роберта Гессена книга была снабжена отрывным вкладышем, который читатели могли отправить в офис Айн Рэнд, чтобы получить дополнительную информацию о ее философии. Те, кого привлекали изложенные в книге идеи, обнаруживали вслед за этим целую объективистскую вселенную, наполненную основополагающими текстами, знаменитостями и возможностями для удаленного обучения. Даже те, кто не воспользовался вкладышем, знали теперь о существовании общественного движения, центром которого была Айн Рэнд.

Глава 33
Культ личности

По мере того, как объективистское движение росло и ширилось, Рэнд становилась все более озабочена вопросами своего публичного имиджа. После публикации «Атланта» она много полемизировала с либералами, стараясь появиться на как можно большем числе массовых мероприятий. Теперь же Рэнд отказывалась появляться на публике в компании других людей, говоря интервьюерам, что она не принимает участия в дебатах, поскольку «эпистемологическое разъединение, присущее нашему веку, делает полноценные дебаты невозможными». Уязвленная годами дурной репутации, к середине 60-х она выработала стандартный шаблон поведения при появлении на публике. Предполагалось, что ее участие в медийных мероприятиях должно выглядеть как «серьезное обсуждение идей», и что любое несогласие с тем, что она скажет «должно выражаться вежливо и безличностно». Рэнд настаивала на том, чтобы во время бесед не допускалось упоминание ее критиков, и чтобы она сохраняла за собой право вычитывать и редактировать представляющее ее вступительное слово. Она также перестала разрешать зрителям фотографировать ее, объясняя это тем, что считает себя нефотогеничной.

Рэнд опасалась, что внутри объективистского движения может наметиться раскол, поэтому стала особенно подозрительна по отношению к тем, кто говорил от ее имени. Даже студенческие клубы, которые, как грибы после дождя, возникли во множестве крупнейших колледжей и университетов страны, начали вызвать беспокойство Айн, поскольку они использовали ее имя без ее надзора. В 1965 Натан выпустил в «Новостях объективизма» выговор и предупреждение для студенческих организаций. Они и Рэнд были особенно обеспокоены названиями, которые выбирали эти клубы. Натан разъяснял, что если такие названия как «Студенческий клуб Айн Рэнд» были допустимы, то что-нибудь вроде «Общества Джона Голта» — нет. «Как вымышленный персонаж, Джон Голт является собственностью мисс Рэнд. Он не является общественным достоянием», — заявлял Бранден. Он также пояснил, каким должно быть самоопределение людей, восхищавшихся идеями Рэнд. Термин «объективизм» всегда тесно ассоциируется лишь с Рэнд и с ним самим, писал Бранден. Поэтому, «человек, который согласен с нашей философией, должен говорить о себе не как об объективисте, а как о последователе или приверженце объективизма». Более того, клубы, желавшие выпускать собственные печатные издания, должны были выражать свое согласие с объективизмом, но ясно давать понять, что они не являются официальными представителями этой философии. Натан заканчивал свое послание резкой критикой в адрес другой группы читателей Рэнд: «трусливых паразитов», которые пытались использовать объективизм для не-объективистских целей. В эту категорию попадал любой, кто выступал в защиту политического анархизма или пытался во-влечь студентов ИНБ в волонтерские программы социалистского толка.

Наибольшее беспокойство у Рэнд вызывала деятельность так называемых «новых левых». Это движение постепенно разгоралось в кампусах, начавшись с нескольких студентов, протестовавших против обязательной для зачисления антикоммунистической клятвы верности. Оно набирало обороты, объединившись с движением за гражданские права. Вскоре объектом деятельности стали сами студенты — их права в кампусах, их место внутри университетской структуры. Позднее центральными проблемами стали война во Вьетнаме и призыв в армию. Рэнд однозначно высказалась против «новых левых» в эссе под названием «Кто наживается на студенческом бунте», которое было посвящено беспорядкам, устроенным в университете Беркли сторонниками Движения за свободу слова. Что характерно, в качестве источника неприятностей она указала современную философию. Согласно ее утверждениям, «человеком, ответственным за нынешнее состояние мира», был... Иммануил Кант, которого она считала «духовным отцом» лидера восставших студентов Беркли Марио Савио. Ее постоянное обличение «злодейств

Канта» было одной из сумасбродных сторон объективизма — но также являлось и источником его притягательности, поскольку демонизация Канта говорила о серьезной интеллектуальности этого движения и его глубоком почтении к силе идей.

Антивоенные протесты стали для объективистов отличной возможностью начать практиковать то, к чему они призывали — и они охотно представляли себя как одинокий аванпост порядка и рациональности в море мистицизма и хаоса. При всем критическом отношении Рэнд к американской системе высшего образования, студенты-объективисты, все же, стремились отстоять академическую функцию университетов. Руководство по защите прав собственности утверждало, что он был создан для того, чтобы «работать в атмосфере ненасилия, которая необходима для прогресса в обучении», и предупреждал, что Колумбийский университет, являвшийся центром образования, находится под угрозой со стороны «толпы бородатых наркоманов-коммунистов». Протестующие из числа объективистов демонстрировали, что их намерения заключаются в первую очередь в том, чтобы учиться и получать знания, а не брать управление образовательными учреждениями под свой контроль. Объективисты выражали свое восхищение идеями, а не политическими программами (хотя в конечном итоге именно идеи и приводили к политическим переменам). Их версия восстания была принципиально схоластической: читать философию вместо того, чтобы захватывать здания.

Все же, студентам, причислявшим себя к объективистам, приходилось быть осторожными в том, как они использовали идеи Рэнд — иначе они рисковали навлечь на себя ее гнев. Однажды «Общество Айн Рэнд» из университета Вирджинии запланировало амбициозную трехдневную конференцию, с выступлениями ораторов, заседаниями дискуссионных групп, большим банкетом и несколькими коктейльными вечеринками. Желая заручиться благословением самой Рэнд и, возможно, получить от нее полезный совет, организаторы поделились с нею своими планами создать «интересный интеллектуальный опыт и яркое общественное событие». Вместо этого Рэнд обратила внимание на то, что на бланках, которые использовал клуб, была размещена цитата из клятвы Джона Голта. Ее адвокат направил в университет резкое письмо, предписывавшее удалить цитату, нарушавшую авторские права Айн Рэнд. Президент клуба, смущенный и опозоренный, лично отрезал нижние части у всех бланков, которые еще не были использованы.

Нападки Рэнд на университетские клубы были частью ее нарастающей нетерпимости по отношению к студентам ИНБ, которых она теперь регулярно разносила в пух и прах во время своих сессий вопросов и ответов. Изначально шанс лично услышать ответ от Рэнд был одним из главных факторов, привлекавших людей к Институту. В начале она была постоянной участницей занятий, проходивших в классах Нью-Йорка и время от времени читала лекции сама. Хоть Рэнд обычно и была щедра в своих ответах, общаясь с широкой аудиторией, студентам Брандена приходилось соответствовать более высоким стандартам. Любого, кто задавал ей неприемлемый или вызывающий вопрос, она могла выставить «человеком с низкой самооценкой» или заставить покинуть зал. В присутствии журналистов она назвала одного из спрашивающих «дешевым мошенником», а другому сказала: «Если вы не понимаете разницы между Соединенными Штатами и Россией, то вы заслуживаете того, чтобы ее узнать!» Это были драматические моменты, когда Рэнд выкрикивала гневные суждения, к вящему восторгу и аплодисментам публики. Однако столь пренебрежительное обращение с клиентами, заплатившими за посещения свои деньги, доставляло чрезвычайные неудобства Натану — и он начал отговаривать ее принимать участие в лекциях.

Всегда быстро приходившая в ярость, Рэнд теперь взрывалась регулярно. Она даже начала ругаться с Фрэнком. После того судьбоносного вечера, когда «Коллектив» экспериментировал с живописью, Фрэнк продолжил рисовать. Его работы были очень впечатляющими, а одна из его лучших картин, изображавшая небо, солнце и подвесной мост, в 1968 году украсила обложку переиздания «Источника». Но Айн запрещала Фрэнку продавать созданные им картины, заявляя, что она не перенесет расставания ни с одной из них. Когда она давала непрошенные советы по поводу его работы, он мог накричать на нее. Обществу людей ее круга Фрэнк предпочитал теперь компанию Лиги студентов-художников. Там он держался подчеркнуто скромно, никому не рассказывая о своей знаменитой жене. Но даже несмотря на это, он выделялся среди общей массы. Еще до того, как это стало мод-

ным, Фрэнк начал носить темно-синий плащ и наплечную сумку
на ремне. Товарищи по Лиге описывали его как человека, «всегда выглядевшего очень шикарно и элегантно, не прикладывая
к этому каких-то особых усилий». В 1967 они избрали его вице-
президентом Лиги. Это выражение признательности совпало
с концом его карьеры художника, оборванной телесным недугом.
Пораженные неврологическим расстройством, к концу 1967 его
руки тряслись настолько сильно, что он не мог больше рисовать.
Бывший некогда игривым и остроумным, Фрэнк стал теперь резким и раздражительным. Он удалился в святилище своей студии,
где пьянствовал дни напролет.

Помимо проблем с Фрэнком, Рэнд все больше беспокоило
ослабление ее связи с Натаном. За исключением нескольких не-
продолжительных эпизодов, имевших место быть вскоре после
публикации «Атланта», их отношения в течение многих лет носили исключительно платонический характер. Рэнд сама решила приостановить их роман, когда погрузилась в пучины своей
депрессии. Теперь же, когда ее душевные силы восстановились,
она захотела вдохнуть в эти отношения новую жизнь. Натан, однако, взирал на такую перспективу неохотно и без интереса. Он
придумывал одно оправдание за другим: нежелание предавать
Барбару, стресс, связанный с тем, что ему придется наставлять
рога Фрэнку, большая занятость в ИНБ. Наиболее очевидное
объяснение, впрочем, Натан от нее скрывал. Было же оно следующим: он влюбился в одну из своих студенток, двадцатитрехлет-
нюю модель по имени Патриция Галлисон.

Натан приметил Патрицию сразу, как только она появилась
в учебном классе. Ослепительно прекрасная, как могли бы быть
прекрасны Доминик Франкон или Дэгни Таггарт, Патриция, в то
же самое время, была гораздо более легкомысленной, чем любая
из героинь Рэнд. Беззаботная и веселая, она поддразнивала Натана по поводу его серьезного вида — хотя ее увлечение объективизмом было вполне искренним. Она завела роман с другим объективистом и пригласила О'Конноров и Бранденов на свою
свадьбу, где Натану пришлось здорово понервничать, глядя на
нее рядом с другим мужчиной. Скоро они с Патрицией начали
встречаться наедине, под предлогом ее интереса к объективиз-
му. Их разговоры в его офисе становились все более продолжительными. Вскоре отношения учителя и ученицы переросли

в бурную сексуальную связь. Для объективистского движения это было взрывоопасным.

Не знавшая о новом увлечении Натана, но стремившаяся поддерживать объективистскую рациональность, Барбара попросила мужа разрешить ей возобновить отношения с бывшим бойфрендом, который теперь работал в Институте. Сперва Натан запретил ей это, но после смягчился. Новая санкционированная мужем связь Барбары заставила Бранденов признать, что на протяжении ряда лет их брак был не более чем пустым звуком. Они с самого начала не подходили друг другу и имели мало общего, кроме преклонения перед Рэнд. В 1965 они решили разойтись. Всего несколькими месяцами позже развелась со своим мужем и Патриция.

Всего этого было более чем достаточно, чтобы сделать Рэнд сварливой и несносной. Она наставляла Барбару и Натана по поводу каждого шага в их отношениях и являлась покровительницей их брака. То, что теперь они расставались, означало, что она ошибалась! Что еще более существенно: брак Бранденов, каким бы шатким он ни был, означал, что Натан занят женщиной, которая нравилась Рэнд и находилась у нее в подчинении — с Барбарой их секрет был в безопасности. Теперь Натан мог снова стать свободным мужчиной. И в этом случае он потерял бы возможность использовать единственное правдоподобное оправдание, чтобы объяснять свое нежелание возобновлять отношения с Рэнд. Айн переживала, что ее самый глубокий страх стал реальностью: Натан больше не любит ее. Она все еще была его кумиром, но более не являлась его возлюбленной.

После расставания с Барбарой, Натан предпринял неуклюжую попытку сделать Патрицию частью своей общественной жизни, хотя их любовная связь оставалась секретом для остальных. Он рассказал девушке о своем прошлом с Рэнд, стребовав с нее клятву молчать. Натан догадывался, что если Рэнд узнает о его новой интрижке, то изгонит его навсегда. Но все же позволял себе питать робкую надежду, что если Айн сперва познакомится с Патрицией, то ей не будет так больно, когда их отношения выплывут на свет. Он начал упоминать имя своей любовницы в разговорах и регулярно приглашал ее на собрания «Коллектива».

Сперва Рэнд не заподозрила в Патриции свою соперницу. Та стала видной участницей «Младшего Коллектива», благодаря своему эффектному внешнему виду и пытливому интересу к философии Рэнд. На объективистском показе мод она потрясла аудиторию, представ в гламурном подвенечном платье. Следуя наставлениям Натана, Патриция стала пытаться завязать дружбу с Рэнд. Она была учтивой и обходительной, сообщая ей в письме: «Когда я прочитала ваши книги "Источник" и "Атлант расправил плечи", когда я впервые увидела вас, когда сейчас я думаю о вас и вижу вас — моя голова всегда почтительно склоняется». Когда Патриция решила стать актрисой, она взяла себе псевдоним «Патриция Уинанд», взяв фамилию из «Источника». Рэнд тепло относилась к Патриции и восхищалась ее красотой. Она просила девушку помочь ей с макияжем перед телешоу, а однажды даже попросила у актрисы одну из ее фотографий, которую хранила у себя в ящике стола. Но она не могла понять, почему Натан так часто упоминает Патрицию в их личных разговорах.

Покуда эти страсти потихоньку закипали под крышкой, объективистское движение продолжало стремительно расти. В 1966 Айн и Натан сменили формат своего издания на журнальный, а его название — на «Объективист». Количество подписчиков тем временем увеличилось до двухсот тысяч. Журнал отражал растущий интерес Рэнд к философии, что демонстрировал ряд статей под общим названием «Введение в объективистскую эпистемологию», которые были впоследствии выпущены в формате книги. Самые лояльные из ее учеников в течение долгого времени считали эту книгу лучшим из произведений Рэнд. Однако вскоре она стала намного более известна как политическая фигура, нежели как философ.

В 1966 году Рэнд добавила к линейке своих нехудожественных произведений книгу «Капитализм. Неизвестный идеал», являвшую собой сборник речей и ранее опубликованных статей. Помимо работ Рэнд и Натана Брандена, в книгу также были включены эссе Алана Гринспена и Роберта Гессена. Рэнд назвала этот сборник «нехудожественным дополнением к "Атланту", который являлся необходимой надстройкой к ее более ранней работе». Это произведение должно было дать читателям более детальное и ясное представление о ее философии. Первая часть, «Теория и история», затрагивала экономические вопросы — такие, как монополия, регулирование деятельности авиалиний и закон об авторском праве. В блок, озаглавленный «Текущее положение» вошли мысли Рэнд о современных политических проблемах. Теперь в ее активе было равное количество опубликованных художественных и нехудожественных работ, но внешний мир все еще не проявлял к ней должного уважения как к философу. Негативные рецензии на книгу в американской прессе игнорировали растущее влияние объективизма — но вместе с тем они обозначали границы привлекательности идей Рэнд. Она потерпела крах в своем стремлении потрясти основы мироздания — однако их хранители не замечали, что за воротами она вдохновляет к действию поднимающее голову поколение политизированной молодежи.

Вскоре ключевым моментом объективистского мировоззрения стал протест против военного призыва — даже несмотря на то, что Рэнд активно обличала активистов подобного протеста. Она не одобряла действия тех, кто публично высказывался против призыва, заявляя: «Человек не сможет остановить вихрь, если бросится в него». Ее позиция выглядела противоречивой: против мобилизации, против войны, и против протестующих тоже. Но у этого было достаточно простое объяснение. Воспитанная в высоких традициях европейского общества, Рэнд на физиологическом уровне не могла мириться с беспорядком в рядах протестующих богемных студентов. Их громкие лозунги, социалистская риторика и уличные акции давили ей на больную мозоль, напоминая о большевиках. Объективисты вместо всего этого призывали бороться против призыва легальными методами. Личный адвокат Рэнд, Генри Марк Хольцер, начал представлять интересы клиентов, которые подверглись мобилизации. Он и еще несколько объективистов начали ездить по городам с выступлениями, в процессе которых озвучивали объективистские аргументы против призыва, представляя его как нарушение прав человека.

Критический настрой Рэнд по отношению к мобилизации закрепил ее популярность в студенческой среде и еще больше отдалил от консерваторов. Вьетнамская война очень быстро сделала различия между либертарианцами и консерваторами предельно видимыми и ощутимыми. Консерваторы рассматривали эту войну как важную часть мировой борьбы против коммунизма и настаивали, что она должна вестись более энергично. Либертарианцы, напротив, сомневались в том, что эта война соответствует интересам США — и, как и Рэнд, они видели в призыве неприемлемое нарушение прав личности. В 1966 профессора Чикагского университета созвали конференцию, чтобы обсудить проблему воинской повинности. Многие либертарианцы, включая экономиста Милтона Фридмана, выдвинули обоснованные аргументы против призыва. Рэнд озвучивала схожие идеи своим последователям из студенческой среды. Один из ее юных последователей вспоминал: «Не нужно было цепляться за антикварный буржуазный балласт вроде уважения к старшим, поддержки заведомо проигрышной войны или воздержания от секса до брака. Вместо этого можно было встать на сторону свободы, весело и задорно воскликнув: "Убирайтесь к дьяволу с моего пути!", процитировав триумфальные слова Джона Голта». Участие в президентской кампании Голдуотера 1964 года дало Рэнд первый всплеск популярности среди консервативно настроенной молодежи. Теперь ее протест против мобилизации принес вторую волну энтузиазма по отношению к ее идеям.

Так что, покуда во внутреннем кругу Рэнд кипели шекспировские страсти, популярность объективизма в Нью-Йорке достигла уровня лихорадки. В 1967 году Институт Натаниэля Брандена с большой помпой подписал договор аренды сроком на пятьдесят лет нескольких офисов в Эмпайр-Стейт-Билдинг, на тот момент — самом высоком здании мира. Даже несмотря на то, что эти офисы располагались в подвальном помещении небоскреба, это, все же, был идеальный адрес для любой организации, претендовавшей на серьезный статус. В число арендованных помещений входил также конференц-зал, идеально подходивший для масштабных лекций, кинопоказов, перфомансов и танцев, которые также стали частью повседневной жизни Института. Нью-Йоркское подразделение организовывало объективистские бейсбольные турниры, выставки, концерты, ежегодный бал и даже объективистский европейский тур. Во многом эта общественная деятельность проистекала из запросов студенчества, но также она была связана с мнением Рэнд, что ее окружает «мертвая культура». Для объективистов было аксиомой, что им приходится жить в эпоху кризиса искусства, а интересы и ценности окружающего мира ни в чем не совпадают с их интересами и ценностями. Это наиболее ярко проявлялось в приверженности Рэнд романтическому искусству и ее нападках на современное искусство, литературу и кино. Поскольку мейнстрим не содержал в себе ничего, что могло бы представлять ценность для объективистов, было необходимо создать собственный альтернативный мир, в котором студенты ИНБ могли бы найти удовлетворение своих культурных потребностей. Новые направления деятельности Института были залогом прочности и силы вселенной, которую мастерила Рэнд. Немногие заметили, что Натан на два месяца уехал в Калифорнию, чтобы лично преподавать курс основных принципов объективизма в Сан-Франциско и Лос-Анджелесе.

Несмотря на все успехи нью-йоркского отделения Института, в некоторых кругах организация обретала сомнительную славу. Идея о том, что объективизм является странным псевдорелигиозным культом, широко поддерживалась рядом масс-медиа. Отчасти это было вызвано той очевидной страстью, которую идеи Рэнд вызывали у ее читателей. Религиозные метафоры часто использовались для описания ее самой: ее называли «пророчицей» или «мессией в юбке», а ее аудитория являлась «общиной» или «учениками». Многие из религиозных образов, впрочем, вытекали из свидетельств очевидцев, побывавших в учебных классах ИНБ. Газета Life цитировала воспоминания студента, который описывал занятия в классе ИНБ как нечто, очень похожее на церковную службу. «Там был задрапированный белоснежной тканью алтарь с магнитофоном на нем, — рассказывал этот студент. — Как новичка, меня три раза спросили, являюсь ли я "верующим"». Труды Рэнд в ИНБ играли роль священного писания. В своих лекциях и статьях Натан использовал ее персонажей, чтобы выдвигать свои аргументы, приводя реакции Джона Голта из определенных сцен романа «Атлант расправил плечи» в качестве примеров «психологической зрелости». Творческий мир Рэнд представлялся как альтернатива объективной реальности, а фрагменты из ее романов были взяты за доказательство различных тенденций и проблем, имевших место быть в современном мире. Сама Рэнд и лица, приближенные к ней, имели склонность цитировать фрагменты из «Атланта», когда прочие аргументы у них иссякали.

Объективизм претендовал на то, чтобы считаться интеллектуальной культурой, но по сути он являл собой вовсе не течение, посвященное свободному познанию, а скорее, сообщество, в котором для продвижения в местной иерархии требовалось изучать определенный катехизис. Листовки, приглашавшие на курс основных принципов объективизма, открыто предупреждали потенциальных студентов о присущей Институту Натаниэля Брандена предвзятости. Целью лекций не являлось переубеждение антагонистов, — было написано в листовке. Они были предназначены только для тех, кто прочел основные работы Рэнд и был согласен с основами представленной в этих книгах философии, а также хотел бы заняться углубленным ее изучением. Эта тенденция была особенно заметна в Нью-Йорке, где высказывания и поступки Рэнд оказывали незамедлительный эффект на атмосферу, царящую в Институте. Ее интерес к своим последователям казался прямо пропорциональным их согласию с ее идеями. Как вспоминал еще один студент ИНБ: «Когда она узнала, что я физик, то начала говорить о том, насколько сильно физика испорчена влиянием дурной философии. Она, вероятно, ожидала, что я сразу же с ней соглашусь. Но я не согласился — потому что вовсе не думал, будто физика испорчена. Можно было видеть, как интерес ко мне умирает в ее глазах». Рэнд то включала, то выключала свою харизму, очаровывая тех, кто оказывал ей достаточное уважение, и оставаясь холодной с теми, кто не делал этого.

Казалось, что существует два объективизма: один искренне приветствовал интеллектуальный обмен и развитие, а другой — был догматичным, ограниченным и, как утверждали наиболее суровые критики Рэнд, удушающим. И чем ближе к Нью-Йорку, отмечали объективисты, тем более репрессивной становилась атмосфера. При всем своем подчеркнутом внимании к рациональности и рассудительности, Рэнд и инструкторы ИНБ срывались на брань, когда сталкивались с попытками несогласия. Иногда две эти грани объективизма с впечатляющей скоростью менялись местами, оставляя последователей Рэнд в недоумении относительно того, на какой именно стороне они находятся. Один молодой человек, ставший впоследствии выдающимся ученым-философом, посетил лекцию Леонарда Пейкоффа летом 1965. Он и еще несколько старшекурсников

общались в тот раз только с Пейкоффом, и это оказалось «прекрасной, волнующей философской дискуссией, которая сулила
отличное продолжение». «Темой, которую я помню лучше всего, — вспоминал слушатель, — был феноменализм — философ-
ское учение о том, что мы познаем не сущность вещей, а только явления». По завершении лекции группе сказали, что на
следующем занятии они встретятся с Рэнд и Натаном Бранденом. Думая, что такая привилегия была предоставлена им за
проявленный энтузиазм и опыт, студенты были шокированы,
когда встреча состоялась, и Натан «пустился в длительные раз-
глагольствования о том, насколько странно для людей, которые заявляют, что они читали книги Рэнд, продолжать задаваться философскими вопросами такого рода, как те, о которых ему рассказал Пейкофф. Это продолжалось довольно
долго, и мы почувствовали себя серьезно обиженными». Это
был неожиданный поворот для студентов, которые так и не поняли, почему Натан рассматривает задаваемые ими вопросы
как что-то плохое.

Присутствия Рэнд, харизматичной личности, было достаточно, чтобы объективистское движение начало приобретать квази-
религиозные черты — но объективизмом было также легко злоу-
потреблять по причине его очень тоталитарной структуры. Глубоко внутри самой философии имелись элементы, поощрявшие
ее догматические и принудительные тенденции. Несмотря на то,
что Рэнд прославляла независимость, содержание ее идей под-
чинялось структуре, которая требовала последовательности и ис-
ключала любые данные, противоречащие базовой теории, будь
они получены из опыта или из эмоций. Рэнд отвергала любой
путь к знанию, если он не пролегал через рациональные, созна-
тельные размышления и не вел к тем заключениям, которые она
вывела силлогистическим способом. Таким образом, объективизм мог быстро превратиться в слепое повиновение Рэнд. Во
многом так оно и было. На балах, устраиваемых Институтом Натаниэля Брандена, десятки женщин появлялись в платьях «как
у Дэгни Таггарт». Когда Айн и Фрэнк приобретали новый предмет мебели, точно такую же вещь старались купить и многие приближенные к ним.

«Коллектив» часто испытывал на себе теневую сторону объективизма. За право провести субботний вечер дома у Рэнд време-

нами приходилось заплатить дорогую цену. В один из вечеров Роберт Гессен и его жена приехали из кинотеатра, где они смотрели фильм «Топаз», который им обоим понравился. Рэнд нахмурила брови, когда услышала, как они описывают сцену, в которой русский перебежчик сталкивается с роскошью и щедростью американских товаров. «Она в буквальном смысле пришла в ярость и начала кричать о том, какие мы глупые». Неужели они не поняли, вопрошала она, что это — пропаганда, направленная на то, чтобы показать всех перебежчиков как меркантильных оппортунистов, а не людей, ведомых стремлением к свободе?! То, что Гессены обратили внимание на эту сцену, но не поняли ее сути, означало, что они являются незрелыми, поверхностными и наивными. Вечер был испорчен, Гессены чувствовали себя «побитыми и униженными».

Члены ближнего круга Рэнд рассматривали ее припадки ярости, как опасность, с которой они готовы были примириться ради того, что она давала им взамен. Адвокат Рэнд, Генри Хольцер, рассказывал, какой была реакция Рэнд, когда ей не нравились фразы, нечаянно брошенные кем-либо из ее друзей: «Она буравила вас взглядом своих лазерных глаз и говорила, что у вас отвратительное понимание жизни, или что вы аморальны, или что вы не разбираетесь в причинно-следственных взаимосвязях, или что вы живете антижизнью». Впрочем, эти резкие словесные выпады не удерживали большинство приближенных Рэнд от дальнейшего общения с ней. Она давала им комплексную философию, которая, казалось, предлагала легкий путь сквозь жизненные неурядицы. Однажды вступив в этот круг, вырваться оттуда было очень нелегко. Мало кто покидал ее общество добровольно, как правило, для этого требовалось совершить серьезный проступок, после которого провинившегося человека прогоняла за порог она сама. Однажды настал черед Натаниэля Брандена.

Глава 34
Изгнание апостола

Несмотря на свой полубожественный статус, Рэнд страдала точно так же, как любой другой человек. В течение 1967 года ее отношения с Натаном свелись к исключительно терапевтическому характеру, поскольку он продолжал искать ее помощи в решении своих сексуальных проблем. Натан заявлял, что он все еще любит ее и хочет продолжить роман с ней — но просто не может. Уже четыре года поддерживая тайные отношения с Патрицией, он утверждал, что стал асексуалом, что его не привлекают даже прелестные восемнадцатилетние девушки, и он практически практикует целибат. Рэнд, со своей стороны, теперь не столь охотно пыталась убедить его возобновить связь. Его поведение было слишком запутанным, а его безразличие к ней — слишком болезненным. Она засыпала его вопросами. Может быть, им стоит начать называть вещи своими именами, и она просто стала слишком стара для него? Уверенный, что Рэнд отречется от него и разрушит ИНБ, если он резко отвергнет ее, Натан продолжал ходить вокруг да около. Пара перебирала любые способы, которые могли бы помочь ему. Может быть, новый роман поможет ему омолодить свою сексуальную сферу? Рэнд колебалась по этому поводу. В один из моментов она сказала, что могла бы позволить ему завести еще одну любовницу, но позже отмела этот вариант как неприемлемый. Натан колебался тоже. Однажды он рассказал Рэнд о своем идеале женщины, потом описал будущее, в котором он поддерживал духовные и сексуальные отношения с Рэнд, но при этом жил повседневной жизнью с женщиной своего возраста. В разговоре немедленно всплыло имя Патриции, но Натан отрицал, что имеет к ней романтические чувства.

Эти дискуссии были совершенно непонятны для Рэнд, но, тем не менее, она видела: что-то очень неправильно. Натана, некогда бывшего предельно рациональным и честным в своих разговорах с ней, будто бы подменили. Он ходил кругами, противоречил сам себе и был не в состоянии четко излагать свои мысли. Тревожнее всего было то, что когда Рэнд спрашивала Натана, как он к ней относится, тот отвечал: «Я не знаю». Точно так же он не мог объяснить своих чувств к Барбаре или Патриции. Человек, которого Рэнд славила как своего учителя психологии, выглядел совершенно оторванным от своего внутреннего состояния! После года этих мучений Рэнд потеряла надежду. «Он заставляет меня чувствовать себя мертвой», — написала она в своем дневнике. Потом, в июне 1968, Натан написал Рэнд письмо, в котором честно признался, что разница в возрасте между ними делает невозможной для него перспективу продолжения любовных отношений с ней.

Письмо Натана знаменовало собой его разрыв не только с Рэнд, но и с объективистской философией как таковой. Объективизм учил, что в основе секса лежит не физическое влечение — а глубокое признание общих ценностей и чувство, что партнер воплощает собой наивысшее человеческое достижение. Рэнд не только была эмоционально сломлена — теперь она начала беспокоиться, что Натан является неподобающим представителем работы всей ее жизни. Он попался в ловушку физической привлекательности, и это многое говорило о его эмоциональном и душевном смятении. И он ударил Рэнд по самому больному месту, сказав ей, что она больше не является привлекательной для него.

Но даже после письма Рэнд продолжала отчаянно цепляться за надежду сохранить отношения с Натаном. На фоне того, как быстро порывала она с другими людьми, которые прогневили ее, усилия по сохранению этой связи выглядели поистине экстраординарными. «Любить — значит делать исключение», — написала она в «Источнике», и теперь она делала очень большое исключение для человека, которому посвятила другую свою книгу, «Атлант расправил плечи». Они с Натаном продолжали оставаться партнерами по бизнесу, понимая, что уже никогда больше им не удастся воссоздать личную близость первых лет. ИНБ и всеамериканское объективистское движение продолжали свою деятельность без изменений. Натан стал работать над тем, чтобы победить свою неспособность жить в согласии с объективистскими принципами и согласился перестать видеться с Патрицией, являвшейся источником его эмоциональных трудностей. Рэнд все еще верила, что его отношения с этой женщиной носят платонический характер, но начала подозревать, что у Натана есть подавленные чувства к Патриции, которых он не осознает, но подспудно стыдится. Это было еще одним примером его неспособности пересмотреть свои убеждения или думать рационально.

В этом нестабильном состоянии они провели большую часть лета. Айн и Натан продолжали вместе редактировать статьи, но продолжительным сеансам терапии настал конец. Вместо этого Натан стал видеться с Алланом Блюменталем. Тот имел медицинское образование, но не имел познаний в психологии, за исключением того, чему обучил его сам Натан. Теперь он стал исповедником Брандена. Натан признался в своей любви к Патриции, но умолчал о том, что уже завел роман с ней. Это признание Блюменталь незамедлительно передал Рэнд, после чего ее холодность многократно возросла. Однако публично она ничего не сказала. Ей и Натану предстояло выработать новый, более отстраненный тип отношений в качестве коллег и деловых партнеров. «Коллектив» чувствовал эти трения, но никто не понимал всей полноты той драматичной ситуации, что разворачивалась в высших кругах их общества.

Конец недомолвкам и загадкам положила Барбара Бранден. Письмо, содержащее полуправду, не помогло смягчить напряжение, в котором жили она и Натан. Измученный и болезненный, Натан с каждым днем съеживался под грузом собственной лжи. Он рассказал Барбаре о Патриции, что сделало ее соучастницей как его любовной интриги, так и его попыток обмануть Рэнд. Поскольку как раз в это же время Рэнд начала проявлять особо теплые чувства по отношению к Барбаре, та стала страдать от глубокого чувства вины. Когда в августе Рэнд объявила, что собирается сделать Барбару своей законной наследницей вместо Натана, она не выдержала. Барбара поставила Натану ультиматум: настало время рассказать Айн всю правду, включая историю о его отношениях с Патрицией. Если он не расскажет ей сам, это сделает Барбара. С чувством обреченного облегчения Натан предоставил своей бывшей жене право его разоблачить.

То был самый худший и жестокий из многочисленных приступов ярости Рэнд. Когда Барбара рассказала ей всю историю отношений Натана с Патрицией, Айн побелела от злости. Она вызвала Натана, трусливо съежившегося в своей квартире несколькими этажами выше. Барбара, Фрэнк и Аллан Блюменталь ждали вместе с ней. Когда Натан пришел, Рэнд усадила его у себя в фойе и обрушила на него поток оскорблений. Он был самозванцем, фальшивкой. Она уничтожит его, разрушит его доброе имя и сотрет его из истории. В припадке ярости она залепила ему три увесистых пощечины. Натан сидел без движения, безропотно снося ее оскорбления и удары. Даже годы спустя он и Барбара дословно помнили, какими были ее последние слова: «Если в тебе осталась еще хоть толика морали, хоть толика психологического здоровья — ты будешь импотентом в течение следующих двадцати лет! А если у тебя появятся хоть проблески потенции, ты будешь знать, что это — знак еще большего морального разложения!». После этого она приказала ему убираться из ее квартиры. Это был последний раз, когда они виделись.

Гнев Рэнд не знал границ. Она никогда не забыла и никогда не простила. Это был не просто гнев отвергнутой женщины, но и гнев женщины, которую предали. Почти пять лет Натан лгал Рэнд, говоря о своих чувствах и о своих отношениях с Патрицией. Их часы напряженных разговоров и консультаций, столь мучительные и энергоемкие для Рэнд, оказались притворством, которое нужно было ему, чтобы замаскировать обман и предательство. В то же самое время, Институт Натаниэля Брандена разросся от небольшого курса лекций до влиятельной организации, охватывавшей всю страну. Вещая от имени Рэнд, Натан стал богатым и знаменитым. У него был контракт на книгу с ее издателем и терапевтическая практика, услугами которой пользовались многие из ее последователей. Он, как Рэнд теперь видела это, выдавал себя за Джона Голта или Говарда Рорка — но был на деле хуже, чем любой из злодеев, которые когда-либо появлялись на свет из-под ее пера. Человек, который занимался продвижением ее наследия и был публичным лицом объективистского движения, оказался не более чем презренным секонд-хендером, неспособным применять на практике принципы, которые он проповедовал! Своим предательством Натан Бранден нанес сильнейший удар глубоко в сердце Рэнд и ее философии и сделал посмешище из обоих.

В течение нескольких дней после признания Натана Рэнд развернула быструю кампанию по ликвидации его бизнеса и устранению любых взаимосвязей между ним и объективистским движением. Она послала к Брандену своего адвоката с требованием передать контроль над журналом The Objectivist ей, а дела Института — Барбаре. Но к концу недели она больше не разговаривала и с Барбарой тоже, поскольку та попыталась защитить Натана от ее натиска. Теперь Рэнд настаивала на том, что ИНБ должен быть полностью ликвидирован. В объективистских кругах стремительно распространялась атмосфера паники и кризиса. Натан, крайне смущенный и подавленный, появился перед своим персоналом и сообщил о своей отставке, добавив, что он совершил тяжкие нравственные прегрешения, и Рэнд, с полным на то правом, разорвала их отношения. Слухи разлетались быстро, и вскоре охочие до сплетен нью-йоркцы уже знали всю историю о романе Натана с Рэнд и его последствиях.

В офисах ИНБ это спровоцировало раскол на два лагеря. Некоторые объективисты нашли ситуацию абсурдной и отказались отрекаться от Натана, не получив более подробной информации о его проступках. Другие были готовы поверить Рэнд на слово. Леонард Пейкофф проявил себя в качестве наиболее убежденного ее защитника, риторически спрашивая, «неужели кто-то может верить в то, что автор великой книги «Атлант расправил плечи» способна сделать что-то, в корне неправильное?». Натан быстро очутился в атмосфере изоляции и одиночества, и среди видных объективистов только Барбара оказывала ему поддержку. На протяжении многих лет Натан высокомерно царствовал над Институтом, нацепив на себя ауру превосходства. Теперь же его избегали некоторые из его ближайших друзей и даже родственников. Он и Барбара начали рутинную работу по ликвидации Института Брандена, разделив между собой оставшиеся деньги.

Смертельный удар был нанесен в следующем номере «Объективиста», который был опубликован в октябре, но датирован маем. В письме, озаглавленном «Всем, кого это касается», Рэнд нападала на обоих Бранденов. Ее заявление было бессвязным и расплывчатым — оно обвиняло Натана в финансовых махинациях, злоупотреблении служебным положением (в чем конкретно оно заключалось, Рэнд не расшифровывала) и неспособности жить по объективистским принципам. Основная идея послания была, впрочем, ясной и четкой: «Я навсегда разрываю все личные, профессиональные и деловые связи с Натаниэлем и Барбарой Бранденами. Я отрекаюсь от них обоих, полностью и навсегда, как от людей, недостойных представлять меня или объективизм». Письмо подписали также Леонард Пейкофф, Алан Гринспен и Аллан Блюменталь.

Его имя было смешано с грязью там, где прежде он был обожаемым лидером — и Натан попытался отбиться в письме, озаглавленном «Отвечая Айн Рэнд», которое было разослано подписчикам «Объективиста» и снабжено постскриптумом от Барбары. Письмо Натана опровергало обвинения Рэнд пункт за пунктом, подробно описывало его преданность идеям объективизма, а также содержало цитаты из более ранних высказываний Рэнд, в которых она хвалила обоих Бранденов. В последнем абзаце, что самое главное, раскрывалась истинная причина их разрыва: «Я пытался дать ей понять, что для меня разница в возрасте в двадцать пять лет является непреодолимым барьером на пути к построению романтических отношений». Даже теперь, когда его карьера объективистского лидера была разрушена, а связи с Рэнд полностью разорваны, Натан продолжал скрываться за недомолвками, лишь намекая на то, что в ситуации имела определенную роль сексуальная ревность, но не признавая в полном объеме тех отношений, которые в реальности существовали между ним и Рэнд. Подтекст его письма, дополненного заявлением Барбары, сообщал адресатам, что на самом деле это Рэнд, а не Натаниэль, поступила неприемлемо.

Скандал серьезно отразился на ее репутации. В тот момент, когда это произошло, Джордж Уолш, бывший в ту пору профессором колледжа Хобарт, занимался созданием группы поддержки Айн Рэнд внутри Американской философской ассоциации. «Все люди, которых я собрал, чтобы собрать дискуссионную группу, не стали, в конечном итоге, участвовать в проекте, — вспоминал он позднее. — Они попросту испарились. Они не отвечали на мои дальнейшие письма и звонки, или говорили, что это для них слишком сложно, или что это оказалось не тем, чего они ожидали. В ход шли также разнообразные личные причины, но общим было одно — никто не хотел и на пушечный выстрел приближаться к теме Айн Рэнд и объективизма». Для критиков Рэнд драматический крах ИНБ стал подтверждением того, что они утверждали на протяжении многих дет: ее философия является фундаментально непрочной и нравственно испорченной. Ее давние противники, как в левом крыле, так и в правом, были в восторге. На страницах National Review Уильям Ф. Бакли радостно вопил: «Запомните — это были люди, которые учили остальной мир, как достичь нирваны. Они утверждали, что для этого достаточно быть такими, как они».

Главной целью, которую ставила перед собой Рэнд после этой катастрофы, было доделать остававшиеся до конца года выпуски «Объективиста», на что у нее было теперь около пяти месяцев. Ее главной заботой были Натан и его предательство. В долгих философских дискуссиях с остатками «Коллектива» — Блюменталями, Кальберманами и Леонардом Пейкоффом — Рэнд пыталась выявить корень испорченности Натана, найти то семя зла, что превратило его из верного друга в заклятого врага. Рэнд сделала все, что могла, чтобы стереть прошлое — удалила его имя из будущих изданий «Атланта», а также отреклась от него в послесловиях к своим публицистическим сборникам. Она саботировала его контракт на книгу с New American Library, отказавшись передавать авторские права на объективистские статьи, которые он намеревался использовать, и, после того, как Бранден не предоставил произведение к означенному сроку, убедила компанию разорвать договор. Целью ее письма в «Объективисте» было окончательно разрушить его репутацию и не позволить ему наживаться на ее имени.

Но было поздно. Натан был уже вне пределов ее досягаемости, перебравшись в Лос-Анджелес вместе с Патрицией, на которой он вскоре женился. Калифорнийских объективистов мало интересовал кризис, разразившийся в Нью-Йорке, и вскоре у Брандена уже была новая процветающая психотерапевтическая практика. Рэнд сама вознесла Натана до невиданных высот среди своих читателей — и низвергнуть его оттуда было теперь невозможно даже для нее. Все, кроме наиболее ортодоксальных объективистов, остались заинтересованными в его деятельности. В 1969 он нашел нового издателя для своей книги «Психология самоуважения», которая помогла ему построить новую карьеру — в качестве лидера движения самооценки. Ранние труды Натана оставались в большой степени зависимыми от философии Рэнд — несмотря на то, что на заднике обложки он был изображен возвышающимся над обезглавленной статуей крылатой богини. Впоследствии, хоть он и продолжал извлекать выгоду из своей прежней принадлежности к кругу Рэнд, Бранден отверг многие из ее идей. Его Биоцентрический Институт занимался исследованиями взаимосвязей между сознанием и телом, сексуальностью и интеллектом — чего ни он, ни Рэнд никогда не делали прежде. Барбара тоже находилась в Калифорнии, но оставалась в стороне от Натана и его дел. Ей не хотелось воссоздавать мир, из которого они только что сбежали.

Фрэнк, который был свидетелем катастрофического окончания ее внебрачной связи, вновь стал основным источником комфорта для Рэнд. Когда ее отношения с Натаном прервались, она стала другими глазами смотреть на своего мужа. В мае 1968 она написала к двадцать пятому, юбилейному изданию «Источника» специальное предисловие, в котором воздавала ему хвалу. «Фрэнк был моим топливом», — писала она, описывая его поддержку в чернейшие дни ее писательской карьеры. Ее новое открытие прекрасных сторон характера Фрэнка совпало с тем временем, когда его собственное чувство связи с реальностью начало угасать. Когда после разрыва жизнь постепенно вновь вошла в привычное русло, стало очевидно, что Фрэнк сильно постарел. К началу 70-х он был домоседом, не мог больше посещать галереи или принимать участие в творческих лабораториях. При всей своей твердой вере в свободную волю и силу рациональности, Рэнд испытывала трудности с тем, чтобы понять происходящее с Фрэнком. В отчаянии она пыталась помочь ему прорваться сквозь сумятицу, в которую превращалось его существование, путем продолжительных рациональных рассуждений. Когда он не мог больше общаться, она спросила у его врача, можно ли снова научить Фрэнка говорить, применив какие-либо психологические приемы. Его очевидная нужда в уходе пробудила в Рэнд материнский инстинкт, она стала суетиться и волноваться над каждым его движением. После почти пятидесяти лет совместной жизни Рэнд все еще любила своего мужа — или физическую оболочку, которая от него осталась.

Во внешнем мире, тем временем, авторитет и влияние Рэнд существенно снизились после раскола в объективистских кругах. В год, последовавший за ее разрывом с Бранденом, количество подписчиков «Объективиста» резко упало, снизившись с двадцати тысяч до четырнадцати. Многочисленные энтузиасты начали по-своему интерпретировать философию Рэнд, чтобы она соответствовала их интересам. Объективизм всегда был чем-то большим, чем только Институт Натаниэля Брандена, строгость нравов которого отпугивала многих, кто желал стать его студентом. Возникали новые течения и лидеры, которые постепенно составляли конкуренцию самой Рэнд — например, «Общество рационального индивидуализма», основанное Джарретом Волльштейном, который, по иронии судьбы ранее был отчислен из ИНБ из-за конфронтации с Рэнд. Погрязшая в своих личных драмах и скандалах, она не могла надлежащим образом контролировать этот процесс.

Глава 35
Скользя сквозь годы

Идеи Рэнд стали мощным источником тока, заставившего вращаться динамо-машину правого студенчества. На них указывал новый популярный символ — черный флаг анархии, дополненный золотым знаком доллара. Являя собой широкую отсылку к радикальному либертарианству, флаг имел несколько значений. Знак доллара, являвшийся тотемом Джона Голта и всего романа «Атлант расправил плечи», был явной аллюзией на творчество Рэнд. Однако помещение его на черный флаг говорило и о других влияниях, в первую очередь, об анархистском. Каково бы ни было истинное значение этого символа, черный флаг выглядел весьма угрожающе для традиционных консерваторов по мере того, как он выходил за пределы объективистской субкультуры и распространялся внутри более широкого консервативного движения. Корреспондент консервативного издания Chalcedon Report Гэри Норт был встревожен тем, что он обнаружил, приехав в Южную Калифорнию делать репортаж о конференции организации «Молодые американцы за свободу». Вместо прилежных консерваторов, утверждавших веру в бога и страну, конференция была наполнена эксцентричными молодыми людьми, размахивавшими черными флагами со знаком доллара. Либертарианские энтузиасты обсуждали предложения по созданию оффшорных налоговых зон и спорили о тонкостях объективистской доктрины. «Когда разговор зашел о том, был бы Реарден подлинным героем «Атланта», если бы эта история действительно разыгралась в мире, в котором мы живем, я ушел», — сообщал Норт. Он заключал: «Я думаю, правильным будет сказать, что «Молодые американцы» дрейфуют». Реакция Норта была показательна. Многие консерваторы просто не могли понять новой моды на либертарианство, по их мнению эта странная тенденция могла стать опасной, если ее не пресечь в зародыше.

«Молодые американцы» действительно дрейфовали, особенно в Калифорнии. К концу 60-х множество участников и руководителей этого движения были, скорее, либертарианцами, нежели консерваторами. В начале 1969 калифорнийцы и их союзники в других штатах организовали либертарианское закрытое собрание, чтобы усилить свое влияние внутри «МАзС». Либертарианцы, стоявшие на позициях агрессивного антигосударственничества, теперь стали ставить под сомнение свойственные «МАзС» рефлексивный патриотизм, культурный традиционализм и самоидентификацию в качестве консервативной группы. Выявился культурный разрыв между либертарианцами и антикоммунистическим большинством организации, которое первые высмеивали. Носившие длинные волосы, бороды и брюки-клеш, либертарианцы шокировали традиционалистов предложениями легализовать марихуану и порнографию. Называя Соединенные Штаты фашистским государством, они открыто обменивались различными способами уклонения от призыва. Руководство «МАзС» наблюдало за этими событиями с нарастающим недовольством. Либертарианский всплеск случился в трудное для организации время, поскольку она пыталась представить себя в глазах богатых спонсоров как группу, способную эффективно противостоять «Студентам за демократическое общество» и другим молодежным организациям. Теперь же некоторые из членов «МАзС» сами выглядели и разговаривали как те самые «новые левые», которых все боялись.

Как много эта новая волна либертарианства позаимствовала из идей Рэнд? В 1970 опрос, опубликованный в издаваемом «Молодыми американцами» журнале New Guard, показал, что 10 процентов участников организации являются самопровозглашенными «объективистами». Вполне вероятно, впрочем, что Рэнд оказала влияние на большее количество людей, нежели только те, кто открыто заявлял о себе как об официальных последователях ее философии. Сама она, однако, не испытывала особой признательности по отношению к своим новым поклонникам. Во время своих ежегодных публичных выступлений она называла либертарианцев «отбросами», «интеллектуальными инвалидами» и «плагиаторами». Поскольку Рэнд счи-

тала философию объективизма своей личной собственностью,
она рассматривала как воровство использование либертариан-
скими силами ее идей. То, в чем другие могли увидеть дань уважения или признание ее работы, Рэнд считала попытками на-
житься на ее имени или плагиатом. «Если эти хиппи надеются
сделать из меня своего Маркузе, у них ничего не вый-
дет», — мрачно писала она. Ее комментарий был недалек от истины, поскольку работы Рэнд были для членов либертарианского движения чем-то вроде базового курса подготовки. Их
могли подвергать сомнению, толковать по-своему, переосмыс-
ливать — но никогда не игнорировали. Нравилось ей это или
нет, либертарианцы всегда считали Рэнд жизненно важной частью их интеллектуального наследия.

Источник привлекательности Рэнд для нового либертарианского движения был многоаспектным. На самом базовом уровне
ее идеи и придуманные ею герои выполняли роль прекрасного
«краткого содержания» концепции, а также способа скрепить
связи между единомышленниками. Вне зависимости от их текущих политических пристрастий, чтение Рэнд было чем-то вроде
«обряда посвящения» для либертарианцев всех мастей, будь то
объективисты, анархисты, монархисты или кто-либо еще. Обмениваясь штуками о Джоне Голте, с теплотой вспоминая чье-то
первое столкновение с «Атлантом» и применяя в повседневных
разговорах позаимствованные у Рэнд специальные термины — такие, например, как «секонд-хендер» или «украденная концепция» — люди проникались чувством групповой сплоченности.
Это ощущение единства было особенно важным для движения,
которое провозглашало индивидуализм своей основной ценно-
стью и побаивалось конформизма. Как гласила шутка: «Если вы
закроете в одной комнате полдюжины либертарианцев, то в конечном итоге там будет четыре фракции, два заговора, три ин-
формационных бюллетеня, две группы отколовшихся и четыре
сложения полномочий». Рэнд помогла либертарианцам создать
сплоченную субкультуру, не жертвуя при этом автономностью
или независимостью каждого из ее членов.

Ее подчеркнутое внимание к капитализму также помогло либертарианцам остаться непохожими на «новых левых». Для
людей со стороны пересечение либертарианства с контркуль-
турой являлось наиболее заметной чертой движения, но вни-

мательные наблюдатели понимали, что сходства между либертарианцами и левыми имеют только внешний, косметический характер. Автор из мужского журнала Swank как-то раз забрел в кофейню в Гринвич-Виллидж, в которой официанты разносили петицию, призывающую выдвинуть кандидатуру Айн Рэнд в президенты. Среди посетителей он увидел не битников, а «баксников», представителей разочарованной молодежи, которые «ненавидели все, что было связано с нашим обществом... но верили в свободное предпринимательство на индивидуальном уровне и были готовы делать карьеру в бизнесе с рвением, которое сделало бы честь любому из героев Горацио Элджера[1]». Объективисты действительно были склонны с смелым экспериментам в своей одежде, но этот их маленький бунт всегда стоял на службе у капитализма. Некоторые из студенток ИНБ любили одеваться как Рэнд, нося броши в виде знака доллара и волнистые накидки, а также куря сигареты через длинные мундштуки. На одной из либертарианских конференций появился «рэндианский супергерой», одетый в черный стрейчевый костюм и золотую тунику, с непропорционально огромным золотым знаком доллара на груди, и с талией, перетянутой безвкусным золотым поясом. Среди последователей Рэнд были даже бородатые и расшитые бисером хиппи, любившие логику ничуть не меньше, чем ЛСД. Однако, какими бы длинными ни были их волосы и какими бы причудливыми ни были их наряды, очень немногие либертарианцы были заинтересованы в прочном союзе с «новыми левыми».

А вот патриотизм Рэнд и почитание ею отцов-основателей были достаточно спорным вопросом в движении, которое считало американскую конституцию инструментом угнетения (потому что она провозглашала свою юрисдикцию даже над теми, кто ее не подписывал). Написанный ею отчет о запуске косми-

---

[1] Горацио Элджер-младший — американский писатель, поэт, журналист и священник, считающийся одним из самых плодовитых американских литераторов XIX века. Полное собрание его сочинений составляет порядка ста томов. Тематикой большей части произведений Элджера является жизненный путь бездомных нищих детей, которые самостоятельно, преодолев многочисленные трудности и неудачи, добиваются в итоге богатства, успеха, счастливой жизни и даже славы благодаря тому, что остаются честными, неунывающими и трудолюбивыми.

ческого корабля Apollo 11 кристаллизовал эту разницу для многих. На страницах «Объективиста» она описывала, как ее, в числе других особо важных гостей, пригласили понаблюдать за запуском ракеты. Впечатления Рэнд об этом событии граничили с благоговейным трепетом. Apollo 11 стал в ее глазах «конкретизированной абстракцией человеческого величия», и когда она провожала взглядом взлетающую ракету, то испытывала «чувство, которое было не триумфом, а чем-то большим: чувство, что непрерывный поток движения этого белого предмета является единственным, что имеет значение во всей Вселенной». Это был блестящий пассаж, который стал одним из любимых у самой Рэнд.

Прочитав ее отчет, либертарианский политический активист и публицист Джером Тусилль отнесся к нему с недоверием. «Неужели Айн Рэнд скооперировалась с государственной системой, приняв новую роль «декоративного интеллектуала» Белого дома?». Для Туссиля НАСА были «шайкой бандитов, ворочающих миллиардами долларов, украденных у налогоплательщиков — «рациональных» бандитов, возможно, совершающих превосходные технологические свершения — но, тем не менее, бандитов». Пение дифирамбов НАСА делало антигосударственнический настрой Рэнд поверхностным в глазах либертарианцев, заставляло их думать, что она является приспособленкой. Тем более, что та статья была не единичным случаем. Запуск Apollo 11 произвел на Рэнд столь колоссальное впечатление, что она не раз возвращалась к этому событию в последующие годы.

Что либертарианские критики упустили из виду — так это то, что восторг Рэнд по отношению к космической программе был тесно связан с ее постоянным беспокойством о том, что Соединенные Штаты скатываются в регресс, постепенно превращаясь в Петроград образца 1920-х. Ее страхи были усилены возникновением природоохранного движения, которое она рассматривала как заразный атавизм, который мог низвергнуть человечество обратно в пучину примитивного первобытного существования. В бостонской лекции 1970 года она критиковала экологическое движение, провозгласив его «анти-индустриальной революцией». Она представляла мрачное будущее, в котором человеку из среднего класса приходится делать себе утренний кофе на газовой плите, поскольку электрические кофеварки и духовки запрещены, а после два с половиной часа ехать на работу в общественном транспорте, поскольку автомобили тоже запрещены. «Его жене приходится каждый день часами стирать пеленки вручную, также она стирает всю одежду семьи и моет посуду — собственными руками, поскольку больше не существует таких удобных предметов роскоши, как стиральные или посудомоечные машины». Как обычно, Рэнд отказывалась признать, что за деятельностью природоохранного движения могут стоять те цели, которые были им озвучены, и во все искала скрытый смысл. «Чистый воздух не является целью крестового похода экологов, — говорила она своим слушателям. — Его целью являются прогресс и технология, которые «любители природы» стремятся уничтожить».

Саму природу Рэнд рассматривала не как доброжелательную силу, а как стихию, которую должен держать в узде человеческий разум. Петроград под властью коммунистов оказался в стихийном состоянии, превратившись из цитадели европейской культуры в город, объятый голодом, где каждый день шла жестокая борьба за выживание. Борцы за окружающую среду, считала она, подвергают сомнению основные достижения индустриализации и коммерции, те самые открытия, которые поставили человека выше диких животных. Коллективисты, ранее боровшиеся с «неравенством и несправедливостью», теперь «осуждали капитализм за то, что он создал изобилие». В этом контексте запуск Apollo 11 являлся для Рэнд ярким знаком надежды, и описывая его с неподдельным восторгом, она прославляла не только мощь государства, но также чудеса технологии и человеческое достижение.

Рэнд не учла, что движение в защиту окружающей среды было просто еще одной интеллектуальной ареной, подпитывавшейся от частичного присвоения ее работ. Она неотрывно сфокусировала свое внимание на том, что историки называют «консервацией окружающей среды» — направлении, которое подчеркивало опасность технологий и резко выступало против прогресса. Однако существовала и другая грань природоохранного учения, которая, вслед за Рэнд, славила способность человека к творчеству и силу рынков. Прагматичная или контркультурная модель защиты природы в поисках выхода из экологического кризиса обращали внимание в большей степени на изобретения и инновации, нежели на всевозможные ограничения. Важную роль в этом движении играло имевшее хиппистский оттенок издание Whole Earth Catalog, основатель которого, Стюарт Бранд, считал Айн Рэнд выдающимся мыслителем.

В 1969 она провела курс по созданию нехудожественной литературы, целью которого была заявлена подготовка новых авторов для «Объективиста». Учебный класс собирался по субботам в ее квартире, где она давала фундаментальные советы по содержанию и композиции. Эти лекции впоследствии были выпущены отдельной книгой, но уже после смерти Рэнд. На основе ее архивных материалов были также созданы книги «Искусство беллетристики» (2000), «Айн Рэнд отвечает» (2005) и «Говоря объективно» (2009). Также в 1969 Рэнд опубликовала «Романтический манифест», коллекцию эссе, посвященных ее видению искусства. Она продолжала представлять свои популярные ежегодные лекции в бостонском Форд-Холле, но принимала мало других предложений по публичным выступлениям.

Глава 36
Роковой диагноз

В начале 70-х идеи Айн Рэнд тихо — и почти анонимно — проскальзывали в консервативном мейнстриме, включая The National Review и две республиканские администрации (например, Джеральд Форд сказал однажды на собрании представителей малого бизнеса, что Вашингтон является «инструментом филантропического коллективизма»). Но с гораздо большим шумом ее идеи были подхвачены группой молодых либертарианцев из правого крыла, которые испытывали отвращение к экономической политике Республиканской партии и создали собственное политическое движение, которое назвали Либертарианской партией. В своем «Заявлении о принципах» она отвергала «культ всемогущего государства» и призывала к восстановлению права каждого человека «осуществлять единственную власть над своей собственной жизнью». Когда, в 1972 году, эта партия выдвигала своего первого кандидата в президенты, выбор пал на бывшего друга Рэнд Джона Хосперса. Основатели и члены партии, многие из которых являлись самопровозглашенными объективистами, почитали Рэнд как свою путеводную звезду.

Рэнд, со своей стороны, отвергала либертарианское движение, поскольку считала, что его идеологи воруют ее мысли, не будучи при этом в силах освоить ее философию полностью. Присутствие среди руководителей движения Мюррея Ротбарда и Джона Хосперса также совсем ее не воодушевляло. По большому счету, после ухода Брандена она не была сильно заинтересована в признании со стороны молодых идеалистов. Ее мир был маленьким и очень личным.

Она убрала посвящение Натаниэлю Брандену из всех последующих изданий романа «Атлант расправил плечи» и составила новое завещание, по которому ее имущество после смерти долж-

но было быть разделено между несколькими людьми, в первую
очередь — Леонардом Пейкоффом и Алланом Блюменталем.
Следуя своей практике пересматривать прошлое и отношения
с бывшими друзьями и союзниками, она стала отрицать, что
Брандены играли в ее жизни важную роль, а также отказывать
в оригинальности работе Натана. Однако она не стала удалять
его эссе из последующих изданий книг «Добродетель эгоизма»
и «Капитализм. Незнакомый идеал». В течение долгих двух лет
она размышляла над характером и мотивацией Брандена. Всегда он был испорченным или стал таким постепенно? В какой
момент в его душе начало доминировать зло? Был ли он мошенником? Может быть, он обманывал не только ее, а всех? Любил
ли он ее когда-нибудь? Она продолжала говорить, что он при-
сваивал себе ее деньги, хотя и знала, что он не делал этого. Она
и люди, оставшиеся верными ей, настаивали, что Натан украл
и эксплуатировал ее идеи. Только Фрэнк и Блюментали знали
о сексуальной составляющей отношений Рэнд и Брандена, и с
ними она мучительно обсуждала различные объяснения его сексуальной психологии. С другой стороны, ей нужно было осмыслить его предательство, чтобы восстановить в своей жизни го-
сподство разума. Ей не хватало способности — или желания — быть честной с самой собой насчет его поведения или
тщательно изучить свое собственное, и она не могла найти адекватного объяснения. Постепенно она перестала говорить о нем
с кем-либо, кроме самых близких людей: Фрэнка, своей экономки, своей личной секретарши Барбары Уайс и, вероятно, Леонарда Пейкоффа. Семидесятые были очень насыщенным в политическом плане десятилетием — начавшись с введенного администрацией президента Никсона контроля за зарплатами
и ценами и закончившись с продлившимся четырнадцать месяцев кризисом с захватом заложников в Иране. Но Айн Рэнд
предпочла удалиться от общественного внимания.

Как младший сын, вышедший из тени своего старшего брата,
Леонард Пейкофф теперь взял на себя заботы о благополучии
Рэнд. Сейчас, на четвертом десятке, он все еще выглядел слишком молодо для своего возраста: имел высокий голос, носил оч-
ки с толстыми стеклами и имел склонность к повышенной воз-
будимости. Он глубоко уважал Рэнд и считал ее величайшим
умом во Вселенной. Она называла его ласкательным именем

в русском стиле — «Леонуш», но все же могла иногда впадать в ярость из-за его ошибок и промахов. Но ее оскорбления, казалось, только усиливали его любовь. Один из членов внутреннего круга Рэнд вспоминал: «Иногда она просто пол им вытирала. Глядя на то, как она с ним обращается, можно было подумать, что он угрожал ее убить. Я в конце концов спросил его: как ты это терпишь? А он ответил: я позволю ей наступить мне на лицо, если она захочет».

Если он слышал слухи о сексуальной связи между Рэнд и Бранденом — а он наверняка их слышал — то отвергал их, считая клеветой на Рэнд. Он воспринимал ее как свою духовную мать и не мог представить, что даже злодей Бранден может позволить себе нарушить всеобщее табу — не говоря уже о чем-то подобном с участием своего идола. Он сделал все, чтобы заменить хваленого Брандена в качестве ее толкователя, посредника, представителя и защитника. В январе 1969 он запустил свой собственный курс лекций, начав с «Введения в логику», за которым последовала состоявшая из двенадцати частей серия «Философия объективизма». Во время своей первой лекции курса логики он ответил на вопрос о готовящейся к выходу книге Брандена «Психология самоуважения», сурово предупредив слушателей, что никто из них не должен покупать или читать ее. «Вы либо имеете дело с ним, либо со мной и Айн Рэнд, — сказал он. — Третьего варианта нет. Если вы имеете дело с ним, то я не хочу видеть вас на этом курсе». Одна из студенток встала и навсегда покинула аудиторию. Деньги, заплаченные за курс были ей возвращены, но ее имя было вычеркнуто из списков подписчиков «Объективиста». Также этой девушке было запрещено появляться на любых дальнейших лекциях и мероприятиях. Поскольку часть студентов воспротивилась требованию однозначно занять какую-то конкретную сторону, в черные списки были добавлены еще сотни из них. Впрочем, некоторые из этих перебежчиков были настолько привязаны к Рэнд, что взяли псевдонимы, чтобы тайно появляться на лекциях и получать журнал. После одной из лекций Пейкоффа некто задал Рэнд прямой вопрос о том, состояла ли она в сексуальных отношениях с Бранденом — вероятно, этот человек пришел к такому выводу, прочитав его письмо «Отвечая Айн Рэнд». «Если вы можете задать такой вопрос, то вы едва ли сможете поверить моему ответу», — к восхищению своих сторонников ответила она. После чего бестактный гость, являвшийся, вероятно, представителем «пятой колонны», был удален из помещения.

Рэнд тесно привязала к себе Пейкоффа, отчасти — при помощи научной книги, над которой он работал с начала 1960-х. Названная «Зловещие параллели: конец свободы в Америке», она имела своей целью усилить утверждение Рэнд о том, что Соединенные Штаты движутся к фашизму — путем сравнения американской послевоенной идеологии с немецкими философскими идеями, которые, как утверждал Пейкофф, привели к подъему Третьего Рейха. Он был поглощен тщательным изучением зверств нацистов по отношению к интеллектуалам и евреям, отслеживая их до философских сентенций Канта и Гегеля. Книгу планировалось выпустить в 1969 году, по соглашению с издательской компанией Weybright and Talley, которую основал друг Рэнд из New American Library. Но Рэнд требовала добавить туда больше исторических экскурсов и параллелей — а потом еще и еще больше. На протяжении последующих тринадцати лет Пейкофф создавал одну версию книги за другой. «Она заставляла его переписывать эту книгу снова и снова», — вспоминал кто-то из сотрудников Рэнд. Филипп Смит, член вновь сформировавшегося внутреннего круга в конце 60-х и начале 70-х, рассказывал: «Мы постоянно слышали, что Леонард закончил писать новую главу и собирается проконсультироваться с Айн — а потом он возвращался, и говорил, что все должно быть полностью переписано». В конце концов она вознаградила его личным предисловием — как то, которого ждал от нее Бранден, но так никогда и не получил. Она провозгласила «Зловещие параллели» первой книгой, написанной объективистским философом, помимо ее собственных, а также философским тараном, направленным против коллективистских идей, которые все еще способствовали разрушению человеческих жизней во всем мире. Книга была опубликована лишь в 1982 году, спустя три месяца после смерти Рэнд.

Она также сделала его редактором «Объективиста» и издания, пришедшего ему на смену, The Ayn Rand Letter. Эссе, которые она писала почти для каждого выпуска, больше не были радикальными политическими заявлениями из 60-х годов, они являли собой иногда яркие, но чаще горькие комментарии по поводу различных текущих событий. Она публиковала меморандумы против борьбы с бедностью, против «бескорыстных» хиппи, антидискриминационных мер, государственного финансирования искусств, международной гуманитарной помощи — а также против Вьетнамской войны и поднявшейся в 70-е годы волне законов, направленных на борьбу с «непристойностью».

Один из самых интересных и неожиданных поворотов в поздней судьбе Айн Рэнд произошел в 1973 году, когда на связь с ней вышла из СССР ее младшая сестра Нора, контакты с которой были потеряны давным-давно. Все эти годы Айн считала, что сестра погибла во время войны, и была очень счастлива узнать, что это не так. В том же году Нора и ее супруг, инженер Федор Дробышев, приехали в США по приглашению Рэнд. Айн полностью оплатила их дорожные расходы и проживание — а также операцию для Федора, когда у него случился внезапный сердечный приступ. Однако общение с русскими родственниками не заладилось и настоящий контакт установить с ними не удалось. Элеонора слишком сильно изменилась за прошедшие годы — и ей совершенно не понравился уклад жизни в Америке. Когда сестра и свояк уехали на родину, в душе Рэнд осталось только горькое разочарование. Она даже дала своему адвокату отдельное указание относительно того, чтобы сестра ни в коем случае не могла претендовать на ее наследство.

Еще одним знаковым моментом стало в мае 1974 ее обращение к элите Американской военной академии в Вест-Пойнте. Она приехала туда по приглашению полковника Германа Айви, который отслужил два срока в качестве пилота во Вьетнаме и был большим поклонником романа «Атлант расправил плечи». Участие США во Вьетнамской войне было официально закончено. Но только лишь год прошел с момента одиннадцатичасовой переброски американского военного персонала из Сайгона, и едкая критика военного министерства, которое всегда стояло на позициях войны, пропитала атмосферу Вест-Пойнта. Рэнд дала понять полковнику Айви, что она восхищается добровольной службой кадетов и офицеров, как примером стойкости, компетентности, скромности и чести, которые характеризуют американскую военную традицию — и это укрепило его намерение представить ее своим студентам.

Триумфальное выступление в военной академии было омрачено серьезными проблемами со здоровьем. Уже на протяжении нескольких месяцев Рэнд страдала от одышки и утомления, но теперь, в Вест-Пойнте, она поняла, что не может пройти и нескольких ярдов, чтобы не остановиться для отдыха. Вернувшись на Манхэттен, она нанесла визит Мюррею Дворецки, практикующему врачу, у которого наблюдалась с начала 60-х. Как обычно, доктор начал читать ей нотации по поводу курения. Его упрямая пациентка, вдыхая сигаретный дым сквозь длинный мундштук, сидя у него в офисе, как всегда ответила: «Назовите мне убедительную причину, почему я должна бросить курить». Сразу после этого в кабинет вошел ассистент врача и протянул ему пачку рентгеновских снимков. Дворецки как следует рассмотрел рентгенограмму груди Рэнд и, пораженный, сказал: «Вот подходящая причина». Одно из ее легких было поражено опухолью. Это был рак. Рэнд потушила свою сигарету. Доктор начал искать в своем каталоге телефоны хирургов.

Горькую весть она приняла спокойно — более спокойно, чем принимала любые изменения к худшему в картине здоровья Фрэнка. Она легла в больницу, и там ей удалили больное легкое. В соответствии с практикой того времени, после операции Рэнд оставалась в больнице еще около месяца. Несмотря на то, что ей давали много обезболивающих препаратов, она была беспокойной пациенткой. Однажды она показала на окно своей палаты, расположенной на девятом этаже больницы, и сказала пришедшей навестить ее Джоан Блюменталь: «Не забавно ли? Как это дерево может быть в девять этажей высотой?». Бросив взгляд в окно, Блюменталь увидела, что Рэнд видит там не дерево, а отражение своей стойки с капельницей, и указала ей это. Но та впала в ярость, поскольку не могла позволить себе усомниться в том, что, как ей казалось, она видела. Джоан, которая приходила к ней каждый день, рассказала об этом инциденте своему мужу, Аллану Блюменталю, а тот — передал Пейкоффу, который находился в квартире Рэнд, приглядывая за Фрэнком. Пейкофф добросовестно рассказал Айн о том, что друзей беспокоит ее поведение, после чего ее гнев продолжался еще несколько месяцев. Вернувшись домой, она позвонила Джоан и отругала ее за то, что та посмела сомневаться в ее рациональности.

Тем временем, мыслительница, утверждавшая, что героическое чувство жизни дает возможность не обращать внимания на душевные страдания, оказалась неспособна терпеть физическую боль. Обнаружив, что ей трудно двигаться, она не стала сидеть или ходить. Наблюдавшие за ней медицинские работники — как и мать когда-то — увещевали ее побольше двигаться, хотя бы шевелить пальцами ног во избежание образования тромбов — но она не шла им навстречу. Рэнд могла изменить положение тела без протеста только когда спорила с кем-нибудь — тогда она размахивала руками.

Во время восстановительного периода после операции она часто впадала в детство. Пейкофф вспоминал, как привел ее домой после больницы, и этот момент он описывал как самый веселый за всю историю его отношений с ней. «Ей было трудно ходить, — рассказывал он, — и она кое-как проковыляла в квартиру». По просьбе Рэнд он включил ее любимую старинную музыку. Приободренная веселым духом своей юности, она взяла свою маленькую трость и принялась маршировать по комнате, покачивая головой, улыбаясь нам и дирижируя музыкой. Это были очень счастливые минуты». Но все же она отказывалась совершать прогулки в окрестностях дома или делать упражнения — вплоть до тех пор, покуда врачи не предписали прогулки также и Фрэнку. Тогда они стали выходить вместе. По большей части она предпочитала оставаться в постели, смотреть телевизор и читать мистические романы. С помощью секретарши она постепенно отвечала на накопившиеся письма от поклонников и иногда раскладывала пасьянс.

Она бросила курить, но отвергла предложение Блюменталей заявить об этом решении публично — хотя, как они заметили, она прямым или косвенным образом вдохновила многих своих поклонников начать курить. Она также продолжала отрицать, что существует какое-либо окончательное, не основанное только на статистике доказательство того, что курение вызывает рак. Блюментали понимали, что единственное, на что неспособна Рэнд — это признавать свои заблуждения и ошибки. И они знали, что ей трудно полностью смириться с множеством ударов, которые обрушивала на нее судьба. Поэтому они терпеливо сносили причуды пожилой женщины.

Глава 37
Приближение развязки

Рэнд полностью не восстановилась после операции на легком — но к осени 1974 она уже чувствовала себя достаточно прилично, чтобы совершить поездку в Вашингтон, где состоялось еще одно знаковое событие, а именно — вступление в должность самого знаменитого из ее протеже, Алана Гринспена, в качестве руководителя Председателя совета управляющих Федеральной резервной системы США в составе администрации президента Джеральда Форда. На фотографиях, сделанных в Овальном кабинете, Рэнд выглядела гордой, но хрупкой. Три недели спустя журнал Time написал о том, что во время одной из первых официальных встреч Гринспена, где обсуждался неуклонно повышающийся уровень инфляции, президент Американской экономической ассоциации Джон Кеннет Гэлбрейт пошутил, что «единственными известными средствами от инфляции являются большевики и убежденные последователи Айн Рэнд, если, конечно, здесь есть хоть один такой», на что Гринспен немедленно отозвался: «Как минимум, один есть». Рэнд была очень польщена публичным признанием ее «Гробовщика». Она не пыталась заставить его лоббировать ее идеи на государственном уровне. «Я — философ, а не экономист, — сказала она в интервью Time. — Алан не ищет моих советов в этих делах». Они поссорились лишь однажды, после того, как Гринспен возглавил комитет, целью которого была поддержка социального обеспечения (пособие, которое Рэнд заклеймила как социалистическую меру, но, в отличие от Изабель Патерсон, приняла, поскольку внесла средства в фонд). Но, несмотря на эту ссору, остались добрыми друзьями. Алан Гринспен, лишь недавно оставивший государственную службу и, как когда-то, работающий частным консультантом, очень благодарен Айн Рэнд за то влияние, которое она оказала на его жизнь.

Весной 1979 издательство New Americam Library опубликовало ее «Введение в объективистскую эпистемологию», теоретическое исследование природы человеческого разума, которое ранее было опубликовано в нескольких разных выпусках «Объективиста». В рамках кампании по продвижению этой книги она посетила телешоу Фила Донахью.

Несмотря на то, что люди из профессиональных кругов и случайные знакомые отзывались о Рэнд как о скромной и очаровательной даме, которую годы почти не изменили, те, кто находился к ней ближе всех, наблюдали в ее поведении нарастающую патологию. От Блюменталей и Леонарда Пейкоффа она требовала поистине лакейской преданности. «Она безостановочно совершала психологические ошибки», — вспоминал Аллан. Она, казалось, была неестественно озабочена искоренением всего, что не соответствовало ее убеждениям и эстетическим вкусам. На протяжении 70-х она часто насмехалась над Алланом из-за того, что он любил играть произведения Бетховена и других композиторов его эпохи, и высмеивала Джоан за ее восторги картинами Рембрандта, чьи «визуальные искажения» Рэнд не любила настолько, что даже поместила один из офортов Рембрандта над столом отвратительного Эллсворта Тухи в романе «Источник». После вечерних препирательств по поводу аморальности исповедуемого Блюменталями отношения к жизни, она могла позвонить на следующий день, чтобы проверить, не пересмотрели ли они свои взгляды. Если нет — она возобновляла спор на следующий вечер, и на следующий за ним тоже. Она подвергала сомнению их вкусы в выборе развлечений, путешествий, друзей — а когда они утаивали от нее какую-то информацию, обвиняла их в скрытности. «Она считала нас и Леонарда своими лучшими друзьями, но часто казалось, что она специально пытается оскорбить нас и оттолкнуть, — вспоминала об этом поведении Джоан Блюменталь. — Казалось она была готова порвать с нами навсегда». В 1978 году этим друзьям с двадцатипятилетним стажем было сказано по телефону, что они не смогут больше видеться с Рэнд. Она говорила, что «осуждает» их, но была убеждена, что еще один публичный разрыв еще сильнее подорвет ее репутацию. Блюментали тихо перешли в разряд врагов, а имя Аллана было удалено из завещания Рэнд.

Элейн и Гарри Кальберманы тоже в конце концов исчезли из ее жизни. Хоть в 1968 Бранден рассказал своей сестре всю историю своего романа с Айн, Элейн и ее муж остались в лагере Рэнд еще на десять лет. Однако к концу 70-х, когда здоровье Фрэнка резко ухудшилось, Рэнд стала тиранить его, надеясь, что он соберется и придет в форму. Такое поведение шокировало Кальберманов, также они не могли выносить постоянного потока оскорблений в адрес Блюменталей, которые, как напоминали Гарри и Элейн, ухаживали за ней и О'Коннором во время болезни, несмотря на ее враждебный настрой. В конечном итоге Кальберманы возобновили отношения с Бранденом.

Рэнд также окончательно порвала отношения с Робертом Гессеном, ее неутомимым защитником и помощником. В свободное время Гессен, научный сотрудник Института Гувера при Стэнфордском университете, занимался службой доставки книг, базировавшейся на модели ликвидированного ИНБ, продавая книги, которые расхваливали объективизм. В 1981 он решил включить в свои списки книгу «Наблюдатель», дебютный роман «враждебного» театрального продюсера Кая Нолта Смита («виновного» всего лишь в сокращении диалогов в ее пьесе) и отказался убрать ее оттуда даже после того, как Рэнд пригрозила ему отозвать из его службы ее собственные книги. Она восприняла его мятеж как «сговор с врагом» и никогда больше с ним не разговаривала. По совету своей секретарши Барбары Уайс, которая напомнила ей о доходах, получаемых с продаж через сервис Гессена, Рэнд отменила свою угрозу и вновь воздержалась от публичного скандала.

Барбара Уайс уволилась. В течение пятнадцати лет она наблюдала за тем как десятки несчастных последователей подвергаются допросам и унижениям. Поначалу она объясняла гнев своей работодательницы ее чрезмерно горячим темпераментом. Потом она поняла, что это не так. «Я видела, как подавлена она была, и я знала, что ее гнев проистекает из страха, — говорила Уайс. — Я решила, что она, вероятно, самый боязливый человек, которого я когда-либо встречала». После изгнания Блюменталей Уайс решила, что Рэнд, в конце концов, не может не понимать того хаоса и боли, которые она вносит в жизни людей, заботящихся о ней — включая Фрэнка. «Она попросту украла у него все, — вспоминала секретарша. — Я стала смотреть на нее как на убийцу людей».

Таким образом, Пейкофф стал единственным наследником ее авторских прав, рукописей и сбережений — и, за исключением экономки Элоизы Хаггинс, зачастую ее единственным компаньоном. Он проявлял о ней невероятную заботу, словно бы превратившись во внимательного сына, готового в любой момент сорваться с места и исполнить любой каприз. Ее враги, конечно же, были его врагами тоже. В гости к Рэнд иногда захаживали вместе с Леонардом и его друзья, включая первых двух жен — Сьюзан Льюдел и Синтию Пастор, обе из которых некоторое время работали секретаршами Рэнд. Спустя двадцать лет после ее смерти, находясь уже в третьем браке, он продолжал осуществлять ее вендетты, возводя язвительную хулу на еретиков, инициируя юридическое преследование провинившихся и требуя клятвы верности со второго поколения учеников Рэнд. Покуда она была жива, он был единственным послушником, который оставался с ней до конца, и — знала она это или нет — он еще сильнее иссушил свою душу. «Леонард был разрушен, — сказал человек из их окружения. — Под конец он был настоящим роботом».

Помимо болезней и выяснения последних остававшихся у нее отношений, Рэнд в последние годы была озабочена двумя основными проблемами. Одной из них было желание преподнести историю, рассказанную в романе «Атлант расправил плечи», еще более широкой аудитории, создав художественный фильм или телесериал. Поскольку она считала, что создатели фильма «Источник» предали ее, то была настроена получить контроль над абсолютно всеми аспектами производства картины, включая выбор актеров. В течение многих лет не находилось продюсеров, которые были бы готовы выполнить ее требования. Потом, в мае 1972 ее агенту удалось выйти на Альберта Рудди, независимого продюсера со студии Paramount, который недавно выпустил «Крестного отца» и был согласен на ее условия. Он провели пресс-конференцию в клубе 21. Но после того, как Рэнд потребовала право вето по поводу монтажа фильма, сделка развалилась.

Другой заботой Рэнд — намного более серьезной и болезненной — был ее муж Фрэнк. Потеряв Натаниэля, она вновь обратилась к нему — вежливому, терпеливому, часто остроумному мужчине, который, хоть он никогда не удовлетворял ее мечтам об агрессивном и инициативном сексуальном доминаторе, все же никогда не был ей неверен. Но было поздно. Уже тогда он начал сдавать. Однажды вечером в начале 70-х он потерял сознание и был доставлен в больницу. Врачи посчитали, что он перенес небольшой сердечный приступ — если так, сказали они, то причиной, вероятно, является атеросклероз. Те, кто видел его потом, предполагали, что он был нетрезв или недавно перенес инсульт, поскольку ему было трудно говорить и, казалось, страдал афазией[1]. Он становился все более хрупким, отсутствующим, трудным в общении. Рэнд была в ужасе, понимая, что теряет его и остаток его жизни она тревожно и даже слишком навязчиво — следила за тем, чтобы он упражнял свое тело и вовремя ел.

Но она не желала признать, что его душа разрушается, точно так же, как она никогда по-настоящему не признала того, что у него могла быть своя, отдельная от нее духовная жизнь. Когда разговаривать еще было ему по силам, он иногда рассказывал экономке Элоизе или одной из секретарш Рэнд, как он скучает по открытым пространствам и зелени долины Сан-Фернандо. «Но он ненавидел Калифорнию, — говорила знакомым Рэнд. — Он любит Нью-Йорк». Она постоянно поддразнивала его, заставляя наблюдавших за этим людей чувствовать дискомфорт. «Не пытайся его развеселить, — говорила она Барбаре Уайс. — Попытайся заставить его вспомнить». Она настаивала, что его умственные провалы имеют «психо-эпистемологический характер» и давала ему продолжительные уроки по поводу того, как нужно думать и запоминать. Месяцами, годами Рэнд продолжала терзать его, пытаясь вернуть к жизни. «Он никогда не видел доброты от нее», — вспоминала Уайс.

В конце 70-х состояние Фрэнка ухудшилось. Он перестал выходить из дома и не всегда узнавал знакомые лица. В попытках вытащить его сознание из пелены Рэнд давала ему поручения по дому — например, покормить кошек — и очень беспокоилась, когда он забывал их выполнить. Он отказывался есть, и она пыталась заставить его, невзирая на то, что он выглядел «испуганным, очень испуганным», — вспоминала первая жена Пейкоффа, Сьюзан Льюдел. «Не ешь здешнюю еду, — шептал он Барбаре

---

[1] Системное нарушение уже сформировавшейся речи.

Уайс. — Она пытается отравить меня. Она может попытаться отравить и тебя тоже». Иногда Рэнд была жестока. Когда у него началось недержание, она могла начать говорить о его подгузниках в присутствии друга. Тому же другу она однажды пожаловалась, что Фрэнк пытался ударить ее («Я пожалел, что он промахнулся», — сказал позднее этот человек). Но, несмотря на свое крайне тяжелое состояние, Фрэнк О'Коннор все еще вставал, когда в комнату входила женщина. Страдая от одиночества, депрессии и страха, что скоро закончатся ее дни с мужчиной, которого она сильнее всего любила и страшнее всего предала, Айн спала рядом с ним на резиновых полотенцах. В конце концов друзья убедили ее купить больничную кровать. В его последние дни и ночи она сидела рядом, держа его за руку и плача.

Фрэнк О'Коннор скончался 7 ноября 1979 года. Рэнд попросила Еву Прайор, молодую сотрудницу из офиса своего адвоката, помочь организовать погребальную церемонию в Нью-Йорке и выбрать могилу в пригороде. На церемонии, которая проходила в церкви Фрэнка Кэмпбелла на Манхэттене, Рэнд сидела очень тихо, покуда десятки старых знакомых и бывших учеников вспоминали былое и выражали соболезнования. Позднее она вместе с Леонардом и группой его друзей поехала на кладбище всех конфессий Кенсико в Валхалле[2]. Ученик Пейкоффа Дэвид Келли прочел над могилой поэму «Земли последняя картина» Редьярда Киплинга — автора из наполненного героическими сказками и легендами детства Фрэнка и Айн. Потом она смотрела, как тело ее мужа опускают в землю — рядом с еще одной могилой, которую она заказала для себя самой. Она слышала, что долго прожившие вместе супруги часто умирают в течение нескольких месяцев друг за другом. «Я не хочу страдать долго», — сказала она одному из друзей Леонарда. Ее товарищ по эмиграции и любимый композитор, Сергей Рахманинов, покоился в одной из могил по соседству.

---

[2] Хутор в штате Нью-Йорк, получивший свое оригинальное название по той причине, что там расположены захоронения множества известных людей.

Глава 38
Последние годы

Несмотря на то, что последние три года жизни Айн Рэнд были наполнены уединенной грустью и проблемами со здоровьем, нельзя сказать, чтобы она была вовсе уж одинока и несчастна. Возможно, лучшими моментами были те, когда она могла вспоминать о Фрэнке в разговорах с Пейкоффом или с Хаггинс, которая была ее ближайшим компаньоном после смерти мужа. Она часто говорила по телефону с племянницей Фрэнка, Мими Саттон, и просила ее собирать и рассказывать истории о его детстве и юношестве. «Мими, поговори со мной о Фрэнке, — говорила она. — Расскажи мне все, что ты можешь вспомнить». «Я боялась, что она может покончить с собой, — говорит Мими. — Всякий раз, когда я звонила, она была одна».

Поначалу ее дни были пусты, в них не было ничего, кроме недоумения и чувства утраты. Но постепенно она восстанавливалась. Она начала принимать антидепрессанты. Леонард познакомил ее со своей студенткой Синтией Пастор. Вместе две женщины перебирали кипы писем, счетов и приглашений, которые ранее оставались без внимания. Рэнд вновь начала принимать посетителей. С подачи Элоиз она начала совершать небольшие прогулки, иногда выходя на улицу в домашней одежде и тапочках. Соседи не всегда сразу могли узнать ее, встречая пожилую женщину в потертом платье и платке. «Она выглядела как бедная русская старушка», — вспоминали они потом. Рэнд увлеклась просмотром телесериалов и начала набрасывать собственный сценарий для телеверсии романа «Атлант расправил плечи».

Бывшая студентка Института Брандена Кэтрин Эйкхофф, работавшая ранее вице-президентом консалтинговой фирмы Гринспена, регулярно приходила к Рэнд, чтобы помочь разобраться с финансовыми вопросами. Эйкхофф встревожилась, когда Рэнд признDependencyProperty. призналась, что все ее деньги лежат на сберегательном счету в банке через дорогу. Как оказалось, певица свободного рынка не нашла времени, чтобы исследовать механизм действия акций и не доверяла государственным облигациям. В конечном итоге Эйкхофф убедила ее вложить все деньги в облигации свободного рынка. Когда она узнала, что Рэнд работает над сценарием телесериала по «Атланту», то сказала, что она и ее муж, владелец джазового клуба, могли бы помочь с финансированием. Также интерес к проекту проявил Эд Снайдер, поклонник Рэнд, являвшийся основателем спортивного общества. Вдохновленная их поддержкой, Рэнд принялась без устали писать. Когда она умерла, было готово около трети сценария.

В 1980 Гарри Бинсвангер, профессор философии и давний приверженец идей объективизма, основал шестнадцатистраничный ежемесячный магазин The Objectivist Forum. Рэнд дала согласие это начинание и передала Бинсвангеру свои старые списки рассылки. Однако она не давала изданию своего «материнского благословения», о чем сообщила в опубликованном в его первом выпуске странном и вязком письме. Она не гарантировала, что редакторы журнала будут в точности следовать догматам объективизма. Объясняя, почему она так ревностно относится к этому термину, Рэнд писала: «причина в том, что «объективизм» — это имя, которое я дала своей философии – поэтому, если кто-то использует это слово для обозначения неких теорий, придуманных им самим, то этот человек является виновным в умышленной мошеннической попытке вложить свои мысли в мою голову». Она и ее философская система стали единым целым. Несмотря на то, что ее сестра в целости и сохранности вернулась в Россию, Рэнд часто предупреждала своих знакомых о том, что советские власти планируют похитить ее. Элу Рудди она, например, сказала, что не может лететь на Западное побережье в коммерческом самолете, потому что «если русские узнают, что я нахожусь на борту, они угонят самолет». Она также предупреждала его, что русские могут попытаться купить Paramount, чтобы не допустить выхода фильма «Атлант расправил плечи».

Фил Донахью очень сердечно обращался с ней во время ее участия в его программе в 1979 году. В 1980 Рэнд согласилась еще раз поработать с ним, став героиней одной из программ цикла «Величайшие умы Америки». На экране она выглядела старой и хрупкой — даже в ярком голубом платье и с волосами, выкрашенными в медно-рыжий цвет. По мере того, как Донахью задавал ей философские вопросы, она становилась все более энергичной, а когда зрители стали дружелюбно смеяться над их взаимными подтруниваниями и аплодировать, Рэнд выглядела удивленной, но и очень польщенной. Потом один из зрителей разрушил это очарование, подвергнув сомнению ее взгляды на суть эгоизма. Рэнд, игнорируя призывы Донахью успокоиться, сердито повторила то же самое, что она уже высказывала со страниц The Objectivist Forum. «Я хочу придерживаться только своих идей, — сказала она почти умоляюще. — Я не одобряю тех, кто проповедует обратное». Сейчас, в возрасте семидесяти пяти, слышать, как кто-то не соглашается с ней, было для нее уже просто физически непереносимо. Повернувшись к Донахью, Рэнд дрожащим голосом сказала: «Я хотела бы встретить достойного соперника, но я больше не надеюсь на это». Ближе к концу программы ведущий спросил о недавней потере мужа. Повлияло ли это событие каким-либо образом на ее философию? «Нет, — ответила она. — Это изменило лишь мою позицию по отношению к миру. Я потеряла самое дорогое. Я не слишком заинтересована в чем-либо еще». Не возникло ли у нее соблазна поверить в небеса, на которых они с мужем смогут воссоединиться? «Я задавала себе такой вопрос, — честно ответила она. — И если бы я поверила в это, хотя бы на пять минут, то сразу покончила бы с собой, чтобы быть с ним». «Я также спрашивала себя, что я почувствовала бы, если узнала, что прямо сейчас он находится на Страшном суде перед лицом Бога или Святого Петра, — продолжила она. — Моим первым желанием было броситься туда и помочь ему, рассказать, каким хорошим он был».

Ее последнее выступление в Форд-Холле состоялось в апреле 1981 и носившее название «Век посредственности» и стало пророческой филиппикой, направленной против «семейных ценностей», креационизма и прочих религиозных элементов, ставших неотъемлемой частью государственной политики эпохи Рейгана. После того, как Рэнд вернулась домой из Бостона, ей нанесла визит Барбара Бранден. Прошло тринадцать лет с того момента, как она в последний раз видела жену своего любовника, которая решила навестить Рэнд после того, как посмотрела по телевизору ее разговор с Донахью. Сидя в гостиной, где они провели сотни часов вместе, женщины пришли к примирению. Они говорили о прошлом — но ни в чем не упрекали друг друга. Рэнд давным-давно простила Барбару. Как и она сама, Барбара преклонялась перед мужским героизмом, а все ошибки, которые она совершила, явились следствием ее верности по отношению к своему мужу. Однако Рэнд никогда не простила Натаниэля, так что они с Барбарой говорили не о проступках и предательствах, а о политике, философии, бывших друзьях — и о Фрэнке. Барбара ушла поздно вечером — обернулась на пороге, чтобы попрощаться, а Рэнд послала ей вслед воздушный поцелуй. «Это был не 1981, это был 1950, — писала Барбара об этой встрече, — мы были молоды, и мир был молод, и блеск наших идей затмевал солнце». Однако, когда Барбара написала ей спустя несколько месяцев, сообщив, что собирается написать книгу о жизни Рэнд, престарелая львица осталась безмолвной.

Она в последний раз появилась на публике на экономической конференции, прошедшей в Новом Орлеане, в субботу, 18 ноября 1981 года. Туда и обратно ее доставили с огромными почестями: в частном железнодорожном вагоне с дворецким, виртуозным поваром и выдержанной в деловой стил столовой. Это был такой же вагон, как тот, в котором ее героиня Дэгни Таггарт разъезжала по стране в романе «Атлант расправил плечи», пытаясь спасти свою компанию и последний луч надежды на Земле. Раньше Рэнд никогда не ездила в таком. Она взяла с собой небольшую свиту: Леонарда Пейкоффа, Синтию Пастор, Гарри Бинсвангера, его подругу Молли Хейс, и свою экономку Элоиз Хаггинс. После двух с половиной дней пути лимузины подобрали их на центральном вокзале Нового Орлеана, спроектированном Фрэнком Луисом Салливаном и Фрэнком Ллойдом Райтом в 1892 году. Автомобили доставили высоких гостей в огромные номера отеля Hilton — после чего начался круговорот изысканных ланчей, обедов и вечеринок. В ночь, предшествовавшую ее выступлению, Рэнд засиделась допоздна, работая над текстом речи, которая была озаглавлена «Полномочия жертвы». Так ее герой Франциско Д'Анкония называл содействие, которое великие мужчины и женщины оказывали своим врагам и убийцам во имя милосердия и во вред самим себе.

Появление Рэнд на сцене вызвало продолжительную овацию сидевших в зале экономистов, бизнесменов и финансистов. Она выглядела оживленной, но очевидно нездоровой, и время от времени начинала задыхаться. Она начала говорить, но тут же прервалась, чтобы попросить людей перестать ее фотографировать. «Пожалуйста, господа, не снимайте меня, — сказала она раздосадовано и грустно. — Я слишком стара для этого. Просто оставьте меня такой, какая я есть». Она закончила свою речь цитатой из Джона Голта, наполненной непреложными истинами, в которые она верила. «Чтобы победить, от вас требуется полная самоотверженность и полный разрыв с миром вашего прошлого, — читала она. — Сражайтесь за ценность своей личности. Сражайтесь за силу вашей гордости. Сражайтесь за то, что является сущностью человека: за его суверенный рациональный разум. Сражайтесь с сияющей решимостью и абсолютной честностью, зная, что за вами — Нравственность Жизни, и что победа в битве за любое достижение, любую ценность, любое величие, добро или радость, когда-либо существовавшие на этой земле, по праву принадлежит вам. Спасибо». Было заметно, что реакция публики произвела на нее сильное впечатление, и она изо всех сил пыталась не расплакаться, когда все эти мужчины и женщины вскочили со своих мест и принялись приветствовать ее так, как будто никогда не собирались останавливаться.

На пути домой ей стало хуже. В Нью-Йорке за ней принялись ухаживать Элоиз и несколько профессиональных медсестер, но, несмотря на качественный уход, Рэнд постепенно слабела. В первый день 1982 года она ненадолго ожила и написала первую страницу второй части сценария для телеверсии «Атланта» — соблюдая, как она всегда поступала, русскую традицию, согласно которой, в первый день нового года нужно делать то, чем ты хотел бы заниматься в течение последующих двенадцати месяцев. Но у Бога были другие планы для старенькой Айн. Она снова стала чувствовать себя хуже, и в феврале ее на месяц положили в больницу, но умирать отпустили домой. «У нее не осталось воли к жизни, так что это было не сложно», — сказала Элоиз Хаггинс в 1997.

Пейкофф провел рядом с ней много дней и вечеров. Он охранял ее покой. Однажды вечером Мими Саттон позвонила, чтобы поздравить Рэнд с прошедшим днем рождения, поскольку никто не взял трубку, когда она звонила второго февраля. Мими была шокирована, узнав от Пейкоффа, что ее тетя смертельно больна. «Мисс Рэнд не может подойти к телефону», — сказал он. Мими не собиралась довольствоваться тем, чтобы последним напоминанием об Айн оставались для нее слова почти незнакомого человека. Она вышла на лечащего врача Рэнд и испросила его разрешения поговорить с тетей. Пейкоффа не было в доме в тот вечер, когда Мими позвонила снова, и Элоиз дала трубку Рэнд. «Я, вероятно, последний человек, с которым она говорила, понимая, с кем говорит, — сказала Мими в интервью в 1983 году. — Я сказала: «Это Мими. Я люблю тебя», после чего мы обе расплакались».

Айн Рэнд умерла ночью 6 марта 1982 года. Причиной смерти стала застойная сердечная недостаточность, или, как любили говорить авторы любовных романов и поэм, которыми она зачитывалась в детстве, разбитое сердце. Газеты всего мира сообщали об уходе Рэнд, вспоминая самые известные и значимые ее достижения. Лишь немногие издания, такие, как The New York Times и National Review, воспользовались случаем, чтобы лишний раз выразить свое пренебрежение. Восемьсот друзей и последователей Айн Рэнд собрались на погребальной церемонии в церкви Фрэнка Кэмпбелла, где была выставлена охрана, чтобы не пустить Бранденов, если те вознамерятся прийти. Сто человек собрались в метель на могиле, над которой объективистский активист Дэвид Келли прочел еще одну поэму Редьярда Киплинга, стоическую «Если». Айн была похоронена рядом с человеком, которого она любила настолько сильно, насколько ей позволял любить ее строптивый революционный характер. Похоронена в месте, имеющем достаточно символичное название — Валхалла, в штате Нью-Йорк.

«Это не я умру — это мир перестанет существовать», — любила она повторять. Конечно, мир никуда не делся. Но выдающиеся достижения Айн Рэнд пережили столь ненавидимый ею коммунистический режим и до сих пор продолжают учить нас тому, что такое истинные ценности свободы и безопасности, личные права и общественный договор, собственность и капитал. Даже если бы мир и впрямь перестал вдруг существовать — она создала свой собственный.

ПОСЛЕСЛОВИЕ

Как вы могли понять из ее насыщенной биографии, Айн Рэнд была очень противоречивой и неоднозначной личностью — и, вместе с тем, очень значимой фигурой для современного мира, каким мы его знаем. Даже сегодня, спустя тридцать с лишним лет после ее смерти, эта маленькая черноволосая женщина с пронзительным взглядом остается столь же влиятельной, как и на пике своей популярности — а может быть, даже больше. Многие из тех, с кем сводила ее судьба (или их с ней) сами впоследствии, а кое-кто — еще и при жизни Рэнд, стали известными личностями и выдающимися специалистами. Восьмидесятичетырехлетний Натаниэль Бранден живет сегодня со своей четвертой женой Ли Хортон в лос-анджелесском районе Брентвуд. В течение 60-х, 70-х и 80-х он опубликовал множество книг по популярной психологии — некоторые из них стали бестселлерами и принесли ему славу отца «движения самооценки». В своих научных трудах и практике он оставался верен основным догматам Рэнд, но отдалился от утверждаемого ею примата рациональности, вновь обратив внимание на важность эмоций. Перевернув с ног на голову утверждение Рэнд «Эмоции не являются инструментами познания», Бранден в 80-е годы советовал своей аудитории «чувствовать ясно, чтобы мыслить ясно». Спустя несколько лет после расставания с Рэнд, он принес извинения за ту резкую манеру, которая была свойственна ему в общении с бывшими последователями, сказав в 1971: «Я считаю, что должен извиниться перед каждым, кто изучал объективизм и когда-либо слышал меня на лекциях ИНБ — извиниться не только за создание культа личности Айн Рэнд, но и за то, что я внес свой личный вклад в ужасную атмосферу интеллектуальной репрессивности, которая пронизывала объективистское движение». Во время своих мастерских и лекций он взял за правило обращать пристальное внимание объективистов на важность эмоциональной сферы. Но все же, Рэнд во многом оставалась его путеводной звездой. В 2009 году он выпустил в формате книги двадцать оригинальных лекций, вошедших в его курс ИНБ «Основные принципы объективизма», который он разрабатывал под руководством Айн Рэнд. В книгу также вошли новейшие комментарии Брандена, отражающие его текущие взгляды. Патриция Бранден, в девичестве Галлисон, погибла в марте 1977 года — она утонула, упав в бассейн, предположительно, во время эпилептического припадка.

Барбара Бранден долгое время жила в нескольких милях от своего бывшего мужа, в Западном Голливуде. В 1986 она выпустила первую биографию Рэнд, озаглавленную «Страсти по Айн Рэнд», в которой первые предала публичной огласке сексуальную связь Рэнд и Натаниэля, дав таким образом старт новому урагану околонравственных дебатов и пересудов среди нескольких тысяч оставшихся в строю верных «рэндистов». Леонард Пейкофф и его сторонники отказывались верить в эту историю до тех пор, пока позднее в 80-х вторая жена Пейкоффа, Синтия не наткнулась среди бумаг Рэнд на ее личный дневник, который та вела на протяжении важнейших для ее отношений с Бранденом лет: 1967 и 1968. Пейкофф заявлял, что никогда не читал книги своей кузины Барбары. Они не виделись и не разговаривали с ней с осени 1968. Барбара Бранден скончалась в Лос-Анджелесе 11 декабря 2013 года в возрасте восьмидесяти четырех лет. После расставания с Натаниэлем она больше никогда не выходила замуж.

Законный наследник Айн Рэнд, Леонард Пейкофф, и сегодня, в возрасте восьмидесяти лет, остается ее самым верным сторонником. В 1985 он, вместе с владельцем футбольной команды Philadelphia Eagles Эдом Снайдером основал Институт Айн Рэнд. Эта организация занимается продвижением идей и книг Айн Рэнд, а также оказывает поддержку ряду групп, изучающих ее наследие во всем мире. Институт также служит хранилищем архива Рэнд, который, согласно пожеланиям, озвученным ею в 60-е и 70-е годы, ожидала после ее смерти получить Библиотека Конгресса в Вашингтоне. В 1991 Пейкофф, находясь на больничной койке после сердечного приступа, передал Библиотеке оригинальные рукописи и гранки четырех ее книг. После того, как он выздоровел, Пейкофф принял за свое пожертвование вознаграждение размером в миллион долларов, но не стал передавать другие части архива Рэнд.

В 1998 году, в интервью Los Angeles Times он признался, что утаил первую и последнюю страницы первого варианта рукописи «Источника», после чего Библиотека Конгресса, при поддержке Департамента Юстиции, пригрозила подать на него в суд. Конфликт медленно тлел в течение нескольких лет, но в конечном итоге Пейкофф согласился уступить недостающие страницы, и в 2002 Библиотека прислала реставратора, чтобы извлечь их из стены его лос-анджелесского дома. На следующий день множество сотрудников Библиотеки и государственных чиновников получили сотни возмущенных писем, присланных объективистами. Эти люди выражали возмущение произошедшим и обвиняли Библиотеку Конгресса в краже собственности из частного домовладения. В письмах утверждалось, что библиотекари являются «вооруженными бандитами» — и это было одно из любимых обозначений Рэнд для описания государственных служащих. Данное событие очень наглядно иллюстрирует, насколько силен в Соединенных Штатах «культ Айн Рэнд» — даже сегодня, в двадцать первом веке.

Леонард Пейкофф недавно развелся со своей третьей женой Эми и проживает сейчас в калифорнийском Риверсайде. Он держит интернет-сайт по адресу www.peikoff.com. Его дочь, Кира Пейкофф, в 2007 году закончила Нью-Йоркский университет по специальности журналистика и, по информации, имеющейся в Интернете, планирует написать роман.

С тех пор, как разразился финансовый кризис 2008 года, идеи Рэнд переживают бурное возрождение: кажется, ничто не в силах ее остановить. Идет борьба за душу Америки, и Рэнд выигрывает в этой борьбе. Она выигрывает потому, что ее не считают важной фигурой. Многие авторитетные личности сбрасывают ее со счетов, полагая второстепенным персонажем, сумасшедшей, сектанткой, экстремисткой. Вместо того чтобы анализировать и обсуждать ее труды — над нею просто смеются. Да, она была экстремисткой, но ее экстремизм актуален, он больше не топчется на заднем плане.

Последователи утверждают, что Айн Рэнд — серьезный философ.

Некоторые даже считают ее величайшим философом всех времен. А некоторые называют ее величайшим писателем всех времен, а ее роман «Атлант расправил плечи» — величайшим произведением в истории человечества. Недоброжелатели возражают: Айн Рэнд — шарлатанка, ее учение примитивно, вторично, противоречит нормам морали. Многие вообще отрицают, что она философ и что ее идеология является философией.

Совершенно бессмысленно отрицать, что Айн Рэнд была писательницей, драматургом, эссеистом и сценаристом. Все эти роли — второстепенные в ее жизни, которая была посвящена пропаганде радикальной формы свободного рынка, политики государственного невмешательства в экономику и капитализма. Сама Рэнд называла себя «радикалом от капитализма». «Капитализм» и «свобода» были для нее синонимами, точно так же, как «правительство» и «насилие».

Она внедряла особую систему верований, переворачивая моральные ценности западной цивилизации с ног на голову. Плохое становилось хорошим, аморальное заслуживало восхищения, а похвальное оборачивалось злом. Она верила в индивидуализм и выступала против общественных институтов, которые приносили пользу не индивидам, а группам людей: такие институты она порицала, обвиняя в грехе коллективизма. Для нее каждый человек — словно остров. В параллельной вселенной ее идеологии быть «рационально-эгоистичным» — это единственно этичная форма существования. Бескорыстие же является злом. Айн Рэнд часто использовала это слово.

Рэнд возникала на политической арене периодически, начиная с 1930-х годов и до самой смерти. Она была источником политической некорректности, а ее позиция казалась болезненно непоследовательной. Она была против участия США во Второй мировой войне — и поддерживала Израиль. Она резко не одобряла Вьетнамскую войну — и считала, что Дуайт Эйзенхауэр питает слабость к коммунизму. Она была сторонницей Барри Голдуотера — и порицала Рональда Рейгана за поддержку христианских фундаменталистов. Она выступала против расизма — и Закона о гражданских правах 1964 года. Она верила, что крупные бизнесмены — «преследуемое меньшинство», однако молчала, когда большой бизнес дискриминировал настоящие меньшинства, включая то, к которому принадлежала она сама. Она презирала хиппи — и воинскую обязанность. Она была представительницей элиты — и обожала детективы Микки Спиллейна. Она горячо защищала индивидуализм, ее герои были невосприимчивы к критике — однако сама она впала в глубокую депрессию, когда критика смешала с грязью ее последний и самый крупный роман «Атлант расправил плечи».

Айн Рэнд называла свою философию объективизмом. Для нее самой и ее учеников идеал — это мир энергичных людей, где торжествуют продуктивность и справедливость. Это мир, где свобода витает и в залах власти, и в будуарах. Надоедливых родственников вышвыривают из домов. Брачные клятвы оказываются не нужны — как в личной жизни самой Айн Рэнд. В ведении правительства остаются лишь три института: армия, полиция и суды. Подоходный налог отменен, как и почти все услуги, финансируемые из налогов.

Концепция радикального капитализма, созданная писательницей, в наши дни стала как нельзя более популярной. Ведь именно Рэнд — крестная мать «Движения чаепития», этого философического оплота правых сил, критикующих систему социального страхования и программу государственного медицинского обслуживания престарелых (Medicare)[1]. А при жизни она была лидером культа, прелюбодейкой, воинствующей атеисткой, сторонницей абортов, противницей антинаркотических законов. Как было сказано несколько выше — очень противоречивой личностью. Настолько противоречивой, что не каждому захотелось бы иметь с ней дело.

Но целью создания этой книги не было ни идеализировать фигуру Айн Рэнд, ни, напротив, ниспровергнуть ее. Вам предоставлена максимально, насколько это возможно, полная история ее жизни, формирования ее взглядов и отношений с ближайшим окружением. На основании этих фактов вы можете сделать для себя собственные выводы относительно того, как вам относиться к Айн Рэнд. Ведь это — ваше неотъемлемое право как свободной и независимой личности.

---

[1] Движение чаепития (англ. *Tea Party movement*) — консервативно-либертарианское политическое движение в США, возникшее в 2009 году как серия протестов, скоординированных на местном и национальном уровне, вызванных, в том числе, актом 208-го года о чрезвычайной экономической стабилизации и рядом реформ в области медицинского страхования.

СПИСОК
ИСПОЛЬЗОВАННЫХ ИСТОЧНИКОВ

1. Ayn Rand, *Journals of Ayn Rand* (New York: Dutton, 1997).

2. Jennifer Burns, *Goddess of the Market: Ayn Rand and the American Right* (Oxford: Oxford University Press, 2009).

3. Anne C. Heller, *Ayn Rand and the World She Made* (New York: Knopf, 2009).

4. Chris Matthew Sciabarra, *Ayn Rand: The Russian Radical* (University Park, Pennsylvania: Pennsylvania State University Press, 1995).

5. Ronald Radosh, Allis Radosh, *Red Star over Hollywood. The Film Colony's Long Romance with the Left* (San Francisco: Encounter Books, 2006).

6. Гэри Вайс, «Вселенная Айн Рэнд: тайная борьба за душу Америки» (Санкт-Петербург: Лениздат, 2014).

ОГЛАВЛЕНИЕ

Художественно-документальное издание

12+

Антон Вильгоцкий
Кто такая Айн Рэнд?

Ведущий редактор Анискин И.

Технический редактор Тимошина Т.
Корректор Мокина И.
Верстка Грених А.

Подписано в печать 30.10.2014 г. Формат 70x100/16
Усл. печ. л. 27 Тираж 2000
Зазказ № 7423.

«ООО «Издательство АСТ»
129085 г. Москва, Звездный бульвар, д. 21,
строение 3, комната 5

Наш электронный адрес: www.ast.ru
E-mail: astpub@aha.ru

«Баспа Аста» деген ООО
129085, г. Мәскеу, жұлдызды гүлзар, д. 21, 3 құрылым, 5 бөлме
Біздің электрондық мекенжайымыз: www.ast.ru
E-mail: lingua@ast.ru

Қазақстан Республикасында дистрибьютор
және өнім бойынша арыз-талаптарды қабылдаушының
өкілі «РДЦ-Алматы» ЖШС, Алматы қ., Домбровский көш., 3«а»,
литер Б, офис 1.
Тел.: 8(727) 2 51 59 89,90,91,92
факс: 8 (727) 251 58 12 вн. 107; E-mail: RDC-Almaty@eksmo.kz
Өнімнің жарамдылық мерзімі шектелмеген.
Өндірген мемлекет: Ресей
Сертификация қарастырылмаған

Отпечатано в ОАО «Можайский полиграфический комбинат».
143200, г. Можайск, ул. Мира, 93.
www.oaotpk.ru, www.оаомпк.рф тел.: (495) 745-84-28, (49638) 20-685